U0563930

集刊

集 刊 名：北冰洋研究
主办单位：聊城大学北冰洋研究中心
主　　编：曲　枫
副 主 编：〔德〕迈克尔·克努佩尔（Michael Knüppel）

ARCTIC STUDIES

第一辑

集刊序列号：PIJ-2018-337
中国集刊网：www.jikan.com.cn
集刊投约稿平台：www.iedol.cn

曲　枫　主编
〔德〕迈克尔·克努佩尔　副主编

北冰洋研究

第一辑

Arctic Studies

发刊词

作为地球上最寒冷的两极之一，北极越来越成为公众重点关注地区以及学术上的热点研究区域。很多年以前，对于地球上大多数人来说，北极似乎遥不可及。而今天，环境灾难频发，地球资源枯竭，气候变化引起温度升高，冰川融化，许多生物濒临灭绝。在这样的时刻，曾经“遥远”的北极不可避免地进入人类视野的中心。

一方面，北极治理对于遏制环境恶化、坚持人类社会可持续发展与构建全球生命共同体具有重要的现实意义。另一方面，围绕北极的丰富资源与潜在的航运价值北极周边国家展开激烈博弈，给北极保护带来了前所未有的挑战。北极的战略地位亦日益凸显。

据考古发现，大约在20000年前，人类开始持久地出现在北极圈内的欧洲和西伯利亚地区。至晚在15000年前，人类迁徙到了白令陆桥的东部，即今天的阿拉斯加。从此之后，人类对于北极的兴趣从未减少。这说明在10000到20000年前，北极就已经吸引了人类大量的注意力，所以，遥不可及也许仅仅是现代人的一个错觉。

本刊关注北极地区的历史、文化、生态与环境，尤其重视以人文的视角来观察北极环境。当今全球大部分地区都为环境灾难所威胁，相对来说，北极地区为我们提供了一个人与自然和谐共生的典范。如是，对北极人文社会科学研究的重要性是不言而喻的。

创刊号包括环境史与考古学、西伯利亚研究、中国近北极研究、旅游与地区发展学、学术动态五个板块。令人欣慰的是，在创刊消息公布之后不久，我们就从世界范围内收到了数量不菲、质量很高的稿件。借此一角，编辑部向全体供稿人、同行评审专家、编委会委员表示诚挚的谢意，感谢大家对本刊的支持，也欢迎对本刊提出意见。本刊将根据大家的意见不断修正和进步。

曲　枫

2019 年 5 月 14 日

于聊城大学北冰洋研究中心

Preface

Dear readers, this first issue of the newly established periodical of the Arctic Studies Center (ASC) of Liaocheng University, *Arctic Studies*, will be the starting point for a number of following publications of the ASC set up in March 2018. It is the aim of the editor of the JAS to provide an overview of the recent research trends and studies in several fields of Arctic studies. The editorial board will strive to provide a venue for a wide selection of topics and disciplines such as ecology and tourism, archaeology, cultural history and environmental studies, social anthropology/ethnology, linguistics and history of religions and last but not least political sciences, international relation studies and political history of the Arctic and circumpolar areas. Even though this indeed seems to be a bit to ambitious, the editors will try to cover as many of these fields of research as possible in the current and future issues of the journal. Anyway in the issue in hand a first attempt of this kind is undertaken and may fullfill the editors aspirations as well as your, the readers, expectations.

Ultimately the question of the success of this journal, like virtually every other scientific journal rests on the quality and volume of scholarly articles, reports and reviews contributed to our future issues as well as the work of the current editorial board as well as future participants in the coming years. We will endeavour to maintain the high academic quality of this journal thereby we hope ensuring a flourishing of academic research in the Arctic studies in China and a bright future for the JAS.

Michael Knüppel

目　录

环境史与考古学

西伯利亚研究

中国近北极研究

旅游与地区发展学

学术动态

环境史与考古学

18 世纪中期至 19 世纪初
丹麦帝国捕鱼、捕猎海豹和捕鲸业*

——欧洲方式与丹麦本土方式的冲突与交融

〔爱尔兰〕保尔·霍尔姆　著

孙梦瑶　译

摘要： 18 世纪中叶，随着丹麦经济实力增强，开始进行广泛的投资。本文的重点探讨这一时期丹麦国家和私人企业一系列关于捕鲸、海豹狩猎、捕鱼业的革命性、计划性的努力。种种举措需置于丹麦帝国整体框架下加以考察，参与的部门各司其职，各种举措的目的和细节由官方即皇家首都哥本哈根方面确定。这是一段涵盖技术发展、文化差异碰撞（欧洲和因纽特人，改革派与传统派）以及重商主义政策实施的历史。

关键词： 渔业　捕猎海豹和捕鲸业　丹麦帝国　欧洲方式

作者简介： 保尔·霍尔姆，爱尔兰都柏林大学三一学院环境人文中心主任，爱尔兰皇家科学院考古委员会委员。

译者简介： 孙梦瑶，聊城大学历史文化与旅游学院研究生。

18 世纪后期，丹麦实现与亚洲、非洲和西印度群岛的通航，开启了丹麦航海史上的黄金时代。丹麦渔业深受北大西洋地区荷兰、英国和法国的影响，然而，很少有人关注这一时期北大西洋各国并行发展的海洋资源开发。

---

* 感谢丹麦人文科学委员会 TISK 项目（Danish Research Council for the Humanities – TISK project）提供的资助，从而使得这项研究成为可能。

对丹麦渔业发展史的解读，甚至直接影响对于挪威、法罗群岛（Faroese）、冰岛和因纽特（Inuit）的历史叙述。

近年来，关于丹麦史的著述很少提及北大西洋渔业，捕鲸、捕猎海豹和捕鱼业研究几乎毫无进展。丹麦历史学家热衷于研究农业改革史，却忽视了同时期关于帝国海洋资源的探讨。该领域研究兴趣的缺失，一定程度上反映了近年来丹麦本土渔业的不景气。即便如此，也不应忽视北部地区狩猎和渔业研究，因为这是研究丹麦北大西洋殖民史的重要课题，对于试图探究 19 世纪丹麦北方地区渔业，揭示渔业取得突破性进展原因的研究而言，这一课题极具价值。

目前关于丹麦北大西洋帝国的捕鲸业、海豹狩猎和捕鱼业历史的研究并不多。特吕格弗·索尔豪格（Trygve Solhaug）关于 19 世纪挪威渔业的论文，是了解捕鱼技术现状的基础[①]，阿恩维德·内德克维特尼（Arnved Nedkvitne）对 1730 年之前挪威北部和西部沿海经济体的综合分析提供了重要的见解[②]。就丹麦捕鱼业研究而言，霍尔格·拉斯马森（Holger Rasmussen）关于利姆海峡（Limfiord）渔业研究的论文是不容忽视的重要成果，笔者对卡特加特海峡（Kattegat）和斯卡格拉克海峡（Skagerrak）海洋社区的研究也对这一领域有所涉及。[③] 关于格陵兰岛，芬兰迦德（Gad）的三卷本著作是对 18 世纪丹麦活动研究不可或缺的重要资料。[④] 克努兹·克莱姆（Knud Klem）对 17 世纪 70 年代的冰岛和格陵兰企业进行了深入调研。[⑤]

一 18 世纪中后期的海洋知识

当时的学者就如何促进深海捕鱼的发展进行了激烈讨论，他们的研究是促进捕鱼技术进步的积极尝试，其成果是重要的独立资料来源。丹麦帝国作为一个整体，可以接触到欧洲鱼类及海洋动物资源最丰富的水域。埃里

① Trygve Solhaug, *De norske fiskeriers historie*, *1815 – 1880* I – II (Bergen, 1976).

② Arnved Nedkvitne, 《*Mens Bønderne seilte og Jægterne for*》. *Nordnorsk og vestnorsk kystøkonomi 1500 – 1730* (Oslo, 1988).

③ Holm, *Kystfolk. Kontakter og Sammenhænge over Kattegat og Skagerrak*, *ca. 1550 – 1914* (Esbjerg, 1991).

④ Finn Gad, *Grønlands Historie* I – III (København, 1967 – 76).

⑤ Knud Klem, *Skibsbyggeriet i Danmark og hertugdømmerne i 1700 – årene*, *I – II* (Handels-og Søfartsmuseet på Kronborg, Søhistoriske Skrifter XIII) (Copenhagen, 1985, 1986).

希·彭托皮丹（Erich Pontoppidan）于 1752 至 1753 年指出："挪威所拥有的鱼类资源种类繁多，世界各国无出其右，实际上与其海鱼资源数量有极大关系。我认为，除了在北美的纽芬兰（Terre Neuve）、本世纪法国人在捕捞鳕鱼和鲑鱼具有的得天独厚的条件外，包括冰岛在内的任何地方都无法与挪威相提并论。"在彭托皮丹看来，挪威拥有如此丰富的鱼类资源的原因在于北极的冰盖下生活着大量的鱼群："贪婪的鲸鱼如陆地动物一样用肺呼吸，经常换气的需要使得它们不会冒险潜入冰盖之下，这就为鱼群在冰盖下和平繁育提供了条件。与此同时，以鲱鱼和鳕鱼为代表的鱼群在本能的驱使下游入公海，近年来人类从中获益匪浅，鲸鱼以及成群结队的海豚和海豹随时准备执行'上帝的命令'，即捕杀小鱼并将其赶回其应在的地方。"①

19 世纪之前，人们对于海洋动物和鱼类生物学的研究十分有限。当时大多数渔民的眼界仅局限于近海，了解鱼类在产卵季节被吸引至沿岸地区的原因备受关注。在中世纪，大量鲱鱼洄游到沿岸地区被视为神圣的天意。对于彭托皮丹来说，这种解释仍然有效但证据并不充分，他猜测："有些人认为鱼类近陆产卵是为了获取淡水或淡盐水。"这一理论在丹尼尔·约翰·路德维格·莱贝克（Dane Johan Ludvig Lybecker）的著述中也得到体现，丹尼尔是 18 世纪的鱼类研究专家，曾在 1772 年和 1792 年撰写了两部关于生物学及捕鱼的著作。② 约翰·彼得·里斯特（Johan Peter Rist）仍坚持鱼类需要淡水的理论，但在 1801 年关于挪威北部渔业的研究中，他呼吁采用经验科学方法："所有关于海洋中鱼类的习性、特定本能、繁殖、喜欢或厌恶的诱饵类型、特殊渔具与其他渔具相比的优势等知识，简而言之，所有可能收集到的有关这些问题的知识，必须以经验为基础。"③

---

① Erich Pontoppidan, *Det første Forsøg paa Norges naturlige Historie, forestillende dette Kongeriges Luft, Grund, Fjelde, Vande, Væxter, Mettaller, Mineralier, Steen-Arter, Dyr, Fugle, Fiske og omsider Indbyggernes Naturel, smat Sædvaner og Levemaade* I – II（København, 1752 – 53）167 – 69.

② Lybecker, *Afhandling om det vigtigste Saltvands Fiskerie i Danmark, nemlig Sildefiskeriet, om Hindringerne imod sammes Flor, samt om Midlerne til at afhiælpe disse. Et Priis-Skrift*（Aalborg, 1772）. Samme, *Forsøg til nogle Betragtninger over Fiskene og Fiskerierne i Almindelighed, samt til en physisk-historisk-oeconomisk-og politisk Afhandling om Silde-Fiskerierne i Særdeleshed og fornemmelig det, som drives i Limfiorden, etc.*（København, 1792）. 由于后一版本的大部分被火烧毁，其于 1802 年在 *Nordisk Landvæsens og Landhuusholdnings Magasi* 进行重新印刷。

③ Joh. Pet. Rist, *Plan til Ordens Oprettelse og Vedligeholdelse ved Nordlands Vinterfiskerie med et Forsøg til nogle af de vigtigste Spørgsmaales Udvikling, Nordlands Vinterfiskerie betreffende*（København, 1801）9, jf. 10.

19世纪前后，关于渔业以及鱼类生物学知识成体系的图书面世。挪威的延斯·拉斯克（Jens Rathke）在1795年至1802年期间考察丹麦全国渔业，他的成果于100年后发表①，奥托·法布里丘斯（Fabricius）关于格陵兰岛的捕鱼业的著作出版。②，1829年费伯（Faber）研究冰岛渔业的一部著作出版。③

1800年，延斯·维斯（Jens With）呼吁在哥本哈根建立一个志愿协会，以“Det danske Fiske-Selskab”（丹麦渔业协会）的名义资助丹麦沿海渔民。④ 这个协会只存在了很短的时间，但得到了国家适度的财政支持。维斯在新西兰沿海地区环游并记述当地的渔业。⑤ 19世纪30年代，亨里克·克洛伊（Henrik Krøyer）首先开始对丹麦鱼类和渔业进行系统研究。⑥

丹麦联合君主政府意识到外国人垄断了大部分的海洋资源。法国、荷兰、美国和英国的船只可沿着格陵兰岛、冰岛和法罗群岛的海岸自由航行，并将渔获占为己有。鉴于丹麦在欧洲战争中的中立性，其海军无法在如此广阔的地区巡逻。因此丹麦鼓励私人和特许公司发展渔业，皇家农业协会采取各种措施以奖励竞争，为国内企业提供保险费和独家许可证。

二 捕鲸业

中世纪末期，比斯开湾（Bay of Biscay）的巴斯克（Basque）捕鲸者推动

① Jens Rathke, *Afhandling om de norske fiskerier og beretninger om rejser i aarene 1795 – 1802 for at studere fiskeri forhold m. v.* (Bergen, 1907).

② Otto Fabricius, Nøiagtig Beskrivelse over Grønlændernes Landdyr-, Fugle-og Fiskefangst. Forelæst i Videnskabernes Selskab i Aaret 1812 d. 31. januar. *Videnskabernes Selskabs Skrifter* VI (København, 1816).

③ Fr. Faber, *Naturgeschichte der Fische Islands* (Frankfurt M., 1829).

④ Jens With, *Udkast og tillige Indbydelses Plan til et frivilligt forenet Selskab med Hensyn til de danske Kyst-Fiskeriers Ophjelpning og muligste Forbedring*, *under Navn af det danske Fiske-Selskab*, *som forventes oprettet i Kiøbenhavn Aar 1800* (Helsingøer, 1800). Ibidem, *Fortsettelse af den trykte Indbydelses-Plan til et dansk Fiske-Selskabs Stiftelse paa d. 28. Jan. 1800. Tilegnet det Oeconomiske Velfærds Selskab i Kjøbenhavn*, *i December 1799* (København, 1800).

⑤ Jens With, Kortfattede Efterretninger om nogle af de danske Fiskekyster, samlede paa en Reise igiennem den S. O. Deel af Sjelland, nemlig: Kiøge, Præstøe og Wordingborg, samt Øerne: Møen og Falster. I September Maaned 1801. *Nordisk Landvæsens og Landhuusholdnings Magasin* 1802.

⑥ *Danmarks Fiske* I – III (København, 1840 – 53). See also Jo. Chr. Reinhard, Ichtyologiske Bidrag. *Kgl. Vidensk. Selsk. Program* 1829 – 30.

了捕鲸基本技术的发展。1610 年前后，英国和荷兰人开始雇用巴斯克捕手在斯匹次卑尔根（Spitsbergen）捕鲸，丹麦捕鲸业也得到发展，但 17 世纪中期丹麦经济形势空前严峻，捕鲸业缺乏资金支持。1672 年，斯匹次卑尔根获得了捕猎鲸鱼和海豹的特权，直到拿破仑战争时期，每年都有 2 ~4 艘船出航捕鲸。虽然如此，与同时期可容纳 150 至 200 人的荷兰和德国捕鲸船相比，平均容纳 50 人的丹麦船只还是太小。① 直到 1720 年之后，丹麦帝国的捕鲸业才得到较大发展。

最初人们在陆地上处理捕获到的鲸鱼，小型捕鲸船用捕鲸叉猎杀鲸鱼，然后运送到陆地上的鲸油提炼厂。随着英国人实际控制了斯匹次卑尔根，荷兰捕鲸船开发了远洋捕鲸技术，原来的技术手段很快变得过时。渔民开始使用大型船只（母船）装载轻型舰（子船）进行捕鲸，当鲸鱼被子船捕获后，拖到母船上进行剥皮，并将其脂肪堆积在甲板上。实际上，这种做法在过去的两百年里一直如此。②

荷兰人开发了远洋捕鲸业之后，巴伦支海（Barents Sea）的鲸鱼资源迅速枯竭，1720 年后，捕鲸者的目光投向格陵兰岛以外的戴维斯海峡（Davis Strait）。欧洲市场对鲸油的需求非常大，主要用于车轮润滑和街道照明等。1750 年起，各种富含油脂的种子被大量种植，但依然不能满足油类需求。仅在英格兰，城镇的鲸油需求量就增加了一倍以上，1745 ~1765 年的年需求量从 3000 桶增至 6500 桶。③

1750 ~1770 年皇家特许综合贸易公司

1750 年，丹麦至格陵兰岛的航运由皇家特许综合贸易公司（The Royal Chartered General Trading Company，成立于 1747 年）接管，同时该公司也致力于促进捕鲸业发展。重商主义者认为捕鲸是获得贸易顺差的有效手段，因为只需进口少量物资，却可以得到巨额的出口利润。④ 与此同时，由于一直以来主导贸易的荷兰陷入困境，英国政府对于英国捕鲸业的独立发展寄予厚

① Thor B. Arlov, Norsk ishavsfangst ca 1670 - 1800. *Forskning om mennesker på Svalbard NAVF-rapport* (Oslo, 1990) 147 -166.

② Sune Dalgaard, *Dansk-Norsk Hvalfangst 1615 - 1660. En Studie i Danmark-Norges Stilling i Europæisk Merkantil Ekspansion* (København, 1962).

③ Gordon Jackson, *The British Whaling Trade* (London, 1978) 55 -56.

④ Finn Gad, *Grønlands Historie* II (Copenhagen, 1969) 391.

望，为捕鲸业提供丰厚的奖金，几年内组建了一支酬金丰厚的私人船队。[①] 而丹麦尽管也有国家支持，但资金依然匮乏。英国舰队在 6 年内发展到 82 艘船，而皇家特许综合贸易公司却难以维持 4 艘船的运转。由于收益不稳定，1758 年丹麦放弃扩充船队的尝试。在接下来的 15 年里，丹麦捕鲸业主要局限于荷尔斯坦港口阿尔托纳（Altona）和格吕克斯塔特（Glückstadt）的 15 艘船。与荷兰捕鲸者相比，荷尔斯坦人与汉堡的同行一样，也相对不成功，平均每艘船仅捕获 1.75 头鲸鱼，而荷兰每艘船可捕获 4 头鲸鱼。[②]

1758 年，皇家特许综合贸易公司不再购买丹麦和格陵兰（因纽特）的捕鲸船出售的鲸油，而是从克里斯蒂安松（Christianshavn）的特兰雷格拉根（Tranegraven）购买。与 18 世纪 40 年代相比，20 年内鲸油销售额翻了一番，达到年平均 1937 桶，与此同时，殖民地的数量也增加了 1 倍。流行病、恶劣天气和不稳定的渔获量等不可预见的因素，仿佛定时炸弹一般。科技发展水平难以支撑格陵兰人的欧洲生活方式，工商业机构无力创建能够赢利的企业。[③]

鉴于以上因素，捕鲸者开始探索新的捕鲸方法。1754 年，一位传教士的儿子尼尔斯·埃格德（Niels Egede）与克里斯蒂（Christianshåb）的格陵兰人合作，提出了一项捕鲸计划。他设想多艘“母船”（可供运输的大型皮船）共同协作，每组由 6 ~ 8 人组成，每个鱼叉都装有一个大浮子。当捕获到鲸鱼时，可以运至待命的解剖船而非陆地。浮子的作用是，一方面可以防止鲸鱼下沉，另一方面如果在岸上分割鲸鱼的话。按照格陵兰岛的习俗当地人将分得部分鲸肉。埃格德曾任奥尔堡（Aalborg）的授权测量员、核秤员和分级员，他在格陵兰岛期间积累了丰富经验。埃格德将这一设想提交到当地教会，后者虽积极回应，但未能送达渔业公司[④]，此事便被搁置。1761 年，埃格德作为公司代表来到荷尔斯泰因斯堡，开始实施当初的设想。他展现了对捕鲸活动的浓厚兴趣，建议给鱼叉增加倒刺，从而达到改良鱼叉的目的。增加倒刺的鱼叉更为沉重，公司董事们质疑改良后的鱼叉能否掷入鲸鱼体内。鱼叉改良还面临一个问题，格陵兰人只想安装一个浮子，因此通常会

① Finn Gad, *Grønlands Historie* II (Copenhagen, 1969) 391.

② Klem, *Skibsbyggeriet I*, 165, giving statistics for 1772 – 74.

③ Gad II, 400 – 2.

④ Gad II, 391.

导致鱼叉和捕获到的鲸鱼遗失。为了减少类似的设备损耗，董事们要求埃格德给每个鱼叉配备多个浮子。虽然埃格德做了诸多努力，但由于运营规模较小、舰队设备质量参差不齐等问题，鱼叉改良计划收效甚微（直到 1860 年才真正使用改良鱼叉）。[①]

欧洲和格陵兰岛之间关于捕鱼业技术的交流没有取得预期效果，在哥本哈根，人们对于挑战北大西洋的兴趣有增无减。丹麦皇家农业协会（the Royal Agricultural Society）设立奖金项目，征集关于捕鲸业发展的建议。安德烈亚斯·亨力奇·施托尔特（Andreas Henrich Stibolt）和彼得·奥尔森（Peder Olsen Walløe）接受了挑战。前者曾任皇家侍臣和海军指挥官，后来写了几部关于海洋资源的著作；后者在 1750 年前后成为探险家，获得了大量关于格陵兰岛的实践经验。[②]

霍格·古尔德贝格的北大西洋计划

内阁秘书奥沃·霍格·古尔德贝格（Ove Høegh Guldberg）对格陵兰人感到失望。他主张全力以赴地进行欧洲模式的大规模捕鲸活动，同时尽可能将格陵兰人排除在外。他强调说，捕鲸不仅仅是任务，而且是丹麦经济的重要组成部分，“捕鲸业将使国家从格陵兰获得巨大利益，陛下希望看到皇室和贵族的所有成员都能关注这此项事业”[③]。根据 1775 年 4 月和 5 月的皇家决议，在古尔德贝格主持下，同年成立皇家格陵兰贸易、捕鲸和海豹狩猎公司（Den kongelige grønlandske Handel, Hvalfiskefangst og Robbeslagning），1776 年 1 月 1 日成立冰岛、芬马克和法罗群岛贸易公司。

古尔德贝格的计划雄心勃勃。两家公司都在进行捕鲸和其他渔业活动。冰岛、芬马克和法罗群岛贸易公司预计配备 50 艘可容纳 34 ~ 36 人的大型船只，捕鱼任务将由 50 艘可容纳 12 ~ 14 人的中型船只承担，对于格陵兰捕鲸和海豹捕猎活动，将建造 50 艘可容纳 100 ~ 200 人的巨型船只。

首先，分别以 13800 里斯克元、3150 里斯克元和 1350 里斯克元（rix-dollar）的价格建造了 7 艘格陵兰捕鲸船和海豹狩猎船、5 艘大型渔船和 5 艘

---

① Gad II, 396 – 7; III, 240.

② 农家公司获奖者，根据客观记载注册于 1770 ~ 1850 年，此处为 1772 ~ 1773 年，Erhvervshistorisk arkiv（丹麦商业档案），Aarhus（以下简称 LHS）。

③ Gad II, 582.

中型渔船，总价值为119100里斯克元。此外，国王还为该企业配备了两艘护卫舰和一艘小型双排桨船。“荷尔斯泰因斯堡”号护卫舰停靠在荷尔斯泰因斯堡，并在那里度过冬天，1776年春天开始捕鲸。捕鲸队将驻扎在荷尔斯泰因斯堡和迪斯科的戈德港，在荷兰人抵达戴维斯海峡之前，即1月、2月和3月就开始捕杀鲸鱼。[①]

财政部长海因里希·卡尔·希默曼伯爵（Heinrich Carl Schimmelmann）在这项政策中发挥了核心作用，他与汉堡的航运界和金融界保持着密切联系。随着捕鲸业和鲸油贸易蒸蒸日上，丹麦荷斯坦（Holsteinian）的格吕克斯塔特和阿尔托纳也成了贸易基地。船长们来自罗摩岛（Rømø）、桥岛（Sild）、阿姆鲁姆岛（Amrum）和佛尔岛（Føhr），船员从石勒苏益格和荷尔斯泰因招募。这一时期丹麦捕鲸业的发展可以视为帝国政府的努力成果。[②]

然而，好景不长。1776年，派出的8艘船总共带回来14头鲸鱼，平均每艘船仅捕获1.75头鲸鱼，各国间的竞争也比以往更加激烈。同年，英国船队的捕鲸船数量增加1倍。格陵兰岛附近停泊了近百艘船只，荷兰人的船队停靠在戴维斯海峡，共有39艘船只，每艘外国捕鲸船平均捕获量可达3.5头鲸鱼。丹麦的捕鲸活动中，斯匹次卑尔根的成绩相对突出：8艘船捕获23头鲸鱼，平均每艘船捕获约3头鲸鱼。[③] 在接下来的几年中，捕捞量下降，与此同时，哥本哈根市场上的鲸油价格下跌。

希默曼开始对这个大型项目产生怀疑，因为尽管在格陵兰作业的捕鲸船增加到14艘，捕获量却不令人满意。希默曼研究过尼尔斯·埃格德的报告，支持使用母子船并让格陵兰人参与捕鲸的想法，并决定让尼尔斯·埃格德全面管理捕鲸活动。[④] 埃格德认为不应使用大型捕鲸船，船桨会吓跑鲸鱼。由于无法获得足够数量覆盖母船的毛皮，埃格德主张效法英国，使用轻便的中型船。事实上，捕鲸船队雇用格陵兰人为捕手，格陵兰人很快便开始使用中型捕鲸船。船队仿效欧洲的薪酬方式，在当地食宿，并与当地人分享鲸肉。

自1781年起，丹麦—挪威的捕鲸活动大幅减少。只有2艘捕鲸船全员出动，另外3艘与半数船员停留在港湾。1783年，不再采用欧洲方式捕鲸。

---

① Gad II, 523.

② Gad II, 522.

③ Jackson, appendix 2. Gad II, 534.

④ Gad II, 534.

只有 1 艘船在荷尔斯泰因斯堡过冬，四五名军官和雇佣的格陵兰人参与捕鲸，在多个捕鲸区作业。埃格德的计划对于公司和格陵兰人而言有些不切实际，母船虽然没有噪声，但也非常脆弱，很容易受恶劣天气、浮冰冰面的影响，并不适合用来追捕鲸鱼。此外，格陵兰人有权处置捕获的鲸鱼，但他们的提炼方法较为粗糙，浪费了大量的鲸油，收获的鲸须数量也有限。丹麦与格陵兰人签订的协议中提到，格陵兰人可以获得鲸鱼的内脏，但只能获取一半的鲸脂以及少数的鲸须。[①] 与此同时，丹麦贸易机构设在最佳捕鲸区附近，试图改变格陵兰人的捕鲸传统。[②]

贸易公司数据显示，格陵兰的渔业资源自 18 世纪 70 年代中期就被成功开发利用。1777 ~ 1784 年，平均每年鲸油产量为 2600 桶，这一成绩与同期的英国旗鼓相当。[③] 然而，当英国人使用欧洲捕鲸方法和大型舰队获得鲸油时，丹麦鲸油则主要是格陵兰捕鲸者提供的，国家支持下组建捕鲸船队的尝试仍未成功。当国家放弃支持时，皇家格陵兰贸易公司的鲸油产量仅略有下降。相比之下，英国的平均鲸油产量则在 18 世纪末增加 1 倍。[④]

私人公司

1784 年，针对霍格·古尔德贝格的政变为增加个人主动权的政策开辟了先河。[⑤] 同年，冰岛公司的董事卡尔·彭托皮丹（Carl Pontoppidan）呼吁私人投资者参与捕鲸活动。[⑥] 希望个人购买原来属于国有的捕鲸船，最好以挪威为基地开展捕鲸活动，因为那里距离优质捕鲸区较近。卑尔根还有许多挪威捕鲸者，主要在斯匹次卑尔根南部活动，格陵兰岛的捕鲸队则在阿尔托纳和格吕克施塔特活动。1789 年，当国有捕鲸船公开出售后，私人捕鲸船主要在哥本哈根、弗伦斯堡（Flensborg）、法诺（Fanø）、卑尔根和克里斯

① Gad III, 47, 65 - 66, 189.

② Gad III, 119.

③ Gad III 58. Jackson appendix 3.

④ Gad III, 235. Jackson, appendix 3.

⑤ *Placat ang. nogle almindel. Understøttelser og Opmuntringer for Skibes Udrustning til Robbefangsten samt Hvalfangsten i Strat-Davis og ved Spitzbergen* [also published in German] (Copenhagen, 1784, regularly renewed till 1839).

⑥ Carl Pontoppidan, *Hval-og Robbefangsten udi Strat-Davis, ved Spitsbergen, og under Eilandet Jan Mayn, samt dens vigtigste Fordele, i Anl. af den kgl. Placat af* 13. *Oct.* 1784, *tilligemed nogle oplysende Efterretninger om Fangsten, Behandlingsmaaden m. m.* (København, 1785).

蒂安桑（Kristiansand）以外的地区活动。

丹麦小型私人捕鲸活动中，法诺岛民进行的渔业活动最为典型。早在1720年，耶廷（Hjerting）就建立了一个鲸油提炼厂，该厂绝大部分原料来自2艘船提供的海豹油脂，工厂职员曾在荷兰船只上接受过培训。1769年，该厂搬迁至法诺的诺比（Nordby）。在国家举行的拍卖会上，几位西日德兰半岛（Jutland）人购买了原属国有的船只，在接下来的几年中，他们使用2艘双桅船进行了北极探险。然而，像许多其他企业一样，该企业未能实现盈利。在拿破仑战争前后的几年里，这些双桅船被卖掉了，仅剩几艘小型三桅帆船在北极地区捕猎海豹。①

1805年，埃德瓦德·克里斯蒂·海伯格（Edvard Christie Heiberg）提出新的计划，为新的捕鲸项目筹集资金。他曾是格陵兰的商人，认为英国捕鲸业之所以取得成功，是因为他们可以在3月份之前出航，能够充分利用时令，而且英国的捕鲸者技术娴熟。海伯格认为卑尔根同样具备提前出航的有利条件，并且可以招募到格陵兰岛技术娴熟的捕鲸者。他的设想在卑尔根得以实现，16位当地商人合购了1艘大型荷兰船，并根据他的建议将船送往斯匹次卑尔根。遗憾的是，不久之后拿破仑战争爆发了，企业发展停步不前。②

捕鲸业的发展受捕鲸技术的制约，受极端天气条件的影响，而且依赖于国家提供的资金支持。与当时的英国和荷兰企业相比，即使是雄心勃勃的国家支持项目，看起来却有些捉襟见肘。与此同时，格陵兰捕鲸者表明他们至少可以在一定程度上达到丹麦—挪威方面的要求。然而，丹麦的商业政策将传统狩猎文化与欧洲货币经济捆绑在一起，这一政策很快就给格陵兰部落带来了严重问题。③

三　猎捕海豹业

由于鲸油的需求量很大，而捕猎海豹比猎捕鲸更为容易，于是丹麦和挪威开始捕猎海豹。卑尔根的海豹捕猎公司开始捕猎海豹，渔船从奥尔堡

---

① Poul Holm, *Hjerting. En maritim landsby midt i verden* (Esbjerg, 1992).

② Heiberg 1805; jf. Gad III 175 - 77.

③ Gad III 475.

(Aalborg)、尼堡（Nyborg)、科瑟尔（Korsør)、托恩德（Tønder）和范诺、格吕克施塔特和阿尔托纳等地单独或成对出航。然而，现有的资料表明，捕猎海豹赚取的利润极其有限。[①] 奥尔堡格陵兰公司成立于 1764 年，拥有 3 艘船和 24000 里斯克元的资产。1767 年，生产 332.5 桶鲸油，3100 张毛皮和一些鲸脂。在拍卖会上，这些商品的总价格仅为 7159 美元。该公司 3 年后解散，投资者们损失巨大。[②]

扬马延岛

卑尔根的船只能在 3 月初出航，在扬马延岛（Jan Mayen）和东格陵兰岛的浮冰海域上进行猎捕海豹作业，直至 6 月。海豹捕猎者“驾驶他们的单桅帆船航行在栖息着成百上千海豹的浮冰之间，海豹群有特殊的预警机制，其中一头海豹在同伴休息时负责放哨，每当看到北极熊在冰上徘徊或者捕猎者有可能靠近时，放哨的海豹便会发出类似嘶哑的犬吠声唤醒其他海豹。因此，捕猎者必须加快速度，并用一个装有粗铁圈和长钉的杆子捕猎海豹，如果猎物逃脱便重复以上操作。然后，剥下海豹皮并分解脂肪，脂肪被切成条状装入大桶中，熔化成海豹油，捕猎者在海豹皮上撒少许盐以确保其不会腐烂，然后将其卷起储藏。这种收获通常不比捕鲸者的收益低，因为一艘船可能会带回 700 ~ 800 桶海豹油，通常一天内可捕获 200 ~ 300 头海豹”[③]。当一群海豹逃跑时，船长必须观察他们的逃跑方向，以便跟踪逃离的海豹。

格陵兰岛

随着时间的推移，格陵兰成为最重要的鲸脂产地。但格陵兰捕鲸者的技术较为落后，有限的贸易利润用以维持与北大西洋其他地区的联系。尽管在捕猎海豹方面有一些技术改进，但整个 18 世纪鲸油年产量仅为千余桶。总的来说，海豹捕猎业依靠皮划艇和鱼叉等技术手段得以维系。[④] 丹麦贸易机构一

---

① Edvard Holm, *Danmark-Norges Historie fra den Store Nordiske Krigs Slutning til Rigernes Adskillelse (1720 - 1814)* IV: 1 (København, 1902), 386. Finn Gad, *Grønlands Historie* III (København, 1976), 71. Poul Holm, *Hjerting*.

② C. Klitgaard, *Aalborg Købmænd gennem 500 Aar, 1431 - 1931* (Aalborg, 1931).

③ Pontoppidan, II, 205 - 206.

④ Gad III 196.

直支持海豹狩猎业发展，试图将定居点集中在最好的狩猎场附近并提供奖励，贸易协会和农业协会每年都会颁发奖金，但都没能促进海豹狩猎业进一步发展。①

伊利马纳克（Ilimanaq）的丹麦人在发明了一种在冰下放置小网的方法，这一方法成果显著却不被格陵兰人所接受。这些渔网在捕捞作业完成后总是需要修理，并且经常由于暴风雨或浮冰漂流而丢失，设置和维护渔网需要巨额费用，这使得因纽特人并不热衷这种方法。此外，商人不愿意给格陵兰人提供贷款。1790 年，这种渔网的渔获量占据全年海豹捕捞量的一半，但巨额的维护费用使得投资商望而却步。②

格陵兰人与荷兰捕鲸人私下进行枪支交易。格陵兰人购买枪支意味着他们可以在春季从迪斯科湾（Disco Bay）出航，在夏季捕杀驯鹿，这一定程度上影响了海豹捕猎业。由于无法取缔枪支交易，公司决定通过向格陵兰人提供更好的武器。可格陵兰人对枪支保养一窍不通，且枪支接触海水后极易生锈，需要在哥本哈根进行枪支的维护保养。尽管如此，在埃格瑟斯明讷有至少 1775 支枪支投入使用。③ 由于武器的口径很小，因此在开阔水域的效果不如鱼叉，主要被用于陆上和冰上作业。1790 年前后，埃格瑟斯明讷的一名丹麦商人发明了带有前挡板的雪橇，这种雪橇很快普及，后来皮艇上也安装了前挡板。④

丹麦本土

丹麦附近海域也进行了大量的海豹和海豚捕猎活动，但海豹狩猎业并没有真正产生任何技术创新。当地采用的方法相对简单：捕猎者在冰上和陆地上团队作战，尽量靠近猎物，然后使用枪支和渔网进行捕猎。到目前为止，农业协会颁发的大部分渔业和狩猎奖都颁给与捕获海豹和海豚相关者。1777 至 1833 年，共有 76 名获奖者获得了 50 个奖项。这是因为除了捕猎海豹和海豚可以生产大量油脂外，海豹和海豚对捕鱼业的威胁也使得协会希望它们被捕获。1777 年，来自马斯塔尔（Marstal）的两名铁匠发明了一款用于捕获海豹的铁质机器，被该协会授予金质奖章，他们在此基础上的改良版本于

① LHS 1780. Gad II, 573.

② Gad III, 201 – 06.

③ Gad II, 402, 430, 568.

④ Gad III 191.

1780 年获得了银质奖章。① 助理商延斯·拉赫尔·穆克斯勒（Jens Rahr Muxoll）可能是受到这台机器的启发，他听说西兰岛（Zealand）发明了一款“海豹收割机”，便向公司申请从冰岛格林达维克（Grindavik）的贸易站购入一台。② 这件事情的来龙去脉已不得而知，机器的效率也并不令人满意。1781 年马斯塔尔的铁匠杰普·尼尔森（Jeppe Chr. Nielsen）的一封信中提到，他改进的海豹机在过去的一年中已经捕获了 15 头海豹。③

我们对另一位技术创新获奖者——克里斯蒂安·约翰森（Christian Johansen）了解甚少，只知道他是一位来自法尔斯特岛（Falster）的厄尔普加德（Ørupgård）的捕猎者，由于他发明了“一种自制陷阱，用以捕获丹麦附近海滩上的海豹，这种装置造价低，而且设计非常简单”④，因此被授予银质奖章，并获得了 20 里斯克元的奖励。

四 捕鱼业

虽然捕鲸和海豹吸引了大量资本，但很少有人对捕鱼业进行大量投资。捕捞业处于低迷状态并不是因为缺乏资源和技术，而是因为缺乏愿意承担风险的投资者。1771 年，丹麦政府在对丹麦渔业状况进行调查时，发现大量需要资金支持的请求，却很少有实用的建议，例如法诺船东投资冰岛渔业的两艘渔船。⑤ 1800 年，延斯·拉斯克在他关于挪威渔业的综合报告中指出：“有许多较小的企业有尝试的意愿，但缺乏完成它的能力，这似乎是发展捕鱼业最大的障碍。”⑥

① LHS 1776, 1779. LHS, bevarede sager 1776/241.

② LHS bevarede sager 1778/149.

③ LHS bevarede sager 1781/114.

④ LHS bevarede sager 1786/448.

⑤ Rigsarkivet, Copenhagen, RK C. A. a. v. 235 – 18 Indberetninger med besvarelser til de af finansråd Oeder stillede spørgsmål ang. skibsfarten og fiskeriet i Danmark, indsendt med designationaer og ekstrakter, 1771.

⑥ Jens Rathke, *Afhandling om de norske fiskerier og beretninger om rejser i aarene 1795 – 1802 for at studere fiskeri forhold m. v.* (Bergen 1907).

施托尔特关于促进渔业发展的提案

热衷于研究经济问题的施托尔特认为，丹麦人应该向外国学习。[①] 他对捕鱼的新技术和设备了如指掌。例如，他曾建议农业协会将其银质奖章颁发给克里斯蒂安尼亚（Kristiania）的芒克夫人（Madam Munk），因为她通过生产易于捕捞的鲭鱼、西鲱鱼的加工品，与未进行加工的葡萄牙凤尾鱼进行竞争。施托尔特希望国家购买她的秘方，从而推广生产技术，降低生产成本。加工凤尾鱼确实成为克里斯蒂安尼亚的一项重要活动，但直到19个世纪下半叶才开始步入正轨。

施托尔特发现，荷兰人在挪威南部沿海地区大量收购龙虾，并将其运往西欧市场。他希望由本国船只接管运输业务，并仿效瑞典人将龙虾放置在苦酱中保鲜。然而，这个建议似乎并未受到太多关注。

施托尔特极力推荐一种新型的英国装备。“开往印度的英国皇家船只发明了一种完美装备——漂移网，适用范围极广。因为我们有时可以在船上看到鳕鱼成群结队游荡，在这种情况下，无论水底是空旷或充满岩石，漂移网都是非常有用的。”目前尚不清楚这种设备的具体样式，有漂移网和横梁拖网两种可能性。根据施托尔特的描述，它可能是一种用于捕获鲱鱼的漂移网，但他提到鳕鱼时有不同的漂移网。当时，朴茨茅斯海军基地周围的英国渔民正在发展渔业，经过几代人的努力，他们掌握了最先进的捕鱼方法。显然施托尔特的信息是准确的，但他的建议并没有给丹麦带来任何实际收益。

18世纪下半叶，英国的捕鲸业引起了丹麦政府的关注，与此同时，瑞典在哥德堡（Gothenburg）以北的博胡斯省（Bohus Province）沿岸岛屿捕捞鲱鱼也引发了丹麦政府的不满。瑞典的捕捞在1790年前后达到巅峰，瑞典出口鲱鱼多达60多万桶，有至少338个盐场供盐。捕捞量如此之大，大部分鱼送到了429家鲸油提炼厂进行加工，共使用了1812个大桶。[②] 施托尔特指出：“鲱鱼是在挪威海岸东部发现的，但通常由我们邻国勤劳的渔民捕捞，反过来又满足了挪威对鱼类的需求。看来挪威地区的人们过多重视木材

---

① Andreas Henrich Stibolt, *Ikkun Tanker*（København, 1786）42 – 51. 早在1774年Allerede就曾为兰德豪斯公司写过一本关于渔业状况及其繁荣前景研究的著作。

② Holm, *Kystfolk* 107 – 08.

贸易而忽视了渔业贸易，渔业贸易不应被忽视，木材贸易应该降温。”① 施托尔特认为，哥德堡附近海域分布鲱鱼群的迁徙路线，只要在日德兰半岛西海岸建立了捕鱼点，就可以在那里捕获大量鲱鱼。

瑞典的鲱鱼贸易在挪威的厄斯特弗德（Østfold）的瓦勒（Hvaler）岛上进行得如火如荼，主要供往维肯（Viken）地区。17 世纪 70 年代中期，瑞典鲱鱼的供应量非常之大，以至于丹麦商人申请创办出口盐渍鲱鱼的腌制厂和办理储存场所的许可证。然而，这些申请被当局拒绝，他们担心廉价的瑞典鲱鱼会与西挪威鲱鱼出口产生竞争。因此，在瓦勒岛和哈尔登（Halden）开展渔业的计划从未落实。② 另一方面，瓦勒岛周围捕捞鲱鱼的尝试得到了当局的全力支持。附近海域常汇集大量鱼群，1776 年，人们试图使用围网捕鱼。然而，并未取得成功。拉斯克认为失败的原因在于：“该地区发展渔业的主要障碍之一，就是海员通过船东和商业贸易已获得丰厚薪酬和巨大收益，没有必要花资金耐心地承受创业初期经常遇到的挫折。能够维持正常生计的行业很多，在这里开展捕鱼活动并不像西部沿海地区那样必要。”③

瓦勒岛居民以航海为业。他们只是在深秋或冬天船只被搁置时进行捕鱼活动，恰好遇上布胡斯鲱鱼洄游季，因此人们认为鲱鱼捕捞活动可以顺利开展。但是布胡斯兰省海岸，鲱鱼很少向北进入挪威的厄斯特弗德，3 月底至 5 月初才出现在岛屿附近，而此时正是水手出航的时节，因此无法进行捕捞作业。换句话说，航运业提供的丰厚薪酬阻碍了挪威捕鱼业的发展。

1817 年，国务委员莱曼（Lehmann）向农业协会递交的《关于丹麦渔业衰退的原因及其改善方法》的综合报告中提出了同样的观点。④ 就像挪威南部海岸一样，18 世纪下半叶，丹麦王国大部分地区处于航运的繁荣时期，相对较高的工资吸引了所有能够出海的人。

1814 年之前，只有冰岛以及挪威西部和北部地区渔业发展较好。

① Andreas Henrich Stibolt, *Ikkun Tanker* (København, 1786) 42.

② Andreas Madsen, *En skjærgårdsbygd på 1700 – tallet. Hvaler, næringsveier og økonomiske forhold i de sidste 30 årene av det 18. århundre.* Østfold Historielags skrifter 3 (Sarpsborg, 1958) 36 – 42.

③ Rathke 41.

④ Printed in *Nye Oeconomiske Annaler* 3: 3 (1817) 161 – 195.

冰岛的困境

彭托皮丹在评论冰岛时提到，哥本哈根和格吕克斯塔特捕获了大量鳕鱼，但他断言，如果不是因为林业资源匮乏导致船只和木桶不足，那里可以有更多的收获。因此，他警告挪威人要保护他们的森林。[①] 1770年，英国财政部向冰岛提供了5000里斯克元的资金，用于冰岛的木材运送。而丹麦国王向来自挪威桑墨尔（Sunnmøre）的20名雇佣工人颁布了一项法令，要求他们在3年任期内教授当地人建造优质渔船以及使用挪威鳕鱼捕网的技能。由于对于当地状况和销售条件的情况缺乏足够的了解，这项尝试失败了。然而，鳕鱼捕网在多个地区投入使用。[②] 同样的意图也隐含于这一事实背后，即农业协会为冰岛沿海捕鱼而设的19个奖项中，有7个授予了以造船为副业的农民。[③] 一名农民因"宣称他发明了新型制绳工具，他通过展示利用麻线制作的钓鱼线和铅垂线获奖。"[④] 冰岛政府还试图吸引丹麦渔业公司前往该岛，取得了一定的成功，雄心勃勃的冰岛、芬马克和法罗群岛贸易公司于1776年成立，建造了至少45艘渔船。这些船只按照当时最好的标准建造，受到海军建筑师亨利克·杰纳（Henrik Gerner）的高度赞扬。[⑤] 此外，公司还购买了一些美国船只，并开始绘制冰岛海岸的地图。[⑥] 遗憾的是，对这一领域的研究成果寥寥无几。1779年至少有27艘船从事实际捕捞活动，1782年有23艘，1783年降至11艘。[⑦] 18世纪末，当冰岛人在敞舱船以手钓的形式捕鱼时，法国和美国已经采用专业渔船进行捕捞作业，这种状况直到1850年之后才真正改变。

另外，正如我们将在下文中描述的那样，冰岛在鳕鱼腌制（klipfish）方面取得了成功，鳕鱼腌制的方法由外国渔民发明并传播到挪威和丹麦等地。

---

① Pontoppidan 169.

② *Conditioner, hvorefter endeel Baade-Byggere og Fiskere ere at antage for at gaae til Island* (København 1772). John Erichsen i Olavius, *Oeconomisk Reise*, xcix – cii.

③ LHS 1784, 1785, 1786, 1790, 1791.

④ LHS 1786.

⑤ Klem, 169 – 175.

⑥ *Placat ang. de Beviisligheder som efter Pl. af 6. Junii 1787 udfordres til Præmie-Erholdelse for Skibes Udrustning til Fiskefangst under Island* (København, 1790). John Erichsen in Olavius, *Oeconomisk Reise* civ – cv, cxxvi, cxxxviii.

⑦ Klem, 176 – 77.

关于挪威网捕的争论

挪威渔业贸易的成功离不开政府的支持。1729 年，挪威发布禁止进口干鱼的法规，1774 年拓展至所有种类的腌制鱼类。[①] 18 世纪 50 年代，卑尔根、特隆赫姆、克里斯蒂安松和莫尔德（Kristiansund）每年出口鲱鱼 20 万桶。这与 1720 前后的出口量相比，增加了 10 倍。1760 年之后，迅速下降到约 5 万桶，18 世纪后期一直保持这一水平。此外，挪威出口了大量盐渍鳕鱼干，出口量从 1730 年约 2. 5 万船次增加到 1750 年的 6 万船次。此后开始下降，1800 年再次上升到 9 万船次。[②] 相比之下，19 世纪初，利姆海峡至奥尔堡的鲱鱼出口量位居帝国第二，高达 5 万桶，但 18 世纪大部分时间里，其出口量保持在 5000 ~ 20000 桶。[③]

不幸的是，挪威渔业生产的高峰时期恰逢欧洲市场价格下跌，因此 1720 至 1750 年挪威渔业一蹶不振。斯塔万格（Stavanger）和默勒（Møre）之间的韦斯特兰（Vestlandet）主要是农民参与捕鱼，经济衰退可以通过加大对农业的投入力度来补偿。罗弗敦（Lofoten）以及芬马克、特罗姆斯和桑墨尔的渔民则没有这种可能性。因此，渔民被迫放弃昂贵的捕捞设备。18 世纪初，主要靠手钓（称为‘juksa’，一种带有单钩的钓具）、网捕和带有数百个钩子的延绳钓（longline）捕鱼。危机时期，渔民放弃了网捕和延绳钓等更先进的工具，转而采用低廉的工具进行手钓，放弃运用先进工具提高捕鱼量的方式。[④]

关于捕捞网的使用，民间和学术界都存在诸多争议。关于捕捞网的使用，民间和学术界都存在诸多争议。1770 年，菲洛诺瓦维乌斯（Philonorvagius）在其发表的著作中提出，鱼被渔网所散发的沥青和焦油的气味吓跑了。[⑤] 但是，利姆海峡的实践结果与这一观点相悖。[⑥] 尽管如此，1800 年，松恩峡湾

---

① *Placat ang. Forbud paa fremmet tør Fiskes Indførsel udi Danmark og Norge* (København, 1729). Holm, *Kystfolk* 90, 101.

② Ståle Dyrvik, *Den lange fredstiden 1720 – 1784. Norges historie 8* (Oslo 1977) 115.

③ Christian Magnus Olrik, *Afhandling om Aalborgs Handel* (København, 1773).

④ Dyrvik 117.

⑤ *Philonorvagii velmeente Tanker til veltænkende Medborgere* (1770) 90.

⑥ Johan Ludvig Lybecker, *Forsøg til nogle Betragtninger over Fiskene og Fiskerierne i Almindelighed, samt til en physisk-historisk-oeconomisk-og politisk Afhandling om Silde-Fiskerierne i Særdeleshed og fornemmelig det, som drives i Limfiorden, etc.* (København, 1792).

(Sognefjord) 发布禁止使用鳕鱼网的法令。[1]

彭托皮丹抵制所谓的鳕鱼网有害论，他认为，从前只使用过线钓进行捕捞，而过去的 20 年，锚固网（anchored net）已被用来捕捉春鳕鱼。总而言之，各种争论都是经济争议。渔民和农民思想相对守旧，认为应该保持传统方式。他们在各种场合发表言论，认为渔网吓跑了鳕鱼，因此新型捕鱼工具是有害的创新。然而，这种反对意见站不住脚，因为不可否认的是，随着鳕鱼网投入使用，该城镇的出航次数明显减少，渔获却大幅增加。毋庸置疑，网捕对企业更为有利，因为个人无力购买昂贵的巨型捕网。[2]

特隆赫姆教区的律师约翰·彼得·里斯特（Johan Peter Rist）关于网捕的利弊进行了更仔细的探讨，分析了民众反对网捕的原因。他认为，鱼类生命周期的不同阶段可以使用不同种类的渔具捕获，反对网捕只是基于偏见。"有人说对普通人而言，网捕的成本确实太高，但网捕的渔获量比传统垂钓更多，而且渔获的存活率更高。"[3] 他的结论是，当没有新型工具进行捕获时，可以采用传统手钓以养家糊口。国家不应干涉渔具的使用，"因为在贸易问题上的所有胁迫都会抑制而非促进科学、竞争和发现精神"[4]。

里斯特分析了各种材料特性后，建议使用英式钩子和细麻花线，每四根加捻制造优质纱线，取代通常使用的粗制单线，还就整个季节应使用的不同种类的诱饵提出了建议。然而，他认为最重要的一点是，捕鱼站应建立更完善的法律和秩序。随着捕捞强度和从业人数增加，违规操作屡见不鲜。采用传统手钓的渔民通常不会离开渔具，只能寸步不离地使用和照看渔具。采用网捕时，渔民通常不必一直守候。按照规定一艘船可以在特定区域捕鱼，为了增加渔获，有的人会在别人到达之前偷偷抵达该区域捕鱼。"当渔网随着波浪起伏而飘荡时，多艘船的装备会缠绕在一起。没有目睹这一切的人都不会相信这会造成多大的麻烦，产生多么令人生厌的后果，整理如此大量的装备会浪费多少时间。"[5]

---

① *Placat, indeh. Forbud mod Torskegarns Brug indtil videre i Sognedals Fiorden* (København, 1800).

② Pontoppidan 252.

③ Rist 14.

④ Rist 26.

⑤ Rist 41.

里斯特提出的问题是由两个原因造成的，即捕鱼强度增加以及在有限的空间内使用更复杂的捕鱼工具。他提出了解决问题的建议，即任命两名渔业管理员，这一建议在未来的渔业发展过程中发挥重要作用。

鱼的保存——挪威盐干鳕鱼

除网捕领域有所进展外，挪威还对鳕鱼的保存和营销方式进行了改进。尤其是采用鳕鱼肝制油，价格低廉鳕鱼肝油成为鲸鱼油和海豹油的替代品。①

然而，真正的创新是盐干鳕鱼。首先将鱼切割并腌制一小段时间，然后平铺在岩石上曝晒，这种方式英国渔民在冰岛最先采用。② 1669 年，英国和苏格兰商人开始在克里斯蒂安松生产盐干鱼，后逐渐传播至桑墨尔。③ 18 世纪 30 年代，这一生产方法在桑墨尔广泛使用。18 世纪下半叶欧洲战乱频仍，丹麦始终保持中立政策，当其他国家被迫减少捕捞活动时，挪威在法国、西班牙和意大利的盐干鱼市场上占据了一席之地。1760 年前后，冰岛贸易公司建立了几家盐干鳕鱼工厂。④

当局严格把控盐干鱼的质量并放眼国外市场。⑤ 围绕桑墨尔的产品质量问题，一场激烈的讨论展开了。⑥ 纽芬兰的气候同样十分适合生产盐干鱼，英国商人在纽芬兰收购大量鲜鱼并与挪威展开了激烈的竞争。18 世纪下半叶，挪威出口的盐干鳕鱼总量约为 6000 ~ 7000 吨，冰岛鳕鱼干和盐干鱼的出口量约 1000 吨，而 18 世纪 90 年代新英格兰和纽芬兰的出口总量约为 4.5 万吨。⑦ 1782 年，皇家农业协会授予冰岛的一位商人金质奖章，

① Dyrvik 118.

② C. L. Cutting, *Fishsaving. A History of Fish Processing from Ancient to Modern Times* (London, 1955) 128 - 37.

③ Grøn 1942, 126.

④ John Erichsen in Olavius, *Oeconomisk Reise*, xcvii.

⑤ *Forordning ang. Fiskerierne og Fiske-Handelen Nordenfields i Norge, samt hvorledes med Fiskens Virkning og Saltning skal forholdes* [also in French] (København, 1753).

⑥ Hans Strøm, *Physisk og oeconomisk Beskrivelse over Fogderiet Søndmør* (Sorøe 1762 - 66). Hildebrand Meyer, *Betragtninger om den Romsdalske og Søndmørske Rundfisk, efter Indbydelse af Det nyttige Selskab i Bergen forfattet og indsendt* (Bergen, 1775). Lyder Schultz, *Afhandling, indeholdende Besvarelse paa det Spørsmaal: Hvor vidt det kunde ansees gavnligt eller skadeligt, at Rundfisk bliver virket i Romsdals Fogderie og Tronhielms Stift?* (Bergen, 1775).

⑦ Jón Jónsson, Fisheries off Iceland 1600 - 1900. *Northern Seas Yearbook 1994* (Esbjerg, 1994) 77.

嘉奖他“通过使用纽芬兰的方法使冰岛鱼类加工业取得显著进步”，当地治安官因鼓励渔民大规模使用纽芬兰方法加工鱼类而被授予银质奖章。[①]

奥洛斯·奥拉维乌斯（Olaus Olavius）是18世纪渔业知识最渊博的冰岛作家之一，也是丹麦北日德兰半岛斯卡恩角的海关官员。他撰写了一篇关于家乡文章，以及一本关于冰岛渔业的专著，并因此获得奖励。[②] 他积极倡导在斯卡恩角生产盐干鳕鱼。斯卡恩角临近优质渔场，具备鳕鱼捕捞的必要自然条件，但大部分捕捞工作都是由瑞典船只完成的。1758～1819年的大量皇室记录显示，瑞典的近海捕鱼业只是徒劳无功的尝试。斯卡恩角的居民中只有6名男子能够驾驶敞篷划艇。11月至圣诞节期间，斯卡恩角居民使用特殊种类的大钩子进行了短期的鳕鱼捕捞作业，根据奥拉维乌斯的说法，“这种鱼钩类似于荷兰人使用的捕鱼工具，但不是棕褐色的，使用方法可能是错误的”[③]。此时，外国影响力开始在鱼类加工业上留下印记。仍然有许多人使用传统方法制作鳕鱼，但盐干腌制法只被少数人采用。在奥拉维乌斯时期，盐干鱼占据斯卡恩角鱼类出口总值的60%～75%。然而，19世纪初，该镇出口的最主要部分还是春季和秋季捕获的比目鱼，经过粗糙的脱水程序，以低廉的价格远销海内外。我们还可能注意到，盐干法从挪威西部推广到北日德兰用了约一百年的时间。奥拉维乌斯抱怨说斯卡恩角使用的盐太少，以至于不能达到最佳效果，但错误是可以理解的，因为“这个新兴且一本万利的贸易还处于起步阶段，无论是在斯卡恩角还是文叙瑟尔（Vendsyssel）的其他地方，甚至在整个北日德兰半岛”[④]。

奥拉维乌斯希望盐干鱼产业能促进渔业贸易发展，这一观点得到其他人的赞同。延斯出版了一本烹饪书，其中包含诱人的盐干鳕鱼食谱。他旨在通过这种方式提高盐干鳕鱼价格，从而促进渔业贸易发展。[⑤]

---

① LHS 1782, 1787 - 88.

② LHS 1778 and *Oeconomisk reise igiennem de nordvestlige, nordlige og nordostlige Kanter af Island* [published by Vestindisk-Guineiske Rente-og General-Toldkammer] 1 - 2 (København, 1780).

③ Olaus Olavius, *Beskrivelse over Skagens købstad og Sogn* (København, 1787) (genudg. med titel Beskrivelse over Skagens Købstad og Sogn 1787. København 1975) 186 - 91.

④ Samme 203 - 07.

⑤ With, *Efterretning om adskillige Maader at tillave saltet Cabiau eller stor Torsk paa, især af den Islandske og Norske, til større Behag end ved den sædvanlige Afkogning og Tillavning* (København, 1800).

鱼的保存——荷兰鲱鱼腌制法

一般来说，鱼类的保存是从捕捞到餐桌期间不可忽视的核心环节。1810 年，来自荷尔斯坦因的阿珀特（Appert）发明了在密封罐中保存蔬菜、鱼和肉的方法。虽然当时这种方法已被引入丹麦，但丹麦罐头行业在 80 年后才发展起来。[①]

皇家农业协会奖励那些尝试使用荷兰方法腌制鲱鱼的商人，传统的保存方法得到改进。渔民在船上以多种不同的方式宰杀和清洗鱼类，并且将它们储存在桶中。几个世纪以来，荷兰人一直守护着这种烦琐方法的秘密。1800 年前后，苏格兰鲱鱼渔业快速发展，年产量达 6 万桶，但未能成功复制荷兰的方法。[②] 这对丹麦和挪威商人来说是一个巨大挑战。

克里斯蒂安松和特隆赫姆的商人因按照荷兰方法保存鲱鱼而多次获得奖励，但他们并没有完全公布保存方法。[③] 1798 年，法尔松（Farsund）的一位商人约胡姆·伦德（Jochum Lund）意外获得荷兰的腌制方法。18 艘荷兰渔船由于害怕英国军舰，停靠在法尔松港口寻求庇护，其中 3 名船员在该地定居，并教导伦德和当地渔民如何清洗和腌制鱼类。[④] 在不到一年的时间里，伦德凭借他在鲱鱼捕捞方面的技巧和采用荷兰方法腌制鲱鱼，被协会授予金质奖章，他的荷兰同伴迈克尔·夸肯斯泰恩（Michael Quakkensteen）被授予银质奖章。[⑤]

国有渔业公司——法尔松公司和阿尔托纳公司

法尔松的伦德贸易公司是丹麦帝国的两个试点之一，政府和当地商人合作发展渔业的尝试取得了不错的效果。该公司最早从事谷物贸易，17 世纪 40 年代，开始在冰岛和格陵兰岛附近捕捞鳕鱼。17 世纪 60 年代出口高品质

① *Udførlig Underretning om den Maade, som Appert har opfundet til at conservere alle Slags Substantser af Plante-og Dyreriget i adskillige Aar. For sin Almennyttigheds Skyld oversat i det danske Sprog ved Jo. Fr. Bergsøe* (København, 1811).

② John Dyson *Business in Great Waters. The Story of British Fishermen* (London, 1977) 56 – 57.

③ LHS 1772, 1773, 1781 og 1784.

④ Harald Olsen, "Kongelige Fahrsunds Fiskerie Institut". *Meddelelser fra Kattegat-Skagerrak-projektet* 9 (1985) 17 – 18.

⑤ LHS 1799.

的腌制鲱鱼，趁这次鲱鱼商机赚的盆满钵盈。①

1767年，皇家特许鲱鱼公司（the Royal Chartered Herring Company）在阿尔托纳成立，渔业机遇也在奥克尼群岛（Orkneys）出现。② 阿尔托纳公司起初表现尚佳，1774年，政府赎回格陵兰和斯匹次卑尔根地区与捕鲸业务相关的股份。③ 这家公司依靠政府发放给每艘渔船的10里克斯元补助金维系生存。1781年，该公司的资产仅有28艘鲱鱼捕捞船、4艘单桅小帆船、若干较小的船只和仓库，价值约15万里斯克元。该公司被运河公司吞并，运河公司遵循皇家条款，继续经营鲱鱼公司。运河公司试图连通新运河和埃尔德河，以便从北海直达波罗的海，这很可能是霍格·古尔德贝格（Høegh Guldberg）的伟大雄图。事实上，该公司又建造了3艘鲱鱼捕捞船，甚至在1787年建造了1艘捕鲸船。但该公司在其商业贸易中损失了至少50万里斯克元。在1784年4月霍格·古尔德贝格被解职后不久，政府不得不赎回所有的私人投资。1792年，该公司被清算，但所有资产的变现一直拖到世纪之交。④

另外，伦德在挪威的公司逐渐组建了一支由12艘船组成的船队，其中一部分用于奥克尼和冰岛进行捕鱼活动，另一部分用于在冰岛和北海附近（the Jyske Rev and the Dogger Bank）的延绳钓作业。所有这些行动都得到了庞大的资金支持，其中一部分来自伦德家族，一部分来自霍格·古尔德贝格的亲密盟友——税务总监海因里希·卡尔·希默曼（Heinrich Carl Schimmelmann）伯爵，他于17世纪70年代投入了大量的个人资本。这些做法首次打破了挪威利斯特地区在海岸附近使用锚固网捕鱼的传统，并有望将捕鱼技术发展至国际顶尖水准。1780年，农业协会分别授予伦德和他的3名船长大大小小的银质勋章，表彰其“建立重要渔业产业”的贡献以及“勇敢与警戒”。⑤

伦德公司渔业活动朝“国际化”发展。例如，两位意大利铁匠建立工作坊为渔船制造鱼钩，2名葡萄牙专家监管鳕鱼干的准备工作。捕鱼任务由丹麦和弗里斯兰（Frisian）的瓦登海群岛（Waddensea islands）的人承担，他

① Harald Olsen, “Kongelige Fahrsunds Fiskerie Institut” 9 - 37.

② Lybecker 1792, 274.

③ Edvard Holm, *Danmark-Norges Historie* IV: 1 (København, 1902) 386 og V (1906) 503.

④ Klem II (1986), 58 - 65.

⑤ LHS 1779.

们从荷兰和阿尔托纳航行至此，分工合作取得了显著成效。运用纽芬兰方法制作的鳕鱼干，在欧洲市场上的价格比挪威同类商品高 40%。该公司的桶装盐干鳕鱼在价格方面也取得了同样的优势。1803 年，约胡姆·伦德出口盐干鳕鱼数量相当于卑尔根出口总量，而且价格提高 30%。[①] 与阿尔托纳公司一样，法尔松公司在这一时期成为丹麦—挪威地区唯一的高品质鲱鱼市场的供应商，同时也是纽芬兰式鳕鱼干的唯一供应商。

另一方面，伦德公司没有仿照同时期布胡斯的鲱鱼产业，即将大量的鲱鱼浓缩成鱼油。丹麦—挪威政府委派的一位名为延斯·拉斯克的官员，提议建立一个类似于布胡斯的工程[②]，但是这一提议并没有被采纳。这是因为挪威漂移网捕捞的鲱鱼比瑞典鲱鱼质量要好得多，瑞典捕捞的鲱鱼被送到工厂时已经开始变质了。

伦德公司运作模式通过各种形式获得推广。当然，伦德公司采用的方法并不容易模仿。1762 年，来自哥本哈根的一名船长里斯博尔（Risbøl）开始采用朱特兰礁的鳕鱼捕捞方法，雇用日德兰西北海岸和其他朱特兰礁（Jyske Rev）的船员。据说，这名船长的灵感来自瑞典、荷兰和挪威的法尔松渔民，他们使用载有 12 名船员的帆船在礁石附近捕鱼。1779 年，其他的船长表明他们有兴趣仿效这种方法，但缺乏足够的资金支持。[③] 1800 年，资金问题阻碍了当地商人打开法尔松的大门。里斯博尔为沿海航行配备了新型小帆船，用于在朱特兰礁附近捕鱼，结果仅收获 15 桶鳕鱼。由于小帆船需要应对海上风暴，且船上设备不足，能进行工作的时间实在太少，所以他不得不暂停这项行动。[④] 因此，虽然伦德公司的行动确实引起了人们的关注与兴趣，但是缺乏必要的资金投入。

自 1804 年起，政府通过皇家法尔松研究所向伦德公司注入资金，这意味着国家和伦德家族之间建立合作关系。该研究所负责从渔业上提高政府财政收入，同时通过推广使用新的捕捞方法，培训挪威渔民，发挥政策在渔业方面的催化作用。如通过制定更高的质量标准，鱼类产品价格

---

① Olsen, 17 - 23.

② Rathke 33. Jf. lignende forslag i [Nic. Lysholm] *Tanker, hvorledes Sildfiskeriet med Tiden kunde blive mere betydelig, og til langt større Nytte end hidindtil for den fiskende Almue her i Stiftet, anlediget ved et nu allerede på Deflehavn anlagd Sildtrankogerie* (Trondhiem, 1792).

③ Alexander Rasmussen (udg.) August Hennings Rejse i Thy 1779. *Hist. Aarbog for Thisted Amt* (1917) 62.

④ Rathke 61.

提高 80～100%。

突如其来的战争摧毁了所有努力。法尔松的渔船队卷入战争。18 世纪最重要和最成功的渔业是按照资本主义的方式发展的，但最终一无所获。即使如此，也不能说完全失败，因为利斯特兰德的渔民已经积累了捕鱼经验，并形成自身特色，成为斯卡格拉克（Skagerrak）地区最富有创造性的渔民。[①]

1814 年之前的丹麦渔业

1814 年以前，在利姆海峡使用定置网（pound net）进行春季捕鱼活动是丹麦王国的重要渔业活动。1700 年前后，奥尔堡商人的鲱鱼贸易开展得如火如荼，关于捕鱼场所的利益纠纷引起了几位政府官员的注意。与大多数其他类型的渔业不同的是，定置网受产权和会费法的约束，因此找到一条适用法律来解决冲突至关重要。当时采用解决办法是：将捕鱼站的权利赋予那些拥有土地的人，从而将他们的所有权扩大到水域，这一做法违背了自由捕鱼的传统原则。实际上捕鱼是直接在海滩上进行的，小船仅用来设置渔网，定置网捕鱼几乎可以视为一种水产养殖。

然而，1750 年以后，利姆海峡的捕鱼业迅速衰落，商人向渔民高价出售定置网股份。作家利贝克曾因撰写关于丹麦渔业如何得到支持的专著获奖，他希望利姆海峡出现新的鲱鱼商机。[②] 当丹麦渔业面临来自航运业等报酬较高的行业竞争时，丹麦渔业确实开始衰退。18 世纪的丹麦渔业停滞不前，无论是在捕捞或设备方面基本无进展。[③]

皇家农业协会、丹麦渔业协会和赖尔森基金会

1814 年之前，冰岛和挪威的获奖者获得了 44 个奖项，而丹麦人获得了 42 个奖项。然而，丹麦人获得的奖项和挪威、冰岛人所获奖项之间存在根本区别。后者主要授予对交易领域理论或实践做出重要贡献的人。首批获奖的文章中有一篇是关于挪威渔业的。[④] 奥莱森（Ole Larsen）由于发现了一

---

① Holm, *Kystfolk* 133.

② Lybecker op. cit. 1772 og 1792.

③ Holm, *Kystfolk* 103－114.

④ Eiler Hagerup, *Afhandling om Fiskerierne. Indgiven til d. kgl. Landhuusholdnings Selskab 1770 og oplæst i samme* (København, 1771).

个从未被发现的捕鱼港，被奖励10里斯克元的事例属于特例。这一发现推动了斯托雷根（Storeggen）鳕鱼捕捞业的发展，它也成为19世纪挪威开展大型渔业活动的主要港口。由于渔民缺少足够大的船只，无法安全地在远海地区进行捕鱼作业，因此，1791年，一名商人凭借打造一艘可以载有7位船员的大型船只受到奖赏，能否“在远海开展渔业活动”[①] 的问题不仅在于技术方面，还在于要充分利用技术和其他资源所需的资本问题。因为保证渔民获得更高的收入是促进渔业发展的唯一方法，所以皇家农业协会加大贸易奖励、保护力度。

起初，皇家农业协会（The Royal Agricultural Society）颁发的奖项仿照挪威、冰岛模式，授予一些理论性文章。一位来自利姆海峡的商人尼伯（Nibe）凭借荷兰方式腌制鲱鱼的方法获得银质奖章。除了一个奖项颁发给了研究尼伯鲱渔业的专著，1784年的其他奖项都颁发给了渔民。结果无论是由于协会偏袒特定的获奖者，还是因为整个国家都不了解奖励制度，但获奖者的地理分布体现了各地的渔业情况。1784～1795年，授予渔民的21个奖项均颁发在西兰北部和西部。这种现象的产生大概是由于该协会于1784年设立了一个奖项，用于奖励在伊塞湾（Isefjord）用漂移网进行捕捞活动的渔民，最终有7名渔民获奖。但是其余的奖项一般都是为奖励捕鱼量而颁发的，并且不受地域限制。对于这一现象比较合理的解释是，该协会和杰格斯普里斯（Jægerspris）的渔民之间存在着良好的关系，因此杰格斯普里斯的渔民获得了至少12项大奖。该地的渔业管理员获得了2项总额达50里斯克元的奖金，大多数渔民似乎都可分得一杯羹，这种奖励看起来像在做慈善。例如，克里斯滕·佩德森（Christen Pedersen）（一名渔业管理员雇用的渔民）“在其妻子的帮助下”捕鱼而获得了15里斯克元的奖励，尽管事实上他妻子由于断臂休假6周；“给予小佃农的妻子凯伦·安德斯（Karen Andersdatter）和鞋匠的遗孀科斯汀（Else Kirstine）4～6里斯克元的小额奖励，名义上是为了促进捕鱼业发展，但也是一种社会援助。这些活动的意义在技术层面上似乎有些受限。在伊塞湾使用漂移网的想法可能是想效仿利姆海峡，但人们怀疑漂移网的使用能否增加实际收入。漂移网最适合大规模的海洋渔业，直至1830年以后才开始大量投入使用。

1786年，该协会为瑞索（Reersø）的渔民购买了一种大型定置网，这

① LHS 1777, 1791.

一做法极具深意。定置网在利姆海峡极为常见，但在世纪之交，定置网才在西兰岛沿海地区被广泛使用，此后渔业的从业人员逐渐增加。哥本哈根慈善组织为定置网的普及做了许多卓有成效的宣传工作。

大体而言，与挪威和冰岛相比，丹麦的渔业相对逊色。农业协会针对帝国北部的奖项可以说是实至名归，针对南部地区的奖项则给予了一些毫无建树的人。1790 年之后，该协会似乎在对渔业失去了兴趣，直到失去挪威之后，才恢复针对渔业的奖励。

1800 年前后，关注丹麦渔业发展的还有赖尔森基金会（the Reiersen Foundation）。该基金会成立于 1798 年，主要目的是为渔业提供支持，例如向想要购买渔网的渔民提供资助。①

1800 年，在参议员延斯·维斯的倡议下成立丹麦渔业协会（The Danish Fishing Society），该协会旨在促进渔业发展，吸引了哥本哈根众多龙头企业、造船商和制造商的资金。在前往西兰岛东部和南部海岸的旅途中，维斯劝告土地所有者和官员创办当地渔业协会并购买定置网。事实上，定置网已经在许多地方投入使用，他的宣传似乎增加了它们的使用量。此外，该协会本身也拥有 1 艘甲板船和一些来自英国的设备，进行捕鱼作业。该协会主席延斯·汉格（Jens Fr. Hage）乘坐他们购置“小鸟号”（Fuglen）的单桅帆船，在 1800 年夏天，用 5 周时间，从松德海峡（Sound）航行到斯卡恩角，考察渔业，并与当地人频繁接触。汉格打算继续沿西部海岸和荷兰航行，目的为了学习荷兰的捕鱼方法，赫尔辛格（Helsingør）的工作人员警告他，这样做有被当作工业间谍而被逮捕的风险，再加上天气恶劣，他不得不放弃。

汉格对哥本哈根鱼市的不景气感到不满，1800 年 8 月 1 日向该协会的董事提议：“北海南部和西部的其他大城镇，许多天主教家庭某些特定时间必须吃鱼，此外还有许多小康之家希望能买到更多的鱼。当渔民们知道能以更高的价格出售鱼类时，他们更有积极性。也是出于这个原因，荷兰催生了许多技术娴熟的渔民。而且在这个小镇里，有些很少吃鱼的人可能是因为不知道如何烹饪。社会公众人物应宣传鱼类的营养价值，倡导多吃鱼类。”正如前文所述，他在同年出版的书中也提到这一观点，其中介绍了挪威、冰岛鳕

① *Regnskab for det af Etatsr. Niels Lunde Reiersen stiftede Fond*［1798 - 1829］（Kbh. 1800 - 1830）［这些账户在重新整理时不幸遗失，无法由皇家图书馆提供］。

鱼干的烹饪方式。然而，汉格不得不承认，用现有的船只不利于发展渔业。该协会已经购买若干先进船只，他建议再购买几艘船，这些船将出租给斯卡恩角最优秀的渔民以及来自瑞典的渔民。按照汉格的设想，该协会应该还购买 3 ~4 艘渔船，用于鲜鱼运输。然而，哥本哈根的渔业市场出现了内部问题，并且找不到技术性的解决方案。鱼贩随意定价，还自作主张将多余的鱼送给雇佣女工。汉格意识到协会通过中间商在市场上出售鱼类，必定会蒙受损失。因此，他建议渔民自己卖鱼。①

汉格的建议没有得到任何回应，丹麦渔业协会开展的渔业活动引发了灾难性的后果，企业实际上已经停止了运营。然而，汉格在丹麦水域的旅行提供了有趣的信息。他指出南部沿海的渔民非常勤奋，并认为，修缮港口是他们能够更好地利用其优势进入资本市场的必要条件。另外，如果国王在南卡特加特省的黑塞勒（Hesselø）向一些渔民开放部分海域，那他们可以建立能够集中捕捞龙虾的港口，渔业可以取得更好的发展。汉格在北西兰地区的渔民的鲽鱼网中发现了龙虾，但这一设备并非用于捕捞龙虾，因此他认为：如果能够使用合适的龙虾捕捞设备，可以在当地建立一个生产龙虾酱的小型厂。他还建议安霍尔特岛（the island of Anholt）上的渔民购买更大的水箱，直到来自西兰的霍恩贝克村（Hornbæk）的买家到达，鱼都可以保持鲜活。事实上，如果没有买家，他们会把鱼晒干，并以更低的价格出售。汉格对莱索（Læsø）和赛比（Sæby）的渔业兴趣不大，对于经常被哥本哈根买家光顾的腓特烈港（Fladstrand）兴趣寥寥，那里的环境毫无生机，港口也逐渐废弃。他还发现希特肖尔曼（Hirtsholmene）的条件很好，这里有优质的天然海港、熟练的航海家和渔民。他与彼得·贝克（Peter Beck）在岛上的会面取得了实实在在的成果。

汉格写道："贝克不仅自己造了一条船，还用自己的方式亲手锻造大型鱼钩，甚至比来自英国的鱼钩更加实用。他用来捕捉海豹的鱼叉比我在其他地方看到或读过的任何工具都更适合这项任务。"如果能有更多的买家光顾，渔民可以使用更大的水箱，汉格、贝克等人认为很有发展前景。此外，他们都发现龙虾罐（lobster-pot）的使用应该可以极大地增加龙虾捕捞量，但是贝克并不熟悉龙虾罐的使用（一种叫作 kranje 的简单箍网，装有渔网

① *Indberetning og Betænkning om det danske Fiskeselskabs nærværende Tilstand og Udsigt i Tiden*, udgivet af Formændene (København, 1801) 46 - 49.

的铁环被放置在水底，当渔民看到龙虾越过边缘时会将其拉起来）。汉格从挪威订购了龙虾罐，由于荷兰渔民和买家的传播，龙虾罐自 17 世纪以来得到广泛使用。[①] 当克罗耶在 19 世纪 30 年代后期访问希特肖尔曼时，他发现这是北日德兰地区唯一一个广泛使用龙虾罐的地方。

总之，丹麦渔业协会活动的实际效果可以忽略不计。该协会直到 1811 年才正式解散，但实际上成立一年后就名存实亡了。[②] 即便如此，作为第一次从外部影响渔业贸易的直接尝试，是不容忽视的。该协会为后政府发展渔业提供了一种模式。

鲜鱼市场和船只

虽然丹麦渔业技术停滞不前，且渔业市场发展缓慢，但还是在 1750 年之后发生了巨大变化。产生这一现象的原因在于，人们可以将鲜鱼运往更多的城镇，鲜鱼销量和价格均有提高，尤其鳕鱼和比目鱼的销售。将活鱼运往各地市场需要很高的技术，与死鱼的运输完全不同。鱼从鱼钩上取下，或者从渔网中拿出后，必须立即转移到渔船上的水箱里。只有鳕鱼和比目鱼在这一过程中存活率较高，而鲱鱼和鲭鱼无法存活。在此之后，船只必须将捕获物运到市场本身，或将其转送给中转船，完成剩余路途的运输工作。如果采用这种交易方法，就必须建立大型交易市场以便及时进行交易，因为鱼类极易腐败。事实表明，鲜鱼异地销售使渔民的收入有所增加。

鲜鱼保存和运输是受荷兰的“奎恩号”（kween）的启发，这种渔船可以将多格浅滩（Dogger Bank）的活鳕鱼运送至荷兰。他们在船舱内安装了水密舱壁，水可以通过船两侧的洞流进来。[③] 18 世纪，泰晤士河上这种荷兰式的船只熙熙攘攘[④]，德国的波罗的海沿岸也是如此。[⑤]

---

① Samme, 29 – 45.

② *Continuations-Underretning angaaende det Danske Fiske-Selskabs Administration og dets Eiendeles Realisation, saa og Regnskaber, bemeldte Selskabs vedkommende, fra 19. Febr. 1801 til 1. Sept. 1811. udgivet af* [*Carl*] *Pontoppidan* (København, 1811).

③ J. J. Tesch og J. de Veen, Die Niederländische Seefischerei. *Handbuch der Seefischerei Nordeuropas* VII: 2 (Stuttgart, 1933) 29.

④ Dyson 66 – 67.

⑤ Wolfgang Rudolph, De pommerske åledrivkvaser og deres betydning for Danmark. *Handels-og Søfartsmuseets årbog* (1961) 269.

早在 1619 年，一名荷兰船长就获得了与哥本哈根进行鲜鱼交易的许可证，但条件是必须使用荷兰的活水蓄鱼船进行运输。[①] 1757 年，船队使用波美拉尼亚（Pomerania）的活水蓄鱼船运输博恩霍尔姆（Bornholm）的鳕鱼，供应哥本哈根市场，形成了较为稳定的合作关系。1803 年，这些船只的数量增加到 14 艘，1814 年，增加到 24 艘。博恩霍尔姆渔民的收获无法满足市场需求，船队开始从大贝尔特和小贝尔特（Great and Little Belts）的渔民那里收购。19 世纪 80 年代，来自北日德兰半岛的腓特烈港的船长在这一领域中占有一席之地[②]，但是，直到拿破仑战争之后，该地区的蓄鱼船运输业才真正得到拓展。1814 年之后，斯卡恩角以东所有拥有良好的码头或港口的渔业协会，都被整合到统一的采购系统中，价格由哥本哈根的鲜鱼市场主导。[③] 毫无疑问，蓄鱼船的应用意味着渔业的进步，渔民能够从利润微薄的干鱼交易转变为更迅速、更有利可图的鲜鱼交易。[④] 鲜鱼贸易是 19 世纪丹麦渔业迅猛发展的基础。

结　论

自 18 世纪中叶起，丹麦北大西洋帝国为渔业和狩猎业改革做出了巨大努力。这些项目是根据对英国和荷兰使用的最新技术制定的，但大多数都以失败告终。造成这种现象的原因尚未完全揭示，但资金匮乏，尤其是高效和彻底的组织的缺失似乎是重要因素。问题不在于缺乏知识渊博的专家，而是需要技术能力强、可以完成项目要求的专业团队。

相比之下，市场机制的改进更为成功。格陵兰繁荣的鲸油贸易刺激了因纽特人的狩猎贸易。1780 年前后，因纽特人的生活与世界市场发生联系，因为他们需要购买丹麦的生活必需品。欧洲人提供的两种主要商品是酒精和枪支。枪支改变了因纽特人传统狩猎方式，而饥饿和酗酒的反复出现与技术进步和人口增长密切相关。欧洲市场提供的商品加剧了因纽特人的社会动荡。

---

① Holger Rasmussen (udg.), *Kvaseskipper fra Bøjden. Den sejlende fiskehandler-en nøglefigur i fiskeriets modernisering* (Odense, 1975) 10 – 11.

② Verner Jensen, *Skibe og skippere i Fladstrand* (Frederikshavn, 1983) 21.

③ Rasmussen 1975, 12 – 14; Stibolt 1814, 17; Krøyer 1866, 116 – 19.

④ Holm, *Kystfolk* 141 – 44.

随着挪威与冰岛贸易往来日益密切，盐干鳕鱼销售对于19世纪的经济增长至关重要。当时冰岛和挪威的学者经常指责丹麦行政部门官僚作风严重，缺乏对渔业相关经济问题的洞察力。但本研究表明，丹麦帝国当局对于开发利用北方资源具有浓厚的兴趣，在全国范围内大规模效仿荷兰的鲱鱼产业，在地方上，通过皇家农业协会等机构激励当地企业家与创新者。虽然结果不甚理想，但不可否认政府的良好初衷，这一点在1770年之后表现得更为突出。约翰·彼得·里斯特的著作指出，在看似未能引进新技术的背后，我们应该寻找阻碍技术进步的地方性和社会性因素，从而使专业渔民而非以渔业为副业的农民受益。

霍格·古尔德贝格对捕鲸和捕捞船队的建设进行了巨额投资，但开发捕鲸、海豹捕猎和捕鱼业的宏伟项目最终宣告失败。本研究没有将原因归结为官僚作风，并且认为这是一个使用了当时最新技术的极具前景的宏伟计划。上述问题尚未得到充分探讨，可能与当地造船厂和维修材料的匮乏、基础设施的缺失以及市场机制的不完善有关。

丹麦政府的努力结果与其对大型商贸企业的刺激有关。位于挪威南部法尔松的伦德公司就是一个有趣的例子，它展示了技术创新、熟练劳动力的培训以及欧洲市场组织的发展。民族主义、自由主义者的负面报道，使得18世纪北大西洋渔业政策看似失败，但现在应该重新进行评估。

鲜鱼市场的发展，意味着丹麦渔业在经历了几个世纪的经济衰退后，开始转变为更合理的经营方式。虽然北大西洋市场是在国家层面的倡议下组织的，但私营中间商的努力在丹麦市场的各个重要方面均发挥了重要作用。

European and native ways of fishing, whaling and sealing in the Danish North Atlantic Empire

Poul Holm

Abstract: From the Middle Ages onwards, apart from the Kingdom of Denmark, the Danish Empire consisted of the dukedoms of Schleswig and Holstein, the twinned kingdom of Norway, and formerly Norwegian possessions such as the Faroe Islands, Iceland and Greenland. One result of the wars of the

17th century was that Denmark lost its traditional dominance of the Baltic to Sweden. Instead the government showed an increasing interest in the North Atlantic area, an interest expressed in the banishment of the Hanseatics from trade with Iceland in the middle of the 16th century, in whaling off Spitsbergen at the beginning of the 17th century, and in the activities that followed in the wake of Hans Egede's mission to Greenland from 1720. The problem that beset many of these activities was the weak financial position of the Danish state, which meant that projects were often not carried through to their conclusion. About the middle of the 18th century, however, Denmark was in a better position to make wide-ranging investments. The main point of this article is that from this time the state and private individuals initiated a series of planned efforts aimed at revolutionizing whale and seal hunting as well as fishing. These initiatives can only be understood by regarding the Danish Empire as a united body politic, in which the several parts participated according to a division of labour, the aims and details of which were determined by the head, that is, the royal capital of Copenhagen. This is a history that includes the development of technology, the meeting of different cultures (European and Inuit, reformist versus traditionalist), and the application of mercantilist politics.

Keywords: Fishing; whaling and sealing; Danish North Atlantic Empire; European and native ways.

（齐山德　校）

亚马尔北极和亚北极地区考古研究*

〔俄〕**H. B.** 费奥多洛娃　著

齐山德　译

摘要：西西伯利亚北极和亚北极地区考古研究始于20世纪20年代初，21世纪以前，仅莫斯科和列宁格勒的考古小组进行了初步考察。关于新世纪以来考古研究的进展情况，本文从以下三个方面阐述：①该区域人类居住史，包括鄂毕河谷、亚马尔半岛及吉丹半岛。②极地适应性的形成，包括经济、社会文化特征及生物适应性。③该区域与邻近地区古典和中世纪文明的联系。大体而言，2000年至今，得益于俄罗斯国家对极地考古研究的支持，西西伯利亚北极和亚北极地区发现大量遗迹，与此同时有相当数量的学术著作问世，涌现出相当数量综合性的、跨学科的、学术价值较高的考古科研成果。

关键词：西西伯利亚北极和亚北极　石器时代和青铜时代　早期铁器时代　中世纪　跨学科研究

作者简介：H. B. 费奥多洛娃，俄罗斯亚马尔—涅涅茨自治区萨列哈尔德市北极研究中心教授。

译者简介：齐山德，聊城大学历史文化与旅游学院北冰洋研究中心讲师。

西西伯利亚北极和亚北极地区考古研究始于20世纪20年代初。研究者

* 基金项目：俄联邦基础研究基金会8－09－40011，《乌拉尔及西西伯利亚考古研究回顾——重要发现、研究进展及困境》。

首要任务是寻找遗迹和文物，初步勘查和挖掘具备条件的遗址。研究者以当时的考古发现为依据，出版了若干文献资料。从区域考古学角度看，荒芜的北极地区发现的遗迹和文物寥寥无几。鲜有对此感兴趣的研究者，能够进行持续研究的学者只有 В. Н. 切尔涅佐夫、В. И. 莫申斯卡娅和 Л. П. 赫洛贝斯京。1990 年，赫洛贝斯京的文章《二百年来北极考古》总结了北极考古取得的成果。[①] 总体而言，关于西西伯利亚北部地区的考古研究进展缓慢，20 世纪 90 年代末至 21 世纪初，这一情况也未发生改变。缺乏较为完整的研究成果，以至于已出版的文献难以被利用。[②] 2010 年之前，研究者主要关注中世纪晚期和新时期古城（新城），如曼加泽亚地区的纳德姆城、沃伊卡尔城、波卢伊城、俄罗斯城。[③] 此后，亚马尔－涅涅茨自治区已发现各时期人类活动遗迹，如石器时代、青铜时代和铁器时代，但只有一小部分进行了常规挖掘。[④]

关于西西伯利亚北部的考古研究主要集中在以下三个方面：

一、区域定居史，包括鄂毕河谷、亚马尔半岛及吉丹半岛。

二、极地适应性的形成，包括经济、社会文化特征及生物适应性。

三、该区域与邻近地区古典和中世纪文明的文化联系。

值得注意的是，近年来的考古研究呈现出跨学科性。

亚马尔－涅涅茨自治区境内北极和亚北极地区人类定居点形成于不同时期，且成因各异。2016 年，新西伯利亚地质学家和考古学家通过田野调查发现一批旧石器时代晚期遗址，近年来关于子午线附近地区，即额尔齐斯河口至鄂毕河口的鄂毕河流域存在人类活动情况的猜测得到证实。[⑤] 此

① Хлобыстин Л. П. 200 лет арктической археологии//КСИА, вып. 200. Москва: изд-во Наука, 1990. С. 3－8.

② История Ямала. Том 1. Ямал традиционный. Кн. 1. Древние культуры и коренные народы/под руд. Н. В. Федоровой, А. П. Зенько и др. -Екатеринбург: Изд-во《Баско》, 2010.

③ Визгалов Г. П., Пархимович С. Г. Мангазея. Новые археологические исследования. -Екатеринбург-Нефтеюганск: изд-во МАГЕЛЛАН, 2008. /Кардаш О. В., а. Надымский городок князей Большой Карачеи. Екатеринбург-Салехард: изд-во《Магеллан》, 2013.

④ История Ямала. Том 1. Ямал традиционный. Кн. 1. Древние культуры и коренные народы/под руд. Н. В. Федоровой, А. П. Зенько и др. -Екатеринбург: Изд-во《Баско》, 2010. С. 10－88.

⑤ Зольников И. Д., Выборнов А. В., Картозия А. А., Постнов А. В., Рыбалко А. Г. Рельеф и строение четвертичных отложений Нижней Оби в связи с перспективами поиска палеолитических объектов// Археология Арктики: сборник. Вып. 5 Омск: изд-во《Омскбланкиздат》, 2018. С. 30－38.

外，通过1993年沃伊卡尔河沿岸的考古勘查，在河岸浅滩上发现若干旧石器时代晚期器具，其中包括1件与猛犸象残骸共存的器具，具有莫斯特文化特征。[①] A. A. 博格金认为，无论旧石器时代还是中石器时代，西西伯利亚北部定居点成因的“单一路径论”是站不住脚的。[②]

根据动物学家的判断，旧石器时代和中石器时代的自然环境条件十分有利。更新世晚期和全新世（距今4.5万年），西西伯利亚北部地区哺乳动物群落极为丰富，其中包括早期人类狩猎对象，可为该区域人类生存提供稳定的食物来源。[③]

西西伯利亚北极和亚北极地区共发现6处中石器时代遗址，其中几处遗址能否列入中石器时代尚存疑问。一些原始村落遗址尚未发掘，目前发现的文物只是从受到不同程度毁坏的地表获取的。现代亚马尔－涅涅茨自治区中石器时代遗迹分布十分广泛，从东部的普尔河流域到西部的现代萨列哈尔德城均有发现。Л. Л. 科西恩斯卡娅针对西西伯利亚北部中石器时代提出如下问题：如何确定该地区中石器时代上下边界；文化归属问题，即归属为邻近地区文化的衍生文化，还是归属为具有自身特色的地方文化；北部地区中石器时代的起源问题。[④]

西西伯利亚亚北极地区新石器时代遗迹的考古发现较为丰富。实际上，目前发现三处遗址：Et－I、Et－II定居点，以及沃拉亚哈河沿岸的捕鱼场遗址。两处定居点得到部分挖掘，Et－I定居点发现出4处房舍遗迹，经放射性碳元素测定，距今约8000年。Et－II定居点发现12件物品，其中2件界定为房舍残迹，其余为生产用具，距今7000～9000年。[⑤] 科西恩斯卡娅

① Погодин А. А. К проблеме первоначального заселения севера Западной Сибири//Древности Ямала. Вып 1 Екатеринбург-Салехард: изд-во УрО РАН, 2000. С. 69－70.

② Там. же С. 74.

③ Косинцев П. А., Бачура О. П. Фауна млекопитающих севера Западной Сибири в позднем плейстоцене и голоцене// I Международная конференция《Археология Арктики》. Тезисы докладов. 19－22 ноября 2017 г. Салехард. Екатеринбург: изд-во《Деловая пресса》, 2017. С. 13－14.

④ История Ямала. Том 1. Ямал традиционный. Кн. 1. Древние культуры и коренные народы/под руд. Н. В. Федоровой, А. П. Зенько и др. -Екатеринбург: Изд-во《Баско》, 2010. С. 32－33.

⑤ Косинская Л. Л. Комплекс неолитических памятников в урочище Увыр-пай// I Международная конференция《Археология Арктики》. Тезисы докладов. 19－22 ноября 2017 г. Салехард. Екатеринбург: изд－во《Деловая пресса》, 2017. С. 149.

认为，这些房舍带有地面出入口的半地下结构，石制工具取材于当地，应属早期新石器时代文化。[①]

由于西西伯利亚北部地域广袤，考古发现寥寥无几，能够获取的研究资料不足，因此界定早期铜石并用时代的遗迹较为困难。西部北极和亚北极地区研究状况更为乐观，东部地区发现的 5 处定居点已开展考古研究。科西恩斯卡娅的著作中强调“其中罕有陶器”[②]。关于西部地区铜石并用时代的文献资料较为丰富，最近的研究已有较为翔实的论述，本文不再赘述。[③] 调查大量遗迹后，O. C. 图帕希娜和 Д. C. 图帕辛认为，约 5000 年前，该地区存在 3 种次新石时代文化类型，不同文化类型的形成取决于当地的自然条件，主要的生产、生活方式取决于生产效率。

第一种文化类型（山地萨莫特涅尔 1 号遗址）属长期性全年居住点，居住区面积较大，且文化层丰富，捕鱼场位于住地北方。[④] 第二种文化类型（洛夫 - 桑格 - 胡姆 2 号遗址）位于鄂毕河支流附近，属季节性住地，居住区较小，文化层贫瘠，食物来源主要是捕鱼和狩猎。[⑤] 第三种文化类型（约尔库金村落遗址）属典型的亚马尔内陆苔原居住点，主要食物来源可能是捕猎驯鹿。[⑥] 山地萨莫特涅尔 1 号遗址的时间采用树木年代学方法测定。值得注意的是，当时亚马尔半岛南部地区的气候较为温暖，因此该地区有木本植物分布。

目前发现的青铜时代遗址极少。肖特恩马托 - 罗尔居民点遗址（位于普洛夫区）[⑦]、帕罗姆 1 号遗址（今天的萨列哈尔德市近郊）和瓦雷 - 哈雷达遗址（亚马尔半岛南部）已进行挖掘[⑧]，其他遗址仅在已遭损坏的地表上

---

① Там. же.

② История Ямала. Н. В. Федоровой, С. 53.

③ См: Тупахина О. С., Тупахин Д. С. Поселение эпохи энеолита Горный Самотнел 1: материалы и исследования. -Омск: изд-во《Омскбланкиздат》, 2018.

④ Там. же.

⑤ Там. же.

⑥ Там. же.

⑦ Косинская Л. Л. Археологические памятники бассейна р. Пур (итоги исследований 1990 – 1998 годов) // Научный вестник Ямало-Ненецкого автономного округа. Выпуск 3. Археология и этнология. Материалы научно-исследовательской конференции по итогам полевых исследований 1999 г. Салехард: б/и, 2000. С. 14 – 19.

⑧ Васильев Е. А. Поселение Вары-Хадыта II и проблемы первобытной археологии Ямала// Научный вестник Ямало-Ненецкого автономного округа. Выпуск 3. Археология и этнология. Материалы научно-исследовательской конференции по итогам полевых исследований 1999 г. Салехард: б/и, 2000. С. 24 – 31.

进行了文物收集工作。通过肖特恩马托－罗尔居民点遗址两处居住区和瓦雷－哈雷达2号遗址部分居住区进行的挖掘工作，发现大量陶制材料、石制工具以及少许青铜铸造遗迹。在皮亚库－托1号遗址已被毁坏的文化层发现一件铜银合金挂饰[①]，因此科西恩斯卡娅认为该地区居民与南方居民存在联系（同上）。房舍结构完全一致，即带有门廊出入口的半地下结构。东部遗址发现的陶器与西部遗址（瓦雷－哈雷达类型）迥然不同，首先是底部平坦，其次是没有发现带有兽纹的船型器皿，因此不具备西部地区铜石并用时代居民点的典型特征。或许，这也表明该区域居民是沿着不同道路迁移的。E. A. 瓦西里耶夫认为，来自鄂毕河下游中心区域（萨尔德尼文化）的移居者与约尔库金次新石时代遗留居民混杂而居，这是瓦雷－哈雷达类型文化的成因。[②]

无论是早期铁器时代，还是更早时期的考古研究并不充分。大体而言，目前考古发现的遗迹属更晚时期且不完整（绿山居民点，奥波多尔山地村落），出于各种原因，部分遗址未实现常规挖掘（卡特拉－沃什和别尔－沃什居民点）。[③] 关于"乌斯季－博鲁伊神圣生产中心"的考古研究已相当充分。1935～1936年B. C. 阿德里亚诺夫首次进行发掘以来，该遗址便闻名于世，某种程度上说，已成为西西伯利亚北部标志性遗迹。2017年，我们总结了关于乌斯季－博鲁伊多年来取得的研究成果，其中包括采用跨学科方法取得的成就。[④] 该遗址占地面积3200平方米，其中2208平方米已完成挖掘。采用碳14、AMS和树木年代学方法对文化层和部分建筑物进行了绝对测年，共取得48项数据，测定时间界限为4000～5000年前。神圣生产中心的建筑遗迹可分为两个阶段，古圣地时期（4000～5000年前）和神圣生产中心时期（3000～4000年前）。伴随青铜冶炼和铁器冶炼遗迹，兽骨雕刻和石器加工器物相继发现，该遗址因此得名。据此，"神圣生产时代"与"平凡时代"得以划分。[⑤] 古气候研究表明，该遗址出现时期恰逢气候变得更加寒冷

① История Ямала. Н. В. Федоровой, С. 59.

② Васильев Е. А. Поселение Вары-Хадыта II и проблемы первобытной археологии Ямала// Научный вестник Ямало-Ненецкого автономного округа. С. 28.

③ Мошинская В. И. Археологические памятники Севера Западной Сибири. Археология СССР. Свод археологических источников. Д3－8. Москва: изд-во Наука, 1965. С. 17－18.

④ 《Усть-Полуй: материалы и исследования. Том 1. Екатеринбург: изд-во《Деловая пресса》. 2017.

⑤ Гусев Ан. В., Федорова Н. В. Морфология древнего сакрально-производственного центра Усть-Полуй// Археология Арктики. Вып. 4.《Усть-Полуй: материалы и исследования》. Том 1. Екатеринбург: изд-во《Деловая пресса》. 2017. С. 19－64.

和湿润，导致苔原和森林苔原区域扩大，大多数湖泊沼泽化。[①] 气候发生变化使得当地居民从渔猎为生转变为驯鹿放牧为生，乌斯季－博鲁伊居民生活方式发生变化，社会生活领域亦发生诸多改变。出现相对规范且成套的装饰物、服饰[②]，以及仪式服装[③]。

今天的亚马尔－涅涅茨自治区发现的遗址最多，同时研究得也较为充分。其中大部分为中世纪遗址，其数量是更早时期的 10 倍。这一时期遗址不仅数量多，且种类极为丰富（古城镇、居民点、临时房舍、墓地、各类文物），表明当时人口数量激增。自中世纪以来，苔原地带被大规模开发，其中包括亚马尔半岛和吉丹半岛。吉丹半岛的考古研究刚刚起步，目前南部地区已发现若干居民点和墓地[④]，半岛北部仅发现 1 处被毁坏的遗址，疑为 3000 年前的墓地。[⑤] 亚马尔半岛考古研究较为乐观，至 2010 年，共发现 4 处人口较为密集的居住点遗址：近北极苔原区的季乌杰遗址，恩古利－亚西河和尤聂塔－雅西河流域 2 处遗址，以及亚尔杰遗址（尤里别伊河流域）。后三处遗址位于典型的近苔原地带。[⑥] 此外，距今 3000～4000 年的 3 处墓地被发现，且已进行考古研究。目前来看，已发现的早期遗址（石器时代至早期铁器时代）均位于亚马尔半岛南部地区。尤里别伊河以北地区发现的中世纪初期，即公元 4～6 世纪的遗址较多。[⑦] 其中绝大多数是季节性居所

---

① Панова Н. К. Янковска В. Отчет《Результаты споро-пыльцевого анализа памятника Усть-Полуй и отложений в окрестностях г. Салехарда》//Научный вестник Ямало-Ненецкого автономного округа. Выпуск №9（61）. Усть-Полуй-древнее святилище на Полярном круге. Салехард：б/и, 2008. С. 64.

② Федорова Н. В. Зооморфный код Усть-Полуя// Археология Арктики. Вып. 4.《Усть-Полуй：материалы и исследования. Том 2. Екатеринбург：изд-во《Деловая пресса》. 2017. С. 124.

③ Гусев Ан. В. Коллекция изделий из кости и рога по материалам раскопок 1993－1995, 2006－2015 гг. // Археология Арктики. Вып. 4.《Усть-Полуй：материалы и исследования》. Кол. Мон. Том 2. Екатеринбург：изд-во《Деловая пресса》. 2017. С. 39.

④ Ткачев А. А. Археологические исследования в низовьях р. Таз//I Международная конференция《Археология Арктики》. Тезисы докладов. 19－22 ноября 2017 г. Салехард. Екатеринбург：изд-во《Деловая пресса》, 2017. С. 122－154.

⑤ Гусев Ан. В.，Плеханов А. В. Археологическое обследование в районе оз. Парисенто（п-ов Гыданский）//Научный вестник Ямало-Ненецкого автономного округа. Выпуск № 3（92）. Обдория：история，культура，современность. Тюмень：б/и, 2016. С. 22－24.

⑥ История Ямала. Н. В. Федоровой, С. 62－64.

⑦ Гусев Ан. В.，Плеханов А. В.，Федорова Н. В. Оленеводство на Севере Западной Сибири：ранний железный век-средневековье//Археология Арктики：сборник. Вып. 3. Калининград：ИД《РОС-ДОАФК》, 2016. С. 234.

（夏季），因此，A. B. 普列汉诺夫认为，这种情况反映了以大量饲养驯鹿为主的游牧文化特征。① 尤里别伊河中段的亚尔杰 6 号遗址非常特殊，文化层存有相当丰富的手工制品。大量的驯鹿骸骨表明，当地居民在驯鹿群传统的迁徙道路上能够捕获大量驯鹿。② 然而，尽管文化层丰厚，但亚尔杰 6 号遗址只是季节性居所，7 月至 9 月驻留。③

亚马尔半岛共发现 3 处墓地：半岛南部赫托 – 谢 1 号遗址的地下墓地，距今约 1000 ~ 1100 年④，尤里别伊河谷的尤尔 – 亚哈 3 号遗址的墓地⑤以及纳霍德卡海湾 1 号遗址的墓地。两处墓地的考古研究者 O. B. 卡尔达什认为，其年代分别距今 1300 ~ 1400 年和 700 ~ 800 年。⑥ A. Г. 布鲁斯尼齐娜着手研究之前，赫托 – 谢墓地已被盗掘损毁，且严重风蚀，安葬情况几乎无从考察。A. B. 索科尔科夫挖掘并研究了其余两处墓地。⑦ 根据墓葬情况和盗掘文物判断，距今约 800 ~ 1100 年，尤尔 – 亚哈 3 号遗址的墓地距今约 800 ~ 900 年。值得注意的是，除了常见的平躺安葬外，亚马尔地区 3 处墓葬中的妇女和儿童骸骨呈侧躺姿。

亚马尔内陆地区发现的中世纪遗址相当多，但目前已经挖掘的遗址不可称为中世纪晚期和新时期城市遗址。四处遗址中包括 1 个古城遗址，2 个居民点，1 个由翻砂场和 2 处墓地组成的综合体。此外，出土的中世纪时期银

① Плеханов А. В. Заселение ямальской тундры в эпоху средневековья//Труды IV（XX）Всероссийского археологического съезда в Казани. Том III. Казань：《Отечество》, 2014. С. 534.

② Там. же. С. 532 – 534.

③ Там. же.

④ Брусницына А. Г. Современная источниковая база изучения позднего железного века полярной зоны Западной Сибири//Научный вестник Ямало-Ненецкого автономного округа. Выпуск 3. Археология и этнология. Материалы научно-исследовательской конференции по итогам полевых исследований 1999 г. Салехард：б/и, 2000. С. 32 – 48.

⑤ Плеханов А. В. Новые исследования археологического памятника Юр-Яха III// Научный вестник Ямало-Ненецкого автономного округа. Выпуск № 3（92）. Обдория：история, культура, современность. Тюмень：б/и, 2016. С. 18 – 21.

⑥ Кардаш О. В. , Гайдакова З. Г. Бухта Находка 2：первые результаты археологического изучения грунтового VI – XIII веков на полуострове Ямал//Проблемы археологии, этнографии, антропологии Сибири и сопредельных территорий. Новосибирск：изд-во ИАЭТ СО РАН. Т. XXIII, 2017. С. 331 – 335.

⑦ Брусницына А. Г. Современная источниковая база изучения позднего железного века полярной зоны Западной Сибири//Научный вестник Ямало-Ненецкого автономного округа. Выпуск 3. Археология и этнология. Материалы научно-исследовательской конференции по итогам полевых исследований 1999 г. Салехард：б/и, 2000. С. 17.

器较多，主要是源自远方的银器。

中世纪早期遗址大部分是功能较为完备的居民点，这一时期最终形成了若干类型的古城。包括建立在阶梯地形，周围建有土墙和壕沟的初步具备防御功能的古城，以及建立在高耸海岬，外围排列若干土墙和壕沟的坚固古城。此外，这些古城遗址均分布于北部针叶林地区。更晚时期的古城遗址仅存在于森林苔原地区，并且形成了北部边界以防御苔原地带驯鹿为生的游牧民族。研究者们仅对一些较新年代的古城遗址进行了挖掘和研究工作（纳德姆和沃伊卡尔遗址），至于中世纪早期的遗址，只有一处规模不大的古城遗址得到挖掘和研究。布鲁斯尼齐娜发现鄂毕河下游的北部地区 4 ~ 17 世纪初的遗址数量较多[①]，她认为这与人口突增以及气候变化（转暖）相关。[②]关于人口突增的情况，或者确切地说，中世纪人口数量激增不能完全归因于气候因素，况且当时定居点数量的增多有其内因，从苔原南部至北极的整个苔原地区均有分布（见上文）。很可能是当地居民生产活动发生变化，从而导致人口突增。驯养驯鹿为人们提供了更为稳定的食物来源。随着集市的出现，北方“商品”可以和南方“商品”实现交易，即北方的驯鹿、毛皮、海象皮等，通过集市能够换得其他地区的木材和木制品，甚至包括来自前乌拉尔地区的物品。北方“定居的游牧民族”与南方草原和森林草原居民之间的关系遵循某种法则，既存在军事冲突也有和平交易关系，因此这些古城（居民点）不仅设有较为牢固的防御体系，也建有进行贸易往来的集市。

如前文所述，这种情况表明当时社会生活剧烈变化。自东向西、自西向东均有稳定的贸易路线[③]，较为规范的装饰物、服饰以及男性使用的武器在诸多遗迹中均有发现。当地文化明显由日常性、稳定性、传统性向精英性、动态性、传承性转变。与此同时，出土的外来物品和本地仿制物品的研究表明，地方习俗亦发生变化。

最近十年，关于格林亚尔村落墓葬群的研究表明，当时该地区居民风俗

① Брусницына А. Г. Нижнее Приобье в конце I-го тысячелетия н. э. （по материалам раскопок Питлярского городища в 2001 г.）С. 14.

② Там. же

③ Федорова Н. В. Северный широтный ход в XI – XV вв.：постановка проблемы//Уральский исторический вестник №2（47）. Екатеринбург：Институт истории и археологии УрО РАН，2015. С. 56 – 66.

各异。举世闻名的木乃伊被发现后，已成为跨学科研究的对象。① 该墓葬带有明显的“贵族”特征，经测定，时间应为 13 世纪。②

当前，14 ~18 世纪古城（小城镇）遗址是西西伯利亚北极和亚北极地区考古研究的主要方向。卡尔达什对其中两处遗址进行了考古挖掘，包括纳德姆古城和博鲁伊古城，并发表了专题研究成果。③ 他认为，首先，关于中世纪晚期至 18 世纪的考古研究填补了这一领域研究空白；其次，考古发现的有机材料制品极富研究价值，能够将现代原住民文化同早期文化关联起来。他的观点显然令人信服。④

21 世纪初，西伯利亚北极圈第一个俄罗斯城市遗址，曼加泽亚遗址恢复挖掘工作。⑤ 这是继北极和南极研究所 M. И. 别洛夫主持该遗址科考之后首次开展的大型科研活动⑥，有若干学术专著问世⑦。最近的考古研究具有综合性和跨学科特点，除传统考古研究方法外，树木年代学和古生态学方法广泛介入。此外，文献汇编《17 世纪的奥布多尔斯克边疆区和曼加泽亚》

---

① Зеленый Яр: археологический комплекс эпохи средневековья В Северном Приобье. Кол. мон. , ред. Федорова Н. В. Екатеринбург-Салехард: изд-во УрО РАН, 2005. /Гусев Ал. В. , Ражев Д. И. , Слепченко С. М. , Пушкарев А. А. , Водясов Е. В. , Вавулин М. В. Археологический комплекс Зеленый Яр: новые технологии полевых исследований// Уральский исторический вестник № 2 (43) . Екатеринбург: из-во УрО РАН, 2014. С. 89 –96. / Slepchenko S. M, Ivanov S. N. , Gusev A. V. , Svyatova E. O. Opisthorchiasis in infant remains from the medieval Zeleniy Yar burial ground of XII – XIII centuries AD//Memorias do Instituto Oswaldo Cruz. N 8, 2015. Pp 974 –980.

② Гусев Ал. В. Погребальный обряд средневекового населения севера Западной Сибири (по материалам могильников в пос. Зеленый Яр) //IV Северный археологический конгресс. Материалы. Ханты-Мансийск. 2015. С. 291 –293. /Гусев Ал. В. Некрополи Зеленого Яра (IX – X, XIII в. в. н. э. //I Международная конференция《Археология Арктики》. Тезисы докладов. Екатеринбург: изд-во《Деловая пресса》, 2017. С. 145 –148.

③ Кардаш О. В. , а. Надымский городок князей Большой Карачеи. Екатеринбург-Салехард: изд-во《Магеллан》, 2013.

④ Там. же С. 145

⑤ Визгалов Г. П. , Пархимович С. Г. Мангазея. Новые археологические исследования. - Екатеринбург-Нефтеюганск: изд-во МАГЕЛЛАН, 2008. 296 с.

⑥ Белов М. И. , Овсяников О. В. , Старков В. Ф. Мангазея. Мангазейский морской ход. Ч. 1. Ленинград: изд-во Наука, 1980.

⑦ Визгалов Г. П. , Пархимович С. Г. Мангазея. Новые археологические исследования. - Екатеринбург-Нефтеюганск: изд-во МАГЕЛЛАН, 2008. /Визгалов Г. П. , Пархимович С. Г, Курбатов А. В. Мангазея. Кожаные изделия (материалы 2001 –2007 гг.) . Нефтеюганск-Екатеринбург: ид-вл АМБ. 2011. /Визгалов Г. П. , Пархимович С. Г. Мангазея: усадьба заполярного города. Нефтеюганск-Екатеринбург:《Издательская группа Караван》, 2017.

出版。①

2003 年至今，沃伊卡尔城（乌斯季 - 沃伊卡尔城）遗址考古研究成果丰硕。② 通过大量采集样本的树木年代学测年，测定年限为 15 ~ 19 世纪。借助于树木年代学方法研究木材和建筑构造后，M. A. 古尔斯卡娅得认为，沃伊卡尔城每隔 30 ~ 50 年进行大规模的修建。③ 到目前为止，该遗址的挖掘工作远未完成。

综上所述，21 世纪以来西西伯利亚北极和亚北极地区考古研究状况，可总结为：首先，发现大量石器时代至新时期遗迹，已列入俄罗斯国家考古研究计划。其次，一系列出版物面世，其中包括学术价值较高的专题研究。最后，21 世纪以来的考古研究具有综合性、跨学科性特点，遗址年代测定数据具有权威性。

Archaeological research in Yamal Arctic and the subarctic region

Natalia V. Fedorova

Abstract: The archaeological research in West Siberian Arctic and the Subarctic regions started from the beginning of the 1920s. These areas were only preliminarily investigated by archaeological teams from Moscow and Leningrad before the 21st century. The article describes the archaeological progresses in the last decades is as follows: First, the history of human habitation in the region, especially at Ob River, Yamal and Gydan peninsulas. Second, the formation of

---

① Обдорский край и Мангазея в XVII в. Сборник документов. Составители: Вершинин Е. В, Визгалов Г. П. Екатеринбург: изд-во《Тезис》, 2004. 200 с.

② Федорова Н. В. Войкарский Городок. Итоги раскопок 2003 - 2005 гг. //Научный вестник. Вып. № 4 (41) . Салехард, 2006. С. 11 - 17. Федорова Н. В. История археологического изучения Ямальской Арктики в XX - XXI вв. //Уральский исторический вестник № 4 (53). Екатеринбург: Институт истории и археологии УрО РАН, 2016. С. 11 - 17/.

③ Шиятов С. Г. , Хантемиров Р. М. , Горячев В. М. , Агафонов Л. И. , Гурская М. А. Дендрохронологические датировки археологических и этнографических памятников Западной Сибири//Археология и естественно-научные методы. Москва: изд-во《Языки славянской культуры》, 2005. С. 51.

polar adaptability, including economy, social cultural features and biocompatibility. Third, the relations of the inhabitants of that area with adjacent regions. The archaeological research is characterized by being comprehensive and interdisciplinary.

Keywords: West Siberian Arctic and Subarctic Stone Age and Bronze Age; Early Iron Age; Middle Ages; interdisciplinary research.

西伯利亚研究

默克收集的雅库特资料及其历史词典学意义

〔德〕迈克尔·克努佩尔

孙厌舒　译

摘要： 本文旨在研究作为医生和旅行者的卡尔·海因里希·默克（Carl Heinrich Merck，1761～1799）在西伯利亚东北部和阿拉斯加地区进行天文与地理秘密探险（即“比林斯－萨里耶夫探险队”）期间记录的雅库特资料（1785～1794）。除旅行记录外，在默克的动物学笔记中记录了大量雅库特词汇，其中大部分是各种动物的名称，其中主要考察默克笔记中的三个词汇：“吕良查”（*ürunchai*）、“托莱琴”（*torechen*）和“恩罗德”（*nenrod*）。

关键词： 雅库特语料　雅库特语历史词典　旅行记录　卡尔·海因里希·默克

作者简介： 迈克尔·克努佩尔，聊城大学历史文化与旅游学院，北冰洋研究中心教授。

译者简介： 孙厌舒，聊城大学外国语学院，副教授。

就历史记录相对有限的语言而言（几乎所有北欧亚大陆的语言都是如此），旅行者和探险家的记录对我们了解历史音韵学和语法（如延尼塞科特语）意义重大。历史语言记录多按词汇的字母顺序排列（也存在按主题排列的情况），收集和整理历史词汇具有重要的词典学意义。1785～1794年，默克（Merck）在“西伯利亚东北部和阿拉斯加地区天文和地理探险”（被称作“比林斯－萨里耶夫探险”）中所记录的资料，为雅库特历史词典学提供了丰富信息。

卡尔·海因里希·默克（Carl Heinrich Merck）于1761年11月19日出生于达姆施塔特，他是医生弗朗兹·克里斯蒂安·默克的儿子。按家族传统，默克先后在耶拿和基恩学习医学。1784年，他在基恩大学完成了学业，毕业论文主题关于脾脏生理学和解剖学。随后，默克在亲戚的帮助下（很可能是他的叔叔约翰·海因里希·默克）来到圣彼得堡，1785年到伊尔库茨克，成为当地医院的医生。1785～1791年，参与上文所述的探险活动，此后返回圣彼得堡继续行医。1796～1797年，他最后一次回到德国，回到他的出生地——达姆施塔特。西伯利亚和北美洲将近十年的探险旅行给他的健康带来了极大伤害。[①] 1799年1月1日，默克在圣彼得堡因中风去世，享年37岁。

默克的手稿中包含大量雅库特语料。2009年，达尔曼及其同事对默克的《美洲和西伯利亚日记》（*Sibirisch-Amerikanisches Tagebuch*）进行了编辑，此前默克只有一篇关于楚科奇民俗的民族志论文面世。[②] 作为对论文中动植物描写的补充，默克的旅行记录收集了一些雅库特人的词汇（通常用“雅库特人称之为…”或“雅库特语中……”方式介绍）。蒂托瓦最先对这些散落于旅行记录中的信息进行了整理，但限于阅读量不足，翻译亦存在缺陷。[③] 本文在回顾默克旅游记录的基础上重新进行整理，[④] 并在2011年已发表的论文基础上进行了更详细的分析。[⑤]

此外，默克一篇无题名的文章对雅库特语进行多种形式的注释和说明，但未能进行深入的语言学分析。达尔曼（D. Dahlmann）研究团队正在编辑

① 关于C. H. Merck，参见Dahlmann，Dittmar/ Friesen，Anna/ Ordubadi，Diana：*Carl Heinrich Merck：Das sibirisch-amerikanische Tagebuch aus den Jahren 1788 - 1791.* Göttingen 2009，31～48，60～64页。

② Merck，Carl Heinrich：Nachrichten von den Sitten und Gebräuchen der Tschuktschen，gesammelt von Dr. K. H. Merck auf seinen Reisen im nördlichen Asien 载于 *Journal für die neuesten Land- und Seereisen* 16，1814，1～27，184～192，45～71，137～152页。

③ Titova，Zoja Dmitrievna：*Ėtnografičeskie materialy Severo-Vostočnoj geografičeskoj ėkspedicii 1785 - 1795 gg.* Magadan 1978。

④ Knüppel，Michael 修订，ahlmann，Dittmar/ Friesen，Anna/ Ordubadi，Diana（编.），Carl Heinrich Merck：*Das sibirisch-amerikanische Tagebuch aus den Jahren 1788 - 1791.* Göttingen 2009 *OLZ* 107（2），2012，132～138页。

⑤ Knüppel，Michael：Jakutisches in C. H. Mercks，Sibirisch-amerikanischem Tagebuch（1788/91），*Turcica* 43，2011，541～552页。

的默克文集将收录这篇文章的翻译版。这一“雅库特语材料”并非手稿，而是出自1806年俄罗斯期刊“*Ljubitel' slovesnosti*”，该文作者不详，但其内容基于默克（或许还有其他作者）的材料，且文章大部分内容可以确认为默克原创，因此这篇文章也将收录在默克文集中。文章的作者与约翰·克里斯多夫·盖特勒（Johann Christoph Gatterer，1727～1799）相熟，而且十分熟悉德国的情况，尤其是哥廷根。有人认为作者可能是乔治·托马斯·冯·阿什男爵（Baron Georg Thomas v. Asch，1729～1807），但是并无明显证据。

默克还在一些动物学笔记中记录许多关于动物名称的雅库特词汇，但现存的动物学手稿为数不多，大部分可能已经遗失。从帕拉斯（P. S. Pallas）的《罗索－亚细亚动物志》一书中可推断出，① 默克一定记录了许多相关资料。该书多次提及默克，并对其提供的资料表示感谢。可见，默克应该记录了很多关于西伯利亚及其周边地区鱼类和鸟类方面的资料，但都下落不明。

默克关于雅库特语的手稿现存于德国和俄罗斯的若干机构中。一部分资料，特别是默克和罗贝可（M. Rohbeck）收集的语言资料，保存在圣彼得堡的俄罗斯国家图书馆（原名为萨尔蒂科夫－谢德林国立公共图书馆）。除此之外，默克在俄罗斯收集的大部分材料都保存在达姆斯塔特（Darmstadt）化工和制药公司的档案中，两份动物学手稿保存在法兰克福大学的森肯伯格自然博物馆。

本文以森肯伯格自然博物馆保存的一份动物学手稿中的三个鱼类学名词为例加以考察。这份未命名的手稿详细描述了在西伯利亚观察到的几种鱼（包括白鲑鱼），手稿现在的标题可能是由图书馆员或其他工作人员添加的。在这篇手稿中我们发现了一些疑似通古斯语或雅库特语的词汇，分别是“吕良查”（*ürunchai*）、“托莱琴”（torenchen）和“恩罗德”（nenrod），默克手稿中并无详细说明。② 三个词均非雅库特语或通古斯语的直接对等词。[7]除此之外，关于发现的地域或环境也一无所知，我们只能假设它们是什么动物。

（1）“吕良查”，一种鱼名，根据德语构词法和发音推断，极有可能像

① Pallas, Peter Simon: *Zoographia Rosso-Asiatica, sistens omnium animalium in extenso imperio Rossico et ad-jacentibus maribus observatorum recensionem, domicilia, mores et descriptiones, anatomen atque icones pluri-morum / Auctore Petro Pallas, eq. aur. academico Petropolitano.* 第3卷. Petropoli 1811。

② Merck 的 *ch* 相当于 engl. *Kh*，*j* 相当于 *y*。

ürüŋ chachaj —“白蛇”之类的形式[①]。同时还要注意，默克的词是以“*ürüŋ* + -*γa*⇆，-*χa*⇆，-*gä*⇆，-*kä*⇆”等结构为基础的。因此，与雅库特词汇具有相同的含义和功能。[②]

（2）“托莱琴”，一种鱼名。任何雅库特和通古斯方言都无法确认相应的形式，也许可以参考西伯利亚极北鲑（Stenodus nelma）“托尔恰赫”（*tūrčach*）等[③]。

（3）“恩罗德”，在默克的手稿中，意为“捕鱼笼”，即“Reuse”。雅库特语中，捕鱼笼的通常发音为“托”，因此可以推断 *nenrod* 很可能指某种捕鱼笼。一般说来，默克的记录中关于捕鱼笼或捕鱼的词语有些模糊。例如，他在《美洲和西伯利亚日记》记录的词汇：*ju* 和 *sinwin*（*ju* +“Reuse”）—“Bei ihrem austretten aus dem Insee aber, mit Reusen（Ju）, welche sie aus Stecken von Lärchenholz machen...”[④] —*sinwin*“Lärchenstöcke, mit denen Flüsse für den Fischfang ‘eingedämmt’ werden”[⑤] 至于 *ju*，基本可以确定是 *tu* 的抄写错误。而 *nenrod*，我们甚至不知默克在哪种语言找到的这个词（不是阿尔泰语系），必须考虑到理论上它可能是雅库特或通古斯（鄂温克）借用的所谓“古亚洲”语言（可能是一种已灭绝的语言）。作为与雅库特语区毗邻的“古亚洲”语言，可以排除尤卡吉尔语的可能性，因为同样找不到该语言的对应形式。

如前所述，关于这三个词的信息相当少，并且找不到与其直接的对应语言，可想而知要使用和研究默克的资料困难重重，当然这同时也意味着各种可能性。这些记录可能具有很高的价值，因为其中所包含的大量信息无法从其他来源获得。而《美洲和西伯利亚日记》中记载的雅库特词汇正是如此。默克日记中的其他语言形式不难确认，但关于雅库特语言的记录并不为人所知。

---

① 关于雅库特语 *χaχay*（蛇），参见 Pekarskij, Éduard Karlovič: *Slovar' jakutskogo jazyka.*（第 2 版）。Leningrad 1930，第 3 卷，3415 栏，Afanes'ev, Petr Savvič/ Voronkin, Michail Spiridonovič/ Alekseev, Michail P.: *Dialektologi českij slovar' jakutskogo jazyka.* Moskva 1976: 286; Hauenschild, Ingeborg, *Lexikon jakutischer Tierbezeichnungen.* Wiesbaden 2008（Turcologica 77），49 页。

② Kałużyński, Stanisław: *Mongolische Elemente in der jakutischen Sprache*, Warszawa, 's-Gravenhage 1962（Prace orientalistyczne 10），76 页。

③ Pekarskij, Éduard Karlovič: *Slovar' jakutskogo jazyka.* Leningrad 1930，第 3 卷，2854 栏。

④ Dahlmann 等（2009），118 页。

⑤ Dahlmann 等（2009），118 页。

我们希望能在默克留下的文本中，找到更多有关动物学的语言信息（包括某些植物学的），目前我们正在哥廷根大学乔治·托马斯·冯·阿什男爵收藏的手稿和珍稀文本中（Handschriften und Seltene Drucke）寻觅默克的信息。

The meaning of Yakut language materials collected by Carl Heinrich Merck and it's aistorical lexicography

Michael Knüppel

Abstract: This article deals with the Yakut materials recorded by the physician and traveller Carl Heinrich Merck (1761 – 1799) during the "Secret astronomical and geographical expedition for the discovery of the North-East of Siberia and Alaska" (which is known as the "Billings-Saryčev-expedition") of the years 1785 – 1794. Beside his travel account some more Yakut terms, mostly designations for various animals, are given in other zoological notes by C. H. Merck. In this paper the author discusses three terms from such notes (*ürunchai*, *torechen* and *nenrod*).

Keywords: Yakut materials; historical lexicography of Yakut; travel account; Carl Heinrich Merck.

博戈拉兹的楚克奇人调查研究

张　松

摘要： 居住在亚洲极东北部楚科奇地区的楚克奇人分为苔原牧鹿和沿海捕猎海兽两个群体，楚克奇语属于古亚洲语群，是一种多式综合语，与科里亚克语相近，不存在方言，只是两个群体之间有细微差别，计数系统为二十进位制。楚克奇人在起源和文化上与爱斯基摩人有着密切的关系。俄国民族学家博戈拉兹是苏联民族学的奠基人之一，19 世纪末至 20 世纪初，他对楚克奇人进行了民族志学、语言学和民间文学的长期深入调查，他的《楚克奇人》一书分为“社会组织”“宗教”和“物质文化”三个部分，极具学术价值。

关键词： 楚科奇人　楚科奇地区　博戈拉兹　古亚洲　民族志

作者简介： 张松，黑龙江省社会科学院民族研究所副研究员。

亚洲极东北楚科奇半岛与北美洲极西北阿拉斯加之间狭窄的白令海峡是北冰洋与太平洋之间的唯一通道，两侧的古居民亦在民族、文化上存在相当的联系。居住在楚科奇半岛的主要民族是楚克奇人（Чукчи，Chukchi，Chukchee）。据西方学者考证，中国古籍中记载的泥离国就在楚科奇半岛一带，其国人即为今之楚克奇人。① 在清初，中国已对楚科奇半岛有了切实的认识。1689 年中俄尼布楚边界谈判时，中方曾提出“以格尔必齐河为界，至位于勒拿河与黑龙江之间的最高山，沿此山直至滨海的诺斯山，山南一切

---

① 希勒格撰《中国史乘中未详诸国考证》，冯承均译，上海古籍出版社，2014 年。页 67 ~ 76。

土地属中国，山北属俄国”[①]。这里的诺斯山即为楚科奇半岛。刘远图先生对此问题有过细致深入的探讨。[②]

一 楚克奇人概况

至今，国内学术界对楚克奇人的了解仍极为有限。[③] 因此，现将列文、波塔波夫主编的《西伯利亚各民族》[④] 中关于楚克奇人的部分摘译出来，撰稿人为安特罗波娃（В. В. Антропова）和库兹涅佐娃（В. Г. Кузнезова）。这部巨作是了解西伯利亚各民族基本情况的基础性著作，主编和撰稿人皆为一时之选，内容可靠、精要。

楚克奇人是东北古亚洲人群体中最大的民族，除了他们，科里亚克人和伊捷尔明人也属于这一群体。楚克奇人（和科里亚克人）与伊捷尔明人只是在语言方面表现得亲近；楚克奇人与科里亚克人不仅在语言上，而且在物质和精神文化各方面都很接近。楚克奇人与科里亚克人都分为海洋猎人和牧鹿人——苔原居民。应当注意的是，在经济、风俗习惯和文化上，牧鹿楚克奇人同科里亚克人之间自古以来存在的相似性比牧鹿与沿海楚克奇人的要大。

沿海楚克奇人自称为安卡伦（ан'калын，ан'калыт）——“海上居民”“沿海人”，而苔原牧鹿楚克奇人则自称为恰夫楚（чавчу，чавчуват），像牧鹿科里亚克人那样。此外，无论是沿海还是牧鹿楚克奇人都自称为雷格奥拉维特良（лыгъоравэтлян，лыгъоравэтлят），意思是“真正的人”。俄语名称чукча（楚克恰）、чукчи（楚克奇）源自后面要谈到的专门用语 чавчу（恰夫楚）。1929～1930年，为解决北方少数部族的名称问题，作为楚克奇人的总称，通过了 лыгъоравэтлян（雷格奥拉维特良）的族称，俄语变形为 луораветлян，

---

① 中国社会科学院近代史研究所：《沙俄侵华史（第一卷）》，人民出版社，1978，第192页。

② 刘远图：《早期中俄东段边界研究》，中国社会科学出版社，1993。

③ 涉及楚克奇人的学术著作有：候育成编著《西伯利亚民族简史》，黑龙江省社会科学院西伯利亚研究所，1987，第270～285页；史宗主编《20世纪西方宗教人类学文选》，上海三联书店，1995；胡起望等主编《文化人类学辞典》，远方出版社，2000年，第1282～1283页。另有一部民族志性质的小说：特·塞摩希金：《阿里泰到山里去》，杨立平译，新文艺出版社，1953。

④ М. Г. Левин，Л. П. Потапов. Народы Сибири. Издательство Академии наук СССР. М－Л.，1956. с. 896－900.

луораветланы（卢奥拉维特兰）。但在统计和所有政府文件中（身份证等）都使用专门用语 чукча（女性为 чукчанка）；只有雅库特共和国下科雷姆斯克区在政府统计中流行专门用语 луораветлан，但它在现实话语中根本不被使用。与楚克奇人相邻的科里亚克人称他们为雷吉坦内坦（лыгитанн'ытан）——“真正的异族人”。在楚克奇语里对科里亚克人也有这样古老的称呼。在这两种语言中，专门用语 танн'ытан 的本意是“敌人”“异族人”。

楚克奇语属多式综合语或者包蕴式语群。多式综合语表现为 2 个或 3 个词干构成的综合词（комплекс-слово）。主词干（或者动词谓语，或者静词被限定－修饰词）接受数、格、人称、式和时的所有变化。在楚克奇语中没有方言，只有西部牧鹿楚克奇人和东部沿海楚克奇人在语言形态特点上的一些差别，在西部群体中保留着更大程度的多式综合。楚克奇语的特点之一是女人和男人发音不同，女人发 ц 音，男人在那个地方就要发 p 音；例如，к'рым-кцым（不、没有）。需要注意的是，在楚克奇语中存在许多古老的爱斯基摩语词语要素。楚克奇语和科里亚克语的计数系统很有特点，是二十进位制，按指头数量计数，“20”其实就是“二十个指头”，“40”就是“双手，双脚”。

根据 1926～1927 年的普查，楚克奇人计有 12364 人[①]，其中 70% 游牧，30% 定居。他们的主要部分集中在马加丹州楚克奇民族专区，专区中心是阿纳德尔镇（пос. Анадырь）。专区分为六个区：阿纳德尔区（Анадырский）、东通德雷区（东苔原区 Восточной Тундры）、马尔科夫斯基区（Марковский）、恰翁区（Чаунский）、楚科奇区（Чукотский）、伊乌利京区（Иультинский）。约 300 名楚克奇人生活在雅库特共和国下科雷姆斯克区（Нижнеколымский）。约 1000 名楚克奇人住在科里亚克民族专区，主要是帕拉波利斯谷地（Парапольский дол）地区的奥柳托尔斯基区（Олюторский）北部。楚克奇人的邻居有白令海沿岸的爱斯基摩人，南面的科里亚克人，西面隔科雷马河的雅库特人和尤卡吉尔人的个别家庭。楚克奇人与埃文人相遇于科雷马河和阿纳德尔河流域。楚克奇人还是楚万人（чуванцы）的邻居，他们以前曾是尤卡吉尔人的一部分，楚克奇人和科里亚克人与尤卡吉尔人一样，称他们为埃泰勒（этэл，атал）。说楚克奇语的牧鹿楚万人生活在阿纳德尔河上游楚克奇民族专区马尔科夫斯基区，现在，

① 根据俄联邦 2002 年的人口普查资料，楚克奇人共有 15767 人。

他们被算作楚克奇人。说俄语的定居的楚万人后代居住在楚克奇和科里亚克民族专区（马尔科沃 Марково、品仁诺 Пенжино 等地）现在可以认为他们是俄罗斯人。

楚科奇地区面积 66.06 万平方公里，这个面积广阔区域的各个部分自然条件多种多样。应当注意的是，全部或者几乎全部区域都存在着一些共同特点，这首先就是严寒的气候条件。需要说的是，尽管该地区相当一部分位置比较靠南，但其气候也要比科拉半岛（Кольский полуостров）寒冷得多，完全等同于极地地区。气候的特点是不仅冬天，而且夏天的气温都很低，这是海洋影响导致的，特别是楚科奇海，终年都有大量的冰。楚科奇地区的北部，包括一系列分水岭和从舍拉格斯基角（мыс Шелагский）延伸到克列斯特湾（зал. Креста）的阿纳德尔山脉（Анадырский хребт）北坡，以及多山的楚科奇半岛和直到梅德韦日角（мыс Медвежий 熊角，在科雷马湾 Колымская губа 附近）的沿海地区，完全属于冻原带。这一部分的气候特点是潮湿、多雾和特别的低温。在楚科奇地区的其他广阔部分（在最大的阿纳德尔河流域），主要是白令海以西，气候越来越具有大陆性。

阿纳德尔河主要的植被是灌木丛（雪松匍匐树、赤杨）。在山上蔓延着石藓苔原，在谷地则是草场和沼泽地带。沿着河谷，除了阿纳德尔河中游和下游外，甚至会遇到阔叶林（杨树、桦树）。在阿纳德尔河上游和迈纳河（р. Майна）沿岸会遇到针叶林。因此，相当程度上可以认为，上述地区属于森林冻土带，但阿纳德尔河口湾以北除外，那里只是苔原带。格达山脉（хр. Гыдан）和阿纳德尔高原以西地区，即在科雷马河右岸支流（奥莫隆河 р. Омолон，大、小阿纽伊河 р. Анюй）的特点是，气候更加具有大陆性，主要为森林冻土带和山地原始林带。

这一地区的捕猎陆地动物区系不仅有冻土带的野兽和鸟类，例如白狐、灰狐、北极狼、北方鹿（северный олень）、沙鸡，后两种在森林地带也能遇到，而且还有森林带的松鼠、白鼬、驼鹿、狐狸，偶然进入苔原带的褐熊，主要生活在森林冻土带但偶然跑到苔原带和泰加林带的狼獾。还可以遇到山地动物系的代表和残遗种的草原动物，如黄鼠。海洋哺乳动物也非常丰富，如鲸、白鲸、海燕、（太平洋）海象、海豹（环斑海豹、髯海豹）、海狗。在海岸栖息着白熊。在海鱼中应当注意的是鳕鱼和洄游鲑鳟鱼，不过大的洄游路程只有在阿纳德尔和更南地区才能观察到。在淡水鱼动物区系中，占多数的是鲑鳟鱼类（白鲑、白北鲑等在科雷马河流域；鲫鱼在更东部的河、湖中）。

根据自身的经济和生活方式。楚克奇人分为距离不很远的两个群体：牧鹿人——乔楚人（чаучу，恰夫楚人 чавчу）和捕猎海兽的海洋猎人——安卡雷特人（ан'калыт）。他们又分为若干地区群体：①西部苔原楚克奇人，分布在雅库特共和国下科雷姆斯克区；②小阿纽伊楚克奇人，游牧在阿纽伊河与北冰洋之间，夏季前往海岸；③奥莫隆楚克奇人，沿奥莫隆河及其右岸下游支流莫隆格达河（р. Молонгда）游牧，任何时候也不到达海边；④恰翁楚克奇人，在恰翁湾（Чаунская губа）和施密特角（мыс Шмидта）附近游牧；⑤阿姆古埃马楚克奇人，沿阿姆古埃马河（р. Амгуэма）游牧；⑥楚科奇半岛楚克奇人，分布在从克列斯特湾与科柳钦湾（Колючинская губа）连接线以东地区，这个群体与沿海楚克奇人的联系比其他群体更紧密；⑦翁梅连（онмыленские）楚克奇人，沿阿纳德尔河左岸支流别洛伊河（р. Белой）、塔纽列尔河（р. Танюрер）、坎恰兰河（р. Канчалан）以及阿纳德尔河上游游牧。在这里，楚克奇人已与被其同化的楚万人相混合；⑧图曼（туманские）或者维柳涅伊（вилюнейские）楚克奇人，沿韦利卡亚河（р. Великая）和阿纳德尔河入海口南部海岸分布，生活在科里亚克人分布区的楚克奇人以及迈纳河流域一支不大的楚克奇人都属于这个群体。

沿海楚克奇人的村落分布在从杰日涅夫角（мыс Дежнева）到哈特尔卡河（р. Хатырка）的白令海沿岸。普罗维杰尼亚湾（бухта Провидения）以西，从锡列尼亚村（с. Сиреники，Серинек）到谢尼亚温海峡（прол. Сенявина），楚克奇人的村落被爱斯基摩人的村落阻断。还有许多楚克奇－爱斯基摩居民混合村落。在北冰洋沿岸，沿海楚克奇人生活在从乌厄连镇（пос. Уэлена）到舍拉格斯基角（埃里 Эрии），万卡列姆河（р. Ванкарэм）和阿姆古埃马河两河口之间。照例，沿海村落分布在位置优越的海角或沙嘴（扬达盖 Яндагай、努尼亚莫 Нунямо、乌厄连，等等），也就是说，在那样的地方能遇到更多的大型海兽。过去，这些村落都很小，只有 2 个至 20 个鹿皮圆庐（住所）。

关于楚克奇人的起源问题，与爱斯基摩人的起源问题有着不可分的关系。在民族学文献中，流传最广的是俄国调查者博戈拉兹（В. Г. Богораз）深入研究的理论，根据他的观点，在过去，东北亚洲的古亚洲部落和北美洲的印第安人之间存在着直接联系。根据他的理论，爱斯基摩人是白令海地区相对来说不很久远的外来者，他们像楔子一样将古亚洲人与印第安人分开。这个“爱斯基摩楔子”理论引起了一系列反驳。考古学、历史学和语言学资料为人们描绘了不懂养鹿业、住在半地下居所中、主要从事海兽捕猎的居民之流播，在这些居民中可以看到爱斯基摩人的祖先。

在楚克奇人，首先是沿海楚克奇人的文化中，能够找到许多爱斯基摩人所拥有的要素。爱斯基摩语和楚克奇语有着共同的特点。人种志学资料也证明了楚克奇人和爱斯基摩人形成的共同基础，这样就反驳了“爱斯基摩楔子”理论。如果考虑到楚克奇人与科里亚克人在文化和语言方面有很大的亲缘性，那么可以假设，楚克奇－科里亚克群体的形成地域位于他们现居地的更南面。楚克奇人的祖先从那里向北迁移，同化了爱斯基摩人，同时自己也受到爱斯基摩人语言和文化的影响。在楚克奇人的民间文学中，反映了楚克奇人和亚洲爱斯基摩人、楚克奇人与科里亚克人之间的冲突，在这些故事中，楚克奇人最经常扮演的是牧鹿人。他们对爱斯基摩人发动袭击，从他们那里抢夺战利品——海洋动物和俘虏，强迫俘虏放牧自己的鹿。考古学资料证明，从施密特角到杰日涅夫角一带，古时为爱斯基摩人所占据。现在，这一地区的大部分生活着楚克奇人。由此看来，历史上发生过两个群体的融合过程，相伴随的是楚克奇语战胜爱斯基摩语，并形成了今天的沿海楚克奇人。沿海楚克奇的经济、文化和风俗习惯都带有爱斯基摩的痕迹。

俄国人与楚克奇人的首次冲突是在 17 世纪中期。1642 年，哥萨克伊万·叶拉斯托夫（Иван Ерастов）和其同伴从科雷马河向西前往阿拉泽亚河（р. Алазея）时遇到了楚克奇人。1644 年建立了下科雷马城堡（Нижнеколымский острог），1649 年建立了阿纳德尔城堡（Анадырский острог），从此以后，哥萨克与楚克奇人进行了直接接触。与军职人员一起深入到亚洲东北部的还有捕猎者和商人。

二 博戈拉兹的生平和学术活动[①]

弗拉基米尔·格尔马诺维奇·博戈拉兹（Владимир Германович Богораз），

① 关于博戈拉兹的传记资料有：库列绍娃《弗拉基米尔·格尔马诺维奇·博戈拉兹－唐：生平和创作》Кулешова Н. Ф. Владимир Германович Богораз-Тан：Жизнь и творчество. Минск，1975. 189 с）、佐尔金《楚克奇人和埃文人的朋友：关于作家－旅行家、学者博戈拉兹－唐和他的书》（Зоркин Д. К. Друг чукчей и эвеов：О писателе-путешественнике и ученом В. Г. Богоразе-тане и его книгах. Восемь племен. Хабаровск，1991. с. 5－15）、科切什科夫《弗拉基米尔·格尔马诺维奇·博戈拉兹》（Кочешков Н. В. Владимир Германович Богораз. Этнонрафы Дальнего Востока. Владивосток，2011. с. 13－17）。本部分的内容系综合多种资料写成，难以一一注明出处。要之，字字皆有来历。

杰出的俄国民族学家和民间文学家[①]，美国波士顿博物馆考察队的参加者。1865 年 4 月 15 日生于俄国沃伦省（Волынская губерния）奥夫鲁奇城（Овруч）一个并不富裕的欧洲人家庭。他的父亲具有多种才干，力大而性情暴躁。在儿子出生不久，他就举家从偏僻的奥夫鲁奇迁往 2000 公里外的亚速海边当时相当大的港口城市塔甘罗格（Таганрог）。在这里，他贩卖过小麦和煤炭，从事过走私。博戈拉兹认为，他的体力和健康来自父亲。他正是因为这些才能够经受监狱、流放和极度劳累困苦的考察，甚至他身上不安分的性格也同样来自父亲。[②] 7 岁时，博戈拉兹进入塔甘罗格古典中学（гимназия）。1880 年古典中学毕业后，博戈拉兹前往彼得堡大学物理数学系博物学分部，但他被人文学科所吸引，一年后转入法律系，并开始从事革命活动。1882 年秋，他因为参加大学生风潮，被遣送回塔甘罗格。1885 年结识施滕贝格（Л. Я. Штернберг）。[③] 1886 年又回到彼得堡，由于积极参加民意党（Народная воля）的政治组织，1886 年 12 月 9 日被捕。在堪察加彼得罗巴甫洛夫斯克要塞（Петропавловская крепость）被监禁三年，后又流放到科雷姆斯克（Колымск）十年。这是他积极参加民意党的活动而受到的惩罚。流放地点在中科雷姆斯克（Среднеклымск）。虽然流放生活条件的限制给他的日常生活造成了麻烦，但博戈拉兹是一个求知欲强且精力充沛的人，他很快就开始了对俄国老居民以及尤卡吉尔人、埃文人、楚克奇人语言和文化的研究。1890 年，博戈拉兹开始记录科雷马河沿岸俄国居民的民歌、壮士歌和故事。这项工作对于博戈拉兹来说，不仅是语言学学校，而且是民族志学学校，对于他后来所取得的学术成就帮助不小。

博戈拉兹民族学工作的开端是在莫斯科的米勒（В. Ф. Миллер）教授指导下，在科雷马河的俄国居民中记录民间文学。在大企业主西比里亚科夫（И. М. Сибиряков）[④] 赞助成立雅库特考察队的时候，博戈拉兹于 1895 年

① Н. В. Кочешков. Российские исследователи аборигенных народов Дальнего Востока. Институт истории, археологии и этнографии народов Дальнего Востока. Владивосток, 2003. с. 20.

② Вл. Муравьев. Владимир Германович Тан-Богораз（1865 – 1936），Восемь племен. Гослитиздат. М.，1962. С. 10，19，24.

③ 俄国民族学家，民意党人，19 世纪末被流放库页岛，在当地开始土著民族的民族学调查。

④ 因诺肯季·米哈伊洛维奇·西比里亚科夫（Иннокентий Михайлович Сибиряков），是金矿主，科学和艺术赞助人。1894 ~ 1896 年，俄国地理学会东西伯利亚分会在其资助下，组建了被称为西比里亚科夫的雅库特考察队，研究当地土著民族的文化和风俗习惯。

收到俄国地理学会东西伯利亚分会的邀请，参加该考察队。考察队的目的是研究北方异族的生活，弄清其中一些部族灭绝的原因以及俄罗斯人的影响。考察队的组织者和领导者是克列缅茨（Д. А. Клеменц），1894 年他为了组织办法的实行和商讨计划在雅库茨克住了一年。就在此时，博戈拉兹受邀以民族志学家的身份加入这个考察队。在差不多三年时间里（1895～1897年），博戈拉兹全面调查了沿科雷马河右岸支流（大阿纽伊河，奥莫隆河）游牧的楚克奇人和埃文人的语言、社会制度、经济、风俗习惯和文化。在这里，他成为在 1897 年进行的沙俄帝国第一次全国人口普查的参加者。普查自身的性质即确定了其目标任务是查清居民的数量，地理分布，部落、氏族和阶层的构成，民族和宗教的归属，地方语言的分布。这为了解各民族的文化、他们生活的社会经济基础和生活方式建立了良好的根基。博戈拉兹并没有受过专业的民族学训练，克列缅茨来到雅库茨克指导考察队工作的时候，他并没有在那里，因此可以认为，他是民族学领域“自学成才者”的意见是完全公正的。对此应该补充的是，他对自己的研究结论非常严格、谨慎、苛求。由于懂得楚克奇语，他在楚克奇人的帮助下仔细检查自己的观察和结论。在一系列漫长的旅程中，楚克奇人艾恩甘瓦特（Айнганват）一直陪伴着他，在熟悉语言和解释楚克奇人生活中不易理解的现象方面给予博戈拉兹巨大的帮助。在科雷马边区调查楚克奇人的这一时期，博戈拉兹仔细观察思考如何预先准备今后更加细致的调查，他也清楚地看到和理解到摆在自己面前的科学任务的复杂性。他负责研究俄国科雷马人（русский колымчан）和楚克奇人。记录完俄国人的民间文学后，博戈拉兹很快开始楚克奇人民间文学的记录。为了研究楚克奇人，博戈拉兹留在了适合居住的科雷姆斯克，与楚克奇人一起在苔原冻土带游牧了两年，在他们拥挤的帐篷里生活，像他们那样生吃鹿肉，在困难的时候吃动物尸体和“酸的”，即腐烂的鱼。他熟练掌握了楚克奇语会话，与以前的调查者不同的是，他能够直接用楚克奇语记录民间文学。他记录的楚克奇人故事在科学院的出版物中刊布出来，共发表了 180 篇楚克奇语故事，并附有俄语译文或复述。1900 年，博戈拉兹著名的专题学术著作《楚克奇人的语言和民间文学研究资料》问世，该著确立了科学刊布民间文学作品的典范。在原文记录的同时，提供逐词对译和详细的注释，而在前言中对楚克奇人的民间文学作总体评述。博戈拉兹是杰出的民间文学家，关于爱斯基摩人（1913）、科里亚克人（1917）、尤卡吉尔人和拉穆特人（1918）民间文学的卓越刊布亦可证明。在土著居民中，政治流放者备受尊敬，享有很大的威望。他们自愿成为沙皇政府和楚克奇人之间关系的中间人，并尽可能成为土著利益的保护者。因此，流放者的民族学与科学院的民族学很不一样，后者仅满足于事实的记录，前者则积极参与被研究者的生活。在楚克奇人营地，楚克奇人给博戈拉兹起了个名字叫维伊普（Вэип），这是十几年前死去的某个小商贩的名字，博戈拉兹的脸与他很像。在罗索马西河（Россомашей），博格拉兹有另一个绰号“打字的人”（Пишущий человек）。

博戈拉兹收集的民族志学资料进入了科学院，专门的科学院委员会仔细研究后判定，它们具有很高的科学价值，因此决定向内务部提出申请，为了整理、刊布这些资料，准许博戈拉兹返回彼得堡。

1898 年博戈拉兹离开科雷姆斯克返回彼得堡，成为科学院人种志学和民族志学博物馆（Музей антрополонии и этнографии АН СССР）的科学研究员。还是在 1898 年 9 月前往彼得堡的路上，博戈拉兹就在俄国地理学会东西伯利亚分会管理委员会的会议上宣读了《关于科雷马边区楚克奇人调查的简要报告》。科学院历史－语文学部突厥学家拉德洛夫（В. В. Радлов）院士倡议提出允许博戈拉兹在彼得堡暂时居住的申请。在 1899 年初，博戈拉兹已经表现出自己是完全训练有素的学者、楚克奇人语言和民族志学的行家。因此，当杰瑟普北太平洋考察队的组织者、人类学家和语言学家博厄斯（Ф. Боас）[①] 向拉德洛夫提出请求，给他推荐能够从事西伯利亚东北部族研究的俄国学者时，拉德洛夫首先就提到了博戈拉兹。结果是，博戈拉兹成为北太平洋考察队阿纳德尔队的领导者。他的直接任务是，对楚克奇人、西伯利亚爱斯基摩人以及部分科里亚克人和伊捷尔明人进行民族志学、语言学和人种志学的研究。在彼得堡，博戈拉兹继续从事革命活动。1899 年末，警察局决定将他驱逐出首都。于是他接受美国自然历史博物馆的邀请，参加研究太平洋沿岸各民族的考察队，离开彼得堡前往纽约。在纽约待了数月后，博戈拉兹于 1900 年前往考察队，1900～1901 年对堪察加、阿纳德尔、楚科奇的驯鹿楚克奇人、科里亚克人、伊捷尔明人和其他部族进行了调查。在这次考察中，博戈拉兹用大部分时间来研究亚洲东北各部族的语言和方言，这为揭示其所研究部族的民族文化特点奠定了基础。在这次考察的一年中，他乘

① 弗朗茨·博厄斯（Franz Boas，1858～1942），美国人类学家。现代人类学的先驱者之一，常被称为“美国人类学之父”。主要研究人类学理论与方法和印第安人文化。

狗拉雪橇行进约6000公里，乘爱斯基摩人的皮艇行进数百公里，坚韧不拔地克服了旅途中的所有艰辛、困窘，他甚至没有条件进行记录。1900年6月，博戈拉兹乘轮船来到新马林斯克（Ново-Маринск，今阿纳德尔 г. Анадырь），随后立即开始了调查工作。在整个夏天他乘渔船遍访驯鹿楚克奇人的营地，他们在阿纳德尔河口湾岸边度夏，在10月末乘狗拉雪橇经马尔科沃村（с. Марково）前往卡缅斯科耶村（с. Каменское），然后前往堪察加。在这条路上，他了解了几乎所有邻近科里亚克人和伊捷尔明人的群体。在返程中他经过克列克人（кереке 科里亚克人的别称）聚居的村落：伊利皮（Ильпи）、乌基良（Укилян）和瓦泰堪（Ватыйкан，哈特尔卡 Хатырка），然后沿着哈特尔卡河到达其上游，从那里沿韦利卡亚河（р. Великая）返回新马林斯克。这样，博戈拉兹就了解了游牧楚克奇人的最南部群体，他们被称为泰勒克贝列特（тэлкэпыльыт），居住在阿普卡河（р. Апука）上游，哈特尔卡河和韦利卡亚河沿岸。在新马林斯克待了没多久，博戈拉兹又在1901年4月乘狗拉雪橇，沿着他所研究的太平洋楚科奇沿岸的这部分楚克奇和爱斯基摩居民的路线一路向北。1901年5月，他来到了恰普利诺村（с. Чаплино），停留于此，为的是从那里前往圣劳伦斯岛（о. Св. Лаврентия）休息至7月。之后，他乘皮艇返回新马林斯克。再从那里出发前往符拉迪沃斯托克，然后为整理和准备出版所搜集的资料前往美国。这次历时五个月的考察所收集到的资料，在范围和性质方面非常广泛，为其后来楚克奇－科里亚克群体语言、民间文学、民族志学方面的著作和比较区分楚克奇文化共同特点及各部分独有的特点、科里亚克人和伊捷尔明人以及西伯利亚爱斯基摩人和美洲太平洋沿岸爱斯基摩人的地域划分方面的著作奠定了基础。1901年秋，博戈拉兹把搜集到民族志学资料寄往美国自然历史博物馆，因为考察队由该馆组织并提供经费。这之后，博戈拉兹返回彼得堡。后面的两年，他居住在美国整理考察队的楚克奇人资料，整理后的资料分为七部分，于1904～1910年在美国用英文出版为七卷四部书。这部专题学术著作在楚克奇部族的研究上是划时代的，同时，也使博戈拉兹成为现代最著名的民族学家之一。1934年和1939年在列宁格勒出版了经作者认可的《楚克奇人》“社会组织”部分和“宗教”部分的俄文译本。“物质文化”部分在1929年就已由斯捷潘诺夫（А. И. Степанов）译出，但这个译本很不忠实于原文。后来又由斯捷布尼茨基（С. Л. Стебницкий）和斯捷布尼茨卡娅（М. Л. Стебницкая）做了校订、增补和译者注，这个修订本的大部分由博戈拉兹本人审阅、修改过。这一修订本的出版工作后来由于战争而中断。博戈拉兹还与符拉迪沃斯托克的阿穆尔边区研究会（Общество изучения Амурского края）有着密切联系，提交了《论亚洲极东北部的经济关系》（Об экономический отношениях на крайнем северо-востоке Азии，1901），《关于阿纳德尔边区的楚克奇人》（О чукчах Анадырского края，1901），《艺术领域中的北方异族人》（Инородцы севера в художественном отношении，1916）等研究报告。[①]

博戈拉兹的调查对象是俄罗斯人、埃文人（拉穆特人）、爱斯基摩人和科雷马边区的其他民族。但给他带来世界声誉的调查对象是楚克奇人，研究楚克奇人是他一生的事业。他关于楚克奇人的重要专题学术著作是分为七卷的四部书（1904～1910年），由著名的杰瑟普北太平洋考察队（Джезуповская северо-тихоокеанская экспедиция）刊布。这部最重要的系列著作，有逻辑联系地分析了楚克奇人的物质文化、宗教、社会组织和神话，使博戈拉兹获得了一流民族学家的国际声誉。这部著作成为俄国学者对世界民族学研究的巨大贡献。他的“构成贡达季藏品基础的牧鹿楚克奇人物质生活概要”（1901）的著作也具有巨大的科学价值。他写下了学者个人的观察，而民族志学博物馆的藏品只是作为插图资料而已。这部著作详细描述了楚克奇人的食物、服装、装饰物、住所、家什、武器、劳动工具、养鹿业、狩猎业、游戏和玩具、偶像和家中的珍宝、骨雕，并配有大量实物插图，全书共有25幅图版。通过整理贡达季的收集品，博戈拉兹更进一步地了解了楚克奇人的文化，并且确信，沿科雷马河和阿纳德尔河的驯鹿楚克奇人的物质文化几乎完全相同。

博戈拉兹还致力于文学创作，他最优秀的民族志小说是《楚克奇故事》（1899）和《新生的部落》（1935）。在文学作品上，博戈拉兹署的是笔名——唐（Тан）。此外，博戈拉兹还是卓越的科学活动组织者。他积极帮助筹建民族志学和民间文学考察队并带领自己学生参加，编制了大量的调查大纲，如田野的、常设的、博物馆的。他还是北方民族学院成立的发起者之一。1904年，博格拉兹返回俄国。1917年之后，博戈拉兹在苏联科学院人种志学和民族志学博物馆工作，并在列宁格勒大学讲授北方民族志学、民间

① А. А. Хисамутдинов. Три столетия изучения Дальнего Востока. Дальнаука. Владивосток, 2007. с. 96.

文学和语言的课程，从事宗教领域的研究，在苏联科学院组建、领导宗教史博物馆。博戈拉兹为极北方民族地区苏维埃的建立问题付出了大量精力和时间，他是全俄中央执行委员会（ВЦИК）主席团成立的“北方委员会”列宁格勒分部主席，在北方民族学院进行研究和教学工作。博戈拉兹还与施滕贝格共同主持列宁格勒国立大学地理学系民族学教研室，为苏联培养了大批民族学家，他们二人是苏联民族学的奠基人。1936 年 5 月 19 日，博戈拉兹在前往顿河畔罗斯托夫（Ростов-на-Дону）的路上去世。

三 《楚克奇人》述评

俄国人早在 17 世纪中叶就开始接触楚克奇人，留下了关于楚克奇人的大量早期文献，详见伊万诺夫斯基《关于楚克奇人的著作和文章目录索引》（Ивановский А. А. Библиографический указатель книг и статьей о чукчах. Этногр. Обозрение, 3, 1891）。关于楚克奇人的重要调查研究著作有：萨雷切夫的《海军上校萨雷切夫 1785 年至 1793 年在比林格斯海军上校领导下在地理学和天文学海洋考察队持续八年的西伯利亚东北部、冰海和东洋旅行记》（Сарычев Г. А. Путешествие флота-капитана Сарычева по Северовосточной части Сибири, Ладовитому морю и Восточному океану в продолжении осьми лет при Географической и Астрономической морской экспедиции, бывшей под начальством флота-капитана Биллингса с 1785 по 1793 г. ч. 2. СПб., 1802; М., 1952）和《比林格斯上校从白令海峡经楚科奇地区至下科雷马城堡旅行记和加拉上校 1791 乘“黑鹰号”船的东北洋航行》（Путешествие капитана Биллингса через Чукотскую землю от Берингов пролива до Нижнеколымского острога и плавание капитана Галла на судне Черном Орле по Северо-Восточному океану в 1791 году. СПб., 1811）、弗兰格尔《在 1820、1821、1822、1823 和 1824 年完成的沿西伯利亚北岸和冰海的旅行》（Врангель Ф. Путешествие по северным берегам Сибири и по Ледовитому морю, совершенное в 1820, 1821, 1822, 1823 и 1824 гг. М., 1948）、基伯的《包含在东北西伯利亚沼泽荒原收集到的资料和观察的日记的摘录》（Кибер. Извлечение из дневных записок, содержащих в себе исведения и наблюдения, собранные в болотных пустынях северо-восточной Сибири. Сиб. Вестник, ч. 1, 1824）和《楚克奇人》（Чукчи.

Сиб. Вестник, ч. 2, 1824)、阿尔根托夫《尼古拉耶夫斯克恰翁教区志》(Аргентов А. Описание Николаевского Чаунского прихода. Зап. Сиб. Отд. Русск. Геогр. Общ., 3, 1857)、列辛《太平洋俄国沿岸异族人概况》(Ресин А. А. Очерк инородцев русского побережья Тихого океана. Изв. Русск. Геогр. Общ., т. 24. вып. 3, 1888)、季亚奇科夫《阿纳德尔边区》(Дьячков Г. Анадырский край. Зап. Общ. Изуч. Амурского края, 2, Владивосток, 1893)、迈德尔《1868 ~ 1870 年雅库特省东北部旅行记》(Майдель Г. Путешествие по северо-восточной части Якутской области в 1868 – 1870 гг. Записок Имп. Академии Наук, № 3, 1894)、奥尔苏菲耶夫《阿纳德尔地区及其经济状况和居民风俗习惯总纲》(Олсуфьев А. В. Общий очерк Анадырской округи, ее экономического состояния и быта населения. Зап. Приамурск. Отд. Русск. Геогр. Обш., 2, вып. 1, 1896)、苏利尼茨基《堪察加和阿纳德尔之旅》(Сульницкий А. П. Поездка в Камчатку и на р. Анатырь. Зап. Приамурск. Отд. Русск. Геогр. Общ., т. 2, вып.. 3. Хабаровск, 1897)、贡达季《从马尔科沃村沿阿纳德尔河前往普罗维杰尼亚湾的旅行》(Гондатти Н. Л. Поездка из села Маркова на р. Анадыре в бухту Провидения. Зап. Приамурск. Отд. Русск. Геогр. Общ., т. 4, вып. 1. Хабаровск, 1898)、卡利尼科夫《我们的极东北》(Каллиников Н. Ф. Наш крайний Северо-Восток. Записок по гидрографии. СПб., 1912)、奥尔洛夫斯基的《阿纳德尔 – 楚科奇的养鹿业》(Орловский П. Н. Анадырско-чукотское оленеводство. Северная Азия, № 1, 1928) 和《阿纳德尔 – 楚科奇养鹿人的一年》(Год Анадырско-чукотского оленевода. Северная Азия, № 2, 1928)、斯韦德鲁普《乘"莫德号"船在拉普捷夫海和东西伯利亚海的航行》(Сведруп Г. У. Плавание на судне Мод в водах морей Лаптевых и Восточно-Сибирского. Л., 1930)、萨马林《在楚科奇》(Самарин Я. Ф. На Чукотке. На рубеже, № 6, 1935)、弗多温的《楚克奇人社会制度史之一页》(Вдовин И. С. Из истории общественного строя чукчей. Сов. Этнография, № 3, 1948) 和《关于楚克奇人的社会制度史》(К истории общественного строя чукчей. Уч. Зап. Лен. Гос. Унив., № 115, вып. 1, 1950)、安特罗波娃《现代楚克奇人和爱斯基摩人的骨雕》(Антропова В. В. Современная чукотская и эскимосская резная кость. Сб. Музея антроп.

и этногр. АН СССР. т. 15, 1953)。可以看出，在博戈拉兹之前和之后，关于楚克奇人的资料多为零散的旅行记录和少量的个别方面的民族志描述，而缺乏全面的民族志学调查、记录、研究。博戈拉兹关于楚克奇人的调查研究著作则具有百科全书的性质，在楚克奇人社会生活和民族文化发生巨大变迁的今天，他的著作就更显珍贵了。

关于博戈拉兹对西伯利亚东北部诸民族，主要是楚克奇人语言、民间文学、物质和精神文化进行的调查研究，已经有了一些内容详尽的文章。[①] 在这些文章中，相当全面地分析和评价了博戈拉兹的著作对于世界民族志学，对于东北古亚洲人的文化史以及确定他们在世界民族现代分类中的位置等的科学意义。他的调查包含了19世纪末～20世纪初楚克奇人语言、民间文学、物质和精神文化现象的全部复合（комплекс）、社会关系、与邻族的联系和相互关系的大量原始资料。同时，他的著作中还含有历史复原，而复原则建立在大量的民族志学材料之上，这些材料首先是他的个人观察，以及对楚克奇语词汇和由他首次记录的民间文学的分析。他的著作本身就构成了亚洲东北部居民的百科全书。楚克奇人、科里亚克人、亚洲爱斯基摩人历史和文化的所有现代研究，都要依赖博戈拉兹收集、分类和整理的资料。靠着自身的努力和探索，学者致力于搜集积累具有重要特点的楚克奇人劳动和社会生活实物资料。所有这些东西的整理研究都深入到最小的细节，以及物质用品和精神传统的细微之处，这使得博戈拉兹的著作具有民族志学史料意义。它们以叙述的明晰，史料的翔实而成为民族志学调查的范例。博戈拉兹说，"专题学术著作《楚克奇人》是我调查楚克奇部族的工作成果，第一次是在科雷马地区，自1890至1898年我在那里流放；第二次是1900～1901年在堪察加、阿纳德尔边区和楚科奇半岛旅行期间。在科雷马，特别是1895～1898年在西伯利亚考察期间我研究楚克奇人。搜集到的部分资料包括：科学院出版社用俄语发表的文本、楚克奇语言概述和民间文学记录。"[②] 博戈

---

① 主要有泽列宁《博戈拉兹——民族学家和民间文学家》（Д. К. Зеленин. В. Г. Богораз—этнограф и фольклорист. Памяти В. Г. Богораза 1865－1936. М－Л.，1937）、弗多温《博戈拉兹——西伯利亚东北部各民族语言和文化的调查者》（И. С. Вдовин. В. Г. Богораз—исследователь языков и культуры народов Северо-Востока Сибири. Советская этнография，1965，№ 3）、沙赫诺维奇《苏联的宗教史家博戈拉兹－唐》（М. И. Шахманов. Советский историк религии В. Г. Богораз-Тан. Вопросы преодоления религиозных пережитков в СССР. М-Л.，1966）等。

② В. Г. Богораз. Чукчи：Социальная организация. М.，2011. с. 3.

拉兹关于楚克奇人的民族志学著作至今也没有丧失其科学意义，这些著作对19世纪末20世纪初楚克奇人的生活及其文化和风俗习惯有着详细、可信、深刻、全面的记述，是楚克奇人历史学和民族学研究非常珍贵的，甚至是唯一的史料。

《楚克奇人》是博戈拉兹最重要的学术著作，同时也是楚克奇人调查研究的最基础性著作。最初为英文本，在美国发表，后译为俄文在苏联出版。这部著作分为“社会组织”“宗教”“物质文化”这样三个部分，可以将之视为完全独立的三部作品。各部分内容繁多，实难概括介绍，现仅将目录译出，以见大略。

第一部分　楚克奇人：社会组织

俄文版作者前言。

第1章　名称和居地：自称，古代居地，现代居地，相邻部落，地区评述，营地和村落，沿海楚克奇人的市镇，楚克奇人村落，爱斯基摩人村落，从恰普林角向北的居民点，北冰洋沿岸的村落。

第2章　楚克奇人总评述：外貌，与邻近部落的混合，出生率，民族和婚姻，像老年人的成年人，感觉器官，清洁，疾病，精神品质，一年四季，语言。

第3章　楚克奇人与俄国人的关系：楚克奇人土地的发现，17世纪的战争，帕夫卢茨基的征讨，战争的终止，贸易，在科雷马的贸易发现，阿纽伊集市，楚克奇人的实物税和“楚克奇人的礼物”，特列斯金的规定，迈德尔的改革，驯鹿楚克奇人的分布和新的实物税，阿纳德尔当局，酒精贸易，俄国管理总评述，生产费用，勒索，奇怪的改革，饥饿时期的补助，医疗救助，学校，科学考察队，俄国居民总评述，东正教传教团，现实状况（在20世纪初），美国的影响，总的结论。

第4章　楚克奇人的贸易：古代的贸易，与俄国人的贸易，阿纽伊集市，其他集市，交通道路，烟草和砖茶，酒精，与捕鲸人的贸易，驯鹿贸易，地区内部的贸易，单价和总价。

第5章　家庭和家庭集团：男子在家庭中，亲属结构，亲属关系，家庭集团，家庭，老人的地位，女子的地位，收养，自愿死亡。

第6章　婚姻：驯鹿楚克奇人的婚姻，女子的贞洁，对于女性的暴力，亲属之间的婚姻，年龄不般配的人之间的婚姻，为了妻子而做工，收养的女婿，偷走女子，离居婚姻，混合婚姻，婚礼仪式，离婚，一夫多妻制，群婚，夫兄弟婚，沿海楚克奇人的婚姻。

第7章 营地和村落：驯鹿楚克奇人的营地，营地的主人，助手们，物质条件，异族部落的助手们，穷人，“游手好闲的流浪者”，邻近的营地，沿海楚克奇人的村落，皮艇互助组，猎获品的分配，穷人，流浪者，好客。

第8章 有力的人、战争、奴隶：“有力的人”，“暴徒”，战争和战士，与坦尼格人的战争，战争英雄，与哥萨克的战争，与爱斯基摩人的战争，与通古斯人和尤卡吉尔人的战争，内部部落的战争，奴隶。

第9章 法律：家庭集团会议，家庭集团内部的杀人和血仇报复，家庭集团之外的杀人和血仇报复，罚金，轻微犯罪，偷盗，保护财产的法律。

第二部分 楚克奇人：宗教

第1章 宗教观念：原始宗教观念的发展阶段，仔细观察像动物的对象，像人的野兽，控制者或主人，比较说明，Kelet（死神），垂青的生物，指示，太阳和月亮，星星和星座，其他“生物”，风的结构，恶魔，宇宙起源学说的信仰，灵魂，冥王。

第2章 保护者和祭祀对象：辟邪物，具体化的神灵，私人保护者，珠串，牧鹿楚克奇人的家庭保护者，火，木火镰，保护者的纽带，红方块，住所，为祭祀对象而离开，涂血仪式，舞曲，沿海楚克奇人的保护者，涂油仪式，面具，玩偶。

第3章 节日：驯鹿楚克奇人的节日，秋天杀鹿，冬天杀鹿，鹿角节，对鲜肉的祭祀，对火的祭祀，对猎获物的祭祀，与获得雄野鹿有关的节日，感谢的节日，赛跑，沿海楚克奇人的节日，仪式房屋，海祭，秋天的节日，海猎节（Keretkun），交换礼物，贸易舞蹈，亚洲爱斯基摩人的节日，潜鸟节，“绕圈”节，交换舞蹈，皮艇节，头节，火祭，星座祭祀（Pegittbп），kilvey 节，鲸节，抛海兽皮，赛跑，插杆子。

第4章 萨满教：家庭萨满教，萨满入神，准备时期，萨满心理学，萨满教的科目，萨满作法的报酬，准备萨满作法，在内帐幕中的萨满作法，腹语说话和其他特技，奇效建议，发呆，在外帐幕的萨满作法，萨满在白天使用的特技，萨满教中的性变态和变性萨满，萨满服，奇效治疗。

第 5 章　法术：祈求，中邪，占卜，梦，兆头，禁止。

第 6 章　咒语的翻译：野鹿驯养的咒语，中部阿纳德尔居民在狩猎野鹿时使用的咒语，在狩猎海兽时使用的咒语，为平息坏天气的咒语，反对 Kelet 神到来的咒语，为保护畜群免遭口蹄疫的咒语，免遭狼袭击的咒语，医疗法术咒语，引导死人返回的咒语，为中邪念咒，爱情咒语，猜忌的女人使用的咒语，赛跑咒语。

第 7 章　出生和死亡：出生，涂血仪式，保护咒语，儿童在家庭中的地位，名字，作为保护人的死者，作为敌人的死者，驯鹿楚克奇人的葬仪，死者的衣服，占卜，尸体的安放，保护咒语，坟墓的安置，尸体的焚烧，对死者的祭祀，沿海楚克奇人的葬仪。

第三部分　楚克奇人：物质文化

第 1 章　养鹿业：养鹿群体，楚克奇人和科里亚克人养鹿业的初始，楚克奇人养鹿业的扩大，驯鹿，牧人的劳动，探访鹿群，养鹿业的经济价值。

第 2 章　育犬业：育犬业群体，狗的训练，探访群狗。

第 3 章　狩猎业和捕鱼业：捕猎海豹，猎海象和鲸，海豹网，楚克奇人的船，陆地狩猎，野兽捕捉器，猎鸟，捕鱼业，楚克奇人的装备，火器，扎枪和其他武器，盔甲。

第 4 章　住所、家具：住所，内部卧室，移动住所，冬季住所，夏季住所，沿海楚克奇人的住所，地下住所，雪屋，家什，油灯，大锅，劈骨用具，贮水用具，大盘子、碗等，口袋。

第 5 章　食品：动物食品，煮食物的方法，生肉、腐烂的、动物尸体，禁食的，植物食品，楚克奇人的菜，茶，烟草和其他，喝醉的方法。

第 6 章　生产：石头加工，木头加工，铁加工，妇女的工作，剪裁和缝制，刺绣，篮子和盒子，皮条和用皮条编织，取火的设备。

第 7 章　服装：男子冬季服装，女子冬季服装，夏季服装，儿童服装，发饰，文身，装饰品，雪镜，滑雪板、滑雪杆。

第 8 章　娱乐、游戏、解闷：竞赛，歌曲和舞蹈，儿童游戏，玩具及其他。

在这部著作中，有关“自愿死亡”的内容非常引人注目，最能表现楚克奇人的性格特点，下面摘译部分内容。

自愿死亡被楚克奇人视为可被理解的死亡方式。想结束自己生命的人向朋友和亲属宣布“自愿死亡”，希望人们成全这种要求。在楚克奇聚居地逗留期间，我知道二十例自愿死亡的事件。夏季的某一天，我正在马林斯克哨所，一只为做买卖的皮艇从捷利克普苔原来到那里。其中一个人在访问俄国兵营之后，感到胃痛。夜里，他疼得更加剧烈，以至于要求人们杀死他，他的同伴完成了他的愿望。

一些心理原因能够将人引向自杀或自愿死亡。区别只在于，年轻人，特别是未成年者，在希望了结自己生命的时候，通常选择自杀，而年纪大的人则通常请求别人帮助自己了结生命。我了解到许多类似的事情，一些15～20岁的年轻人，由于委屈、羞愧或悲痛而以自杀的方式结束生命，他们并没有请求自己的家人作为其“死亡助手”。对于上了年纪的人则相反，这样的“帮助”被认为比死于自己之手更为体面。

自愿死亡的补充动因是，楚克奇人相信，“横死”（非正常死亡）比病死或老死好。甚至反映“自愿死亡”概念的术语就与这个观点有着若干联系。这个术语是“veretgirgin”，意思是“决斗”。希望自愿死亡的人有时说：“让我战斗吧”——Minmarawmik。或者说：“现在我为你成为野鹿”——Cengetim ilvenu inelgii 。这两种说法表达了要成为被杀者的愿望。另外的表达主要用在民间语言中：“现在，我为你成为战利品”—— Cenget-im ginni inelgii，或者更加直接：“与我一起成为战利品”——Ginniku qinelgii 。这个说法的完整意思是：“给我致命一击，因为我为你成为野兽的战利品。”一个楚克奇人这样向我解释自愿死亡的动机：“我们不想由于Kelet（死神）而死。我们更愿意横死，在战斗中死去，比如我们与俄罗斯人战斗。”因病而死被认为是死神的责罚。

对自愿死亡的喜好在某些楚克奇家庭中甚至成为“家规”。当然，后代们不一定遵循先辈的成规。事实上，在家族中自愿死亡似乎是由父亲传给儿子。艾恩甘瓦特跟我讲，他的父亲和一个哥哥是通过自愿死亡死去的，并且他也愿意用这种方法结束生命，虽然儿子不一定完全仿效父亲。他的另一个哥哥就是自然死亡，并没有选择家族传统的自愿死亡方式。

根据楚克奇人的观念，在另外的世界中，肯于献身，通过自愿死亡死去的人们会生活的更加幸福。他们将生活在北极光的红色火焰中，时光在玩球中度过，并且球是海象头骨制成的。

附 录

关于博戈拉兹的著作，科隆捷耶娃编的《弗拉基米尔·格尔马诺维奇·博戈拉兹－唐与东北：目录索引》（И. В. Колонтеева. Владимир Германович Богораз-Тан и Северо-Восток: библиографический указатель. Магадан, 1991. 73 с）中未见。以下是笔者所知的著作。

1. На реке Россомашьей. Из впечатлений счетчика. Сибирский сборник, 13. Иркутск, 1898.

2. Краткий отчет об исследовании чукоч Колымского края（С картой маршрутов）. Известия Восточно-Сибирского отделения Русского географического общества, 1899, т. 30, № 1.

3. Образцы материалов по изучению чукотского языка и фольклора, собравные в Колымском округе В. Г. Богоразом. Известия Академии наук, 1899, т. 10, № 3. с. 269－318.

4. Сказание об Эленди и его сыновьях（перевод с чукотского）. Известия Академии наук, 1899, т. 10, вып. 3.

5. Сказка о чесоточном шамане Wапысьkalayl-lyмозыl. Живая старина, 1899, вып. 2, . с. 263－270.

6. Русское население на Колыме. Землеведение, 1899, № 4.

7. Материалы по изучению чукотского языка и фольклора, собранные в Колымском округе В. Г. Богоразом. СПб. , 1900.

8. Ламуты. Землеведение, 1900, № 1.

9. Очерк материального быта оленных чукчей, составленный на основании коллекций Н. Л. Гондатти, находящихся в Этнографическом музее Академии наук. Сборник Музея антропологии и этнографии АН, 1901, т. 1, вып. 2. 66 с. 25 табл.

10. The Chukchi of Northeastern Asia. American Anthropologist, 1901, Vol. 3.

11. Чукчи. Научное обозрение, 1902, № 1, . с. 70 – 88.

12. О принятии чукоч в русское подданство. Легенды и документы. Живая старина, 1902, вып. 2. с. 147 – 164.

13. The Chukchee. Material Culture. The Jesup North Pacific Expedition. Memoir of the American Museum of Natural History, New York. Vol. 7, Pt. 1. Leiden-New York, 1904. 276 p.

14. Idées Religieuses des Tchouktchis. Bulletins et Mémoires de Société d'Anthropologie de Paris, 1904, t. 5.

15. Religions Ideas of Primitive Man, from Chukchee Material. Internationnaler Amerikanisten-Kongress, 14.. Tagung, Stuttgart, 1904 – 1906.

16. The Chukchee Religion. The Jesup North Pacific Expedition. Memoir of the American Museum of Natural History, New York. Vol. 7, Pt. 2. Leiden-New York, 1907.

17. Рулигиозные идеи первопытного человека (По материалам, собранным среди племен северо-восточной Азии, главным образом среди чукоч). Землеведение, 1908, т. 5, кн. 1.

18. The Chukchee. Social Organisation. Jesup North Pacific Expedition. Memoir of the American Museum of Natural History, New York, Vol. 7, Pt. 3. Leiden-New York, 1909. pp. 537 – 733.

19. Материалы по языку американских эскимосов. СПб., 1909.

20. К психологии шаманства у народов Северо-Восточной Азии. Этнографическое обозрение, 1910, т. 34 – 35, кн. 1 – 2. с. 1 – 36.

21. Chukchee Mythology. Jesup North Pacific Expedition. Memoir of the American Museum of Natural History, New York, Vol. 8, Pt. 1. Leiden-New York, 1910. 197 p.

22. Чукотские рисунка. Сборник в честь 70 – летия проф. Д. Н. Анучина. М., 1913.

23. Народная литература палеоазиатов. Всемирная литература. Литература Востока. Вып. 1. Пг., 1919.

24. Chukchee. Handbook of American Indian Languages, by Franz Boas (Smi thsonian Institution, Bureau of American Ethnology. Bull. 40, Pt. 2). Wash., 1922.

25. Мифа об умирающем и воскресающем звере. Художественный фольклор, № 1. М. , 1926.

26. Chukchee Tales. Journal of American Folk-Lore, 1928, Vol. 41, № 161

27. Чукотский общественный строй по данным фольклора. Советский Север, 1930, № 6.

28. Л. Я. Штернберг как фольклорист. Памяти Л. Я. Штернберга, т. 7. Л. , 1930.

29. Материалы по ламутскому языку. Тунгусский сборник. Л. , 1931.

30. Классовое расслоение у чукоч-оленеводов. Советская этнография, 1931, № 1 – 2.

31. Религия как тормоз соцстроительства среди малых народностей Севера. Советский Север, 1932, № 1 – 2.

32. Северное оленеводство по данным хозяйственной переписи 1926 – 1927 гг. Советская этнография, 1932, № 4. с. 26 – 62.

33. Чукотский букварь. Советский Север, 1932, № 10.

34. Красная грамота: Чукотский букварь. Л. , 1932.

35. Чукчи: Материальная культура. Л. , 1934. 192 с; М. , 2011. 222 с.

36. Грамматика юитского языка. Языки и письменность народов Севера, ч. 3. Л. , 1934.

37. Воскресшее племя. М. , 1935. 326 с.

38. Социальный строй американских эскимосов. Тр. Ин-та антропологии, археологии и этнографии, т. 4. М – Л. , 1936.

39. Оленеводство: Возникновение. Развитие. Перспективы. Л. , 1937.

40. Лоураветланско-русский словарь. М – Л. , 1937. 165 с; М. , 2011.

41. Чукчи: Релиния. Л. , 1939. 195 с; М. , 2014.

42. Игры малых народностей Севера. Сборник МАЭ, т. 11. М – Л. , 1949. с.

43. Восемь племен. Хабаровск, 1991. 400 с.

44. Христианство в свете этнографии. М. , 2011.

45. Люди и нравы Америки. М. , 2011.

46. Чукчи: Социальная организация. М. , 2011.

Bogoras' investigation and research of Chukchi

Zhang Song

Abstract: From the end the of the 19th century to the beginning of the 20th century, the Russian ethnologist V. G Bogoras had a long-term investigation of Chukchi ethnography, linguistics and folklore. As the most important encyclopedic ethnographic work on the Chukchi, Bogoras' famous monograph *The Chukchi* is one of the foundational works on the Chukchi and gives us insights into a number of aspects of their culture and society. This article introduces to *The Chukchi* and Bogoras' academic contributions.

Keywords: Chukchi; Chukchi region; Bogoras; ethnography.

乌尔奇人的熊崇拜和熊节

〔苏〕亚历山大·米哈伊洛维奇·佐洛塔廖夫　著

时　妍译

摘要： 本文译自苏联民族学家佐洛塔廖夫所著的《乌尔奇人的氏族制度与宗教》，对乌尔奇人熊节的顺序、过程、大事进行了详细的记述。

关键词： 乌尔奇人　民族志　熊崇拜　熊节

作者简介： 亚历山大·米哈伊洛维奇·佐洛塔廖夫，苏联莫斯科大学人类学研究所。

译者简介： 时妍，黑龙江省社会科学院历史研究所副研究员。

本文译自俄罗斯民族学家亚历山大·米哈伊洛维奇·佐洛塔廖夫（Александр Михайлович Золотарев）所著的《乌尔奇人的氏族制度与宗教》（伯力：1939）[①] 一书。该书记录了有关乌尔奇人熊节的最为完整和最为详细的民族志资料。这些资料以乌尔奇人节日参加者对节日的顺序、过程、大事的详细记述为基础。资料由乌尔奇人用乌尔奇语口述，由佐洛塔廖夫率领的科考队笔录下来。

本书作者亚历山大·米哈伊洛维奇·佐洛塔廖夫（Александр Михайлович Золотарев），苏联民族学家、原始社会史和阿穆尔诸民族民族志学专家。1907 年 7 月 1 日生于一个欧洲小市民家庭。1925 年进入莫斯科普列汉诺夫国民经济学院工艺学系一年级，翌年转入该学院经济学系一年

① А. М. Золотарев. Родовой строй и религия ульчей. Дальгиз. Хабаровск, 1939. с. 105 – 121.

级，很快被原始社会史所吸引。1930 年 1 月通过选拔考试，进入国家物质文化史研究院研究生班。1932 年 7 月 1 日在列宁格勒研究生班毕业并获得前往研究院莫斯科分院工作的任命。从 1933 年 3 月起为前阶级部编外工作人员，同时任莫斯科国立大学人种志学研究所高级科学研究员。1934 年和 1936 年领导研究阿穆尔诸民族的民族志学考察队。1938 年 6 月 2 日，在莫斯科历史学、哲学和文学研究所学术委员会会议上，未经答辩，佐洛塔廖夫被授予历史学副博士学位。从 1939 年 3 月起，他又成为国家物质文明史研究院高级科学研究员。卫国战争开始后，佐洛塔廖夫参加了民兵，但很快被俘，逃回后受到怀疑。1942 年 1 月 26 日被逮捕，判处劳改营服刑 10 年。1943 年 4 月 6 日死去。在 1957 年 7 月 29 日莫斯科军区军事法庭的恢复名誉文件上，没有关于服刑地点和死因的资料。[①]

以下便是译自该书的乌尔奇人熊节的全过程。

发现熊穴后，猎人回到家，坐在床板上简短地说："明天我去熊穴看看，可能是空的。"他的同伴们也这样简短地回答他："我们去看看。"关于这件事的谈话就结束了，因为一旦说走了嘴，就会使紧要之事徒劳。不能说去打死熊——野兽会听到并且逃走。要欺骗熊，说希望是空的熊穴。第二天他们就去了；当接近熊穴时，发现熊穴的人指派他的古西（гуси）中的某个人去刺熊，而他本人不能去。第一个出手的是古西。古西，就是母亲的弟弟和母亲兄弟的儿子。如果一击不中，其他的猎人就立刻一拥而上，打死熊。大家把熊肉切成一块一块的，就着乳酪吃。然后把熊拖回村子，举办小的节日，同村所有的人都参加。一起煮肉、吃肉，不能放盐，要遵守一整套预防措施、规矩、限制，这些我们将在后面详谈。用木头做勺子，上面刻着捕熊和杀熊情景的记事图画。勺子（нихэрэ）[②] 在宴后放到专门

① 详见科切什科夫《远东土著民族的俄国调查者》（Н. В. Кочешков. Российские исследователи аборигенных народов Дальнего Востока. Владивосток, 2003. с. 80 – 83.）。

② 尼海雷（нихэрэ），总是按固定的式样制作。在柄上刻着戮熊情景的记事图画，并且刻上多少熊，就表示在熊节上杀了多少熊。这个实例我们发表于 1933 年："杀死熊后，要尽快做一只带有熊的图画的勺子。如果是夏天在森林中杀死的，就在勺子上刻上戮熊的环境和情形的示意图。在勺柄上刻上熊、猎人、猎人的数量，不远处流过的小河、泰加林，等等"（佐洛塔廖夫《乔梅地区吉利雅克人的氏族制残余》，《苏联北方》1933 年第 2 期，第 62 页（А. М. Золотарев. Пережитки родового строя у гиляков района Чомэ, Советский Север, 1933, № 2, с. 62），收录于文集《北方诸民族的语言和文字》（Язык и письменность народов Севера，卷 3，1935. с. 184 – 186）的《吉利雅克语语法》（Грамматика гиляцкого языка）一文，第 184 – 186 页。——原注

用来存放所有熊祭用品的仓房（силдэ），熊骨存放到木架（вуае）上。

但经常发生的情形是，人们并不打死熊或幼熊，而是活捉。在这种情况下，人们就把熊装入木笼中，喂养它，直到长到希望的大小为止。养肥熊的时间有时可持续到五年。住在同村的所有亲属都参加喂养。有时，外村的同族人也来帮忙。总的来说，喂养熊是氏族事务。但是，在需要举办熊节时，并不总是能够捉到熊。其实，乌尔奇人的熊节与吉利雅克人（Гиляки）和爱努人的一样，与为追悼亡者而设的酬客宴有关。在父亲死后，孝子首先认为自己有义务买熊并喂养两三年。在这种情况下，有意思的是，对于葬后宴来说，熊恰好是买来的，而被捉来的则是不适合的。这个情况可以看作这种祭祀与葬后宴的晚近联系，而联系产生于宗教的混合性，总的来说，混合性鲜明地反映在通古斯-满洲人的宗教中。

在亲属去世后，通常要挑选一只被称为帕尼亚乌（паняу），即亡魂化身的狗。[①] 人们把狗关在房中，好好地喂养。在葬礼上，当死者躺在还未钉死的棺材中时，把狗引到棺材跟前，将系狗的皮带放到死者手中。然后用力将皮带“从死者手中抽出”，把狗牵到房中，拴在床板上死者生前躺的地方。在这种情况下，设想帕尼亚（паня），即死者的灵魂会转移到狗身上。如果有条件，人们就买一只熊作为帕尼亚乌，而把狗送给森吉（сэнги），即妻子氏族的某个人。为了完成帕尼亚转移的程序，要把狗从板床上解下，在某个时间再把熊拴在那个地方。因此，可以把熊节看作葬后宴，尽管在乌尔奇人中存在着萨满参与的真正的葬后宴——卡萨（каса）。

显然，这两种葬后宴的存在可以解释为吉利雅克仪式（熊节）和果尔特仪式（卡萨）混合的结果。熊节与卡萨之间没有直接的联系，而熊只在卡萨，即帕尼亚前往布里（були，冥界）之前能够起到帕尼亚乌的作用。不过，卡萨通常是在积累到若干名死者时才举行，而这经常要在人死之后10~20年，那么，这实际上就不能造成任何阻碍。

于是捉熊或买熊，等熊长得够大了，节日——байумба хупу денгсуу（同熊做游戏）的时间就快到了。

在秋天，只要天气转冷，同族人就聚集起来，商定冬天节日的筹备问题，

① 在这里，乌尔奇人遵循着吉利雅克人的风俗，而与果尔特人有区别，在果尔特人中，паняу（更准确地说，是 фаня）是装满朽物的枕头。人们把这个法尼亚（фаня）放在屋中，并时常“供养”它。——原注

并在这时举行“小节”。把熊从木笼中牵出，牵到房中，在那里喂养它，招待偶然赶上喜庆的客人。然后把熊牵回笼中。这时“小节”结束。一月初，老人们聚在一起，商量何时和怎样举办节日。通常决定在一月末开始，这是为了在二月上旬结束。但有时因为意外变故，节日就会安排在三月，甚至四月初几。

在节日的组织过程中，每个氏族都有共同的特点和与众不同之处，但所有的乌尔奇氏族都有一些共同点。在记录口述时，采用的是瓦勒久（Валдю）氏族节日的记录，在某些情况下则指出其他氏族个别仪式的不同程序，从而使读者对于不同做法的性质和程度有所认识。

熊节的期限相当不同，它取决于主人的财富和储备品积蓄的规模。最短的期限是 7 天，中等 9 天，长的 15 天至 17 天。8 天、11 天和 13 天被认为是不吉利数字。不过在多数情况下，节日持续的时间依赖于狗赛的长短。仪式方面一般保持不变。熊也起作用，母熊吃 4 昼夜，公熊吃 3 昼夜。

第 1 天。在熊节的第 1 天招呼人们拉出熊。编活绳套并整理妥当。这个活儿干完后就去熊笼，打开笼子，拉出熊。这个过程被多次记述过，不必详述。系上熊，把它牵到主人的房中，拴在柱子上。然后，某个参加者就从后面跳到熊肩上，揪着熊的耳朵将它的头往地上压。在这一瞬间，数名男子猛然扑向熊，抓住它，绑上熊掌。绑完后，所有人都遵照命令跳到四周。接着喂熊——给它莫西（мось，鱼冻儿）、越橘、百合、阿西（ааси，芦苇）。当熊把这些东西吃完时，人们就拉开绑熊掌的绳子，直到这时，野兽还不能将肚子平趴在地上，而熊掌已能向四周伸开。这时就往熊身上洒水，而后给它带上有锁链的脖套，并去掉所有的活绳套。然后把熊调转过来，使它在玛鲁（малу，房子的里屋）里，正好对着出口，而在达基（даки，房子的外屋）则对着马鲁。这个调转完成后，就把熊牵到户外，用棍子打它、戳它。把熊三次牵到户外，又三次牵进屋内，所有的仪式反复重复，然后把它栓到柱子上过夜。在这个晚上，有九个人清理狗赛的道路。熊节的第一天到此结束。

第 2 天至第 6 天。第二天早晨，亲友们汇集起来参加狗赛。人们领来狗。所有人都来到屋里，熊在那里过夜。随后，人们清点狗，并确定需要多少条狗拉雪橇。这取决于狗的数量和天数，并且人们以此来拟定赛事。接着，事先准备和整理好挽具，并分配好拉套的狗。然后给狗喂食并用点燃的云杉枝的烟熏，之后便把狗套在雪橇上。不参加竞赛的人们跑去终点。他们刚到，狗赛就开始了。狗赛在 2、3、4、5、6 天连续举行。首先套上 10 ~ 19 只狗，雪橇上坐一名男子。卸下不行的狗时，要减少挽具并相应地减轻雪橇的负载。在雪橇上坐一名 10 岁的儿童。接着是狗拽着空雪橇跑，最后，在末尾的一天，狗不拉雪橇跑——通常在此时只剩下一二只狗了。在竞赛中表现好的狗受到人们的高度重视，关于它的事会传遍邻近的村落。在这个时候，会进行许多买卖狗的交易。客人还不多。在第五天派人沿河而上去邀请人，“为的是在第八天所有的客人都到齐”。

在竞赛的日子里，亲属和亲戚——同村的人要招待熊，兄弟或亲家对熊的主人说：“让熊去我们那里做客吧。”把熊牵到他的房子里，在那里过夜。在这个房子里宴请熊和来参加节日的人们。还经常把熊牵到邻近村落的亲属（доха，多哈）那里，把熊驮载在套着 20 只狗的雪橇上。当竞赛结束时，所有的参加者都聚集到熊主人的屋子里，在那里等待宴席。这时，节日的第一部分就结束了，参加这个预备部分的只有同村人、亲近的多哈和大多抱着专门的商业目的来狗赛的少数客人。

第 7 天。在第 7 天做莫西。为此人们拿来木盆，在里面浸泡鳇鱼、冬穴鱼、大马哈鱼的刮去鳞片的皮。然后把鱼皮同野果一起放在小盆里煮。当所有的东西凝固时，就得到鱼冻儿，这是乌尔奇人餐桌上的珍馐。制作莫西要在一个老头儿的照管下由 20 个人劳作一整天。其他人去森林中砍做装饰用的和用来制作仪式刨花的树枝和小树。房子和以后射熊的场地（称为阿拉丘，арачу）用环绕着刨花的云杉装饰，并用插在地上的带刨花的河柳棒围上。在这一天，森吉谢勒（сэнгисел），即母系和妻系的亲属：母亲的哥哥和父亲、妻子的父亲和哥哥、母亲的弟弟、妻子的弟弟、母亲兄弟的儿子和妻子这方面的所有亲属要赶过来。他们所有人都是贵宾和节日的参加者。晚上，在熊主人这里举行宴会，在宴会上，森吉谢勒用莫西喂熊。

第 8 天。客人和主人做刨花（нау，纳乌）。为此要在前一天去森林中削河柳棒。以木棒的一端顶住腹部，用弯的快刀轻轻下压，削向自己这一边。刀下就削出了薄薄的刨花。

正午稍过，所有人都做好了刨花。这个时候所有的客人都到了。这时就牵出熊“看刨花”。在这个时候，所有的加马孙（гамасун，姐妹的儿子、母亲兄弟的儿子）都需要“抓”熊。在熊的身后四散跑开后，他们做“下蹲式”，再跳到熊的脖子上。野兽由于突袭和重压而向下蹲，在这一瞬间，几只手把这个大胆的人从熊背上拽下来。主人称他们所有人为加马孙和戈乔科（гочоко，гуои），他们都必须完成这个跳跃，表明自己的勇敢和敏捷。否则，他们恐怕会成为人们共同的嘲笑对象。“抓”熊结束后，人们带着熊在村中走一走，而在主人的屋中则举行通宵宴会。这次宴会作用很大，是节日第二部分的中心场面。它被称为“托耶”（тое）。在瓦勒久和扎塔拉（Затала）氏族持续一夜，敦凯（Тункэ）氏族持续两夜，在宴会上令客人吃得撑了被认为是光彩的。

在熊节上消耗掉的食品的数量是巨大的。同样的鱼要准备 50～70 普特（1 普特等于 16.3 公斤——译者注）。节日上吃的上等鱼有：鲟鱼、鳇鱼、狼鱼、鲤鱼、冬穴鱼。其次，用从中国人那里买来的大米、黄米、玉米、大麦，再加上野果做成的粥也有不小的作用，这些东西从夏天开始就大量储备。瓦勒久氏族的宴会开始于白天，持续整个晚上，直到第二天一早。在这里，客人们需要保持自己的威望。一个人要是说：“我肚子饱了”，早早躺下睡觉，就会被认为是孬种。应当在整个宴会期间坐在那里吃，没完没了地吃。主人摆的宴席不丰盛，会被认为不是个好主人。客人们说：“嗬，吃的东西真多！”则是光彩之事。这就树立起了好名声，是虚荣的幻想目标。

第 9 天。把挑选出来的一二只优等狗牵到熊主人家，系在雪橇上。随后，从房中牵出熊，在村中闲逛。闲逛结束后，把熊牵回主人家。在这里，喂熊各种鱼，然后就去西勒德（силдэ）[①]，从那里拿出平常保存在西勒德的熊节用具。从那里拿来奇乌（чиу）——氏族火镰、两把割肉的刀、一把砍骨头的斧子、一个装水的器皿、几只舀油脂的勺子，所有这些都挂在玛鲁的墙上。接着把熊调转 180°。在一些人调转熊的时候，另一些人往勺中倒水饮熊。然后一个老头用头上带刨花的棍子敲打熊，宣告说：“我给你去掉尘土，胡色格德尼（хусэгдэни），沿着我们的路走吧，去那里。你来到一个湖边——在那里洗澡吧。人，洗去尘土吧。按照我们的规矩洗脸。经过 100 个地方，跳过 40 俄丈（1 俄丈等于 2.13 米——译者注），翻转 50 次，越过 10 座山冈，翻过 40 座山岭，从我们的山坡滚下去，那里将有‘林中人’（дуэнтени）。”用带有刨花的棍子敲打熊，叫作熊的“清洗”。祷告咒语的目的在于，让熊沿着所指的道路从节日这里前往“林中人”。那里，这样的道路被称为马法·波克托尼（мафа поктони）或者都恩泰·波克托尼（дуэнте поктони），即“老爷子（熊）的道路”或“林中道路”。有趣的是，在这个时候，人们称熊为胡色格德尼（хусэгдэни）——这个专门用语

① 西勒德——不大的仓房，通常建在离村不远的林边，那里保存着熊节用具和带有被杀死的熊的头和掌的熊皮。在吉利雅克人那里被称为格臧（гезанг）。——原注

在平时说话中不用，而在民间文学中则表示与“林中人”——都恩特尼（дуэнтени）相对的死去的普通人。“清洗”结束后，把熊拉到街上，前往冰窟窿。如果是公熊，就拉着它绕冰窟窿三圈；母熊则绕两圈。然后再把熊领回主人家，房门已经事先打开了。但熊的前掌刚跨过门槛，就向后拖它，不让它的后掌跨过门槛。接着再把熊往屋里拉，它的前掌刚一跨过门槛就又向后拖。这叫作多克波恰姆巴乌（докпочамбау）[①]。公熊做三次，母熊两次。当熊被拽到门槛跟前时，老头儿用云杉抽打它，从来不让熊进屋，但多克波恰姆巴乌结束后，用锁链把熊拴在房屋附近。在这时，身穿盛装的妇女们走出来，华丽的纹饰与贴花争奇斗艳，各种皮装光彩照人。三名妇女敲击干原木，原木长 3 米，直径 6 英寸（1 英寸等于 2.54 厘米——译者注），水平挂在两根绳子上。在原木的一端用斧子粗陋地砍出熊的嘴脸。在巧妙的敲击之下，树干发出的声音类似于急促的鼓声。这时，把西勒德里的所有东西都摆放在专门的木架上，再往上面摆放食物，把熊拴在雪橇的后梁上。几个人拉雪橇，人们列队前往阿拉丘。阿拉丘一般离村不远，只有 200 ~ 300 步，但预先设定的通往那里的路则很长。在前往阿拉丘的途中要做一次短暂停留，这象征着在泰加林中夜宿。来到阿拉丘，像在家里一样把熊调转过来，这是为了使远的缰绳（距熊主人房屋——译者注）正好拴在近的柱子上，而近的缰绳则拴在远的柱子上。

然后，挑出几个“清理射箭场”的人。他们的任务是清理掉妨碍射箭的树枝和灌木。这一工作完成后，主人拉着他挑选出来的负责杀熊的那个人的手，把他领到“穆恰”（муча），即从那里射熊的地方。如果熊是买来的，就从古西或加马孙，即母亲的兄弟或女婿中选出一个人射熊。其他人不能射熊。如果熊是捉来的，情况就比较复杂。要从 12 个氏族中各选出 1 个人来，其意义将在后面述及。如果是数只熊，则按次序射箭。首先是坐在普斯库（пуску 旧式乌尔奇房子的板床部分）的老氏族，然后是坐在玛鲁的老氏族，接着是坐在普斯库的后起氏族，等等。不过，一些博通的耆宿可以理所当然地对这一规则提出异议。根据他们的说法，古西没有义务射熊。其中一位讲述规则说：“儿子死了，买来一只熊，我喂养它，就像照看儿子一样，这时古西杀死了熊。它的姐姐生了个儿子。儿子没有死，别

① 吉利雅克人也拉着熊绕冰窟窿，在乌尔奇人中这只是偶尔的，并不是所有氏族都遵守。——原注

的氏族的任何猎人都将射他。”但可以认为，在绝大多数情况下，古西射熊是没有争议的。

确定“古西”为射手后，主人给他几支箭和一张弓。[①] 人们退向一边，闪出一块宽阔的圆形场地。主人站在射手身后。射手拉弓，检查弓弦，搭上箭，然后射向熊方向的树梢之上。[②] 这象征的行为叫作“清除道路”。接着，他靠近熊，等待有利时机，向熊的心脏射箭。[③] 如果三箭没有射死熊，主人就会为他的亲属所遭受到痛苦而恼怒，并且要从射手那里拿到罚金——狗。

当熊倒下时，主人和他的亲属们射熊，“打死”正在死亡或已死亡的野兽。接着，三四个人——全是自己人或全是外人——拿着带有刨花的河柳棒，用棒子将熊的躯体往地上按。

然后去掉锁链，主人喊：“伊——伊——厄，伊——伊——厄!”拿走锁链，把熊摆放在带刨花的河柳棍做的铺垫物上，并在阿拉丘点燃一堆篝火。把雪橇（силдэ тучи）上的东西拿下来，摆在曾经栓熊的柱子旁。然后，所有人都坐在严寒之中吃东西。吃各种鱼和粥。每一位参加者都往火中扔一块鱼和粥。趁客人们饱餐的时候，主人给熊开膛。吃完后，把去掉内脏的熊放在雪橇上拉回家。到家后绕房子转圈。如果是公熊，就转一圈；如果是母熊，就转两圈。然后送进屋内。在门旁，一群 3 ~ 10 岁的小男孩已列队等候。熊的头刚出现在门口，他们就成群地扑上去，紧紧抓住熊的毛。许多父亲完全像小孩子一样为了熊毛而厮打起来，但他们不能过去。

只有主人的父系亲属可以进屋。他们在里屋搭个台子，把剥下的熊皮以及与熊皮相连的熊头放在上面。然后给他们吃东西，吃的是先前吃剩下的切成小块的鱼。

在晚上，最后把所有客人叫进屋，在床板上各就各位坐好，上酒上菜。酒宴在夜幕降临时开始，第二天太阳出来时结束。首先上塔拉（тала），是切得很细的生的鲜鱼，一般是鲤鱼。吃完塔拉后，上乔博（чобо）汤，然后上烧酒（伏特加）。喝完酒后，很有些醉意的客人们陆续起身回家，他们每个人临出门时都会得到一块冰冻的莫西和粥（даба）的馈赠，他们将其随身带走。

---

① 乌尔奇人的弓属于“普通”类型，与吉利雅克人的复合胶弓完全不同。——原注

② 这支箭叫作波马库（помаку）。——原注

③ 这支箭叫作阿亚扎布都（аязабду）。——原注

第10、11、12、13天是平静的日子。客人们都四散回家了。只剩下姐妹们（пундазю）和亲家们（сэнги）。人们煮熊肉。在第12天，森吉们（сэнгисэл）、古西们（гусисэл）、加马孙们（гамасунсэл）喝酒。第13天煮除去前面一小部分的整个熊，前面一小部分在第14天煮。

第15天。将熊头从皮上割下来煮。举行恩加尔卡（нгарка）。这恰好是至今一无所知的节日的一个部分，是首次被我们记录下来的。

恩加尔卡只有在熊是被节日主人在森林中捉来的情况下才能举行。如果熊是买来的，就不举行恩加尔卡。恩加尔卡的主要事情发生在主人的屋中。有12个氏族参加恩加尔卡，节日主人的氏族不在其内。12个氏族中的每个氏族都选出几名代表参加恩加尔卡，至少要有1名。如果在节日上被要求的某一氏族没有1名代表参加，那么就让自己人代替参加，对他说："你就是某某氏族。"（比如说敦凯，这个人就代表敦凯）

这12个氏族分为两派（пэнг），每6个氏族为一派。一派坐在"戈奇"（гочи，乌尔奇旧式房子的右半部——译者），另一派坐在"普斯库"。

在整个节日上，氏族都是统一按派别安排的。据此，我们就能够明白，节日上的每个氏族都有自己的参加恩加尔卡的氏族组。

根据某些讲述者的说法，6个氏族参加恩加尔卡，每个氏族只是1～3人那样坐，为的是使参加者的总数在6和18人之间。恩加尔卡的参加者按固定次序坐在板床上。每一派中都有坐在普斯库和戈奇深处的老氏族。坐在戈奇的一派被称为杜恩泰尼（дунтэни）或杜恩泰·波克托尼（дуэнтэ поктони）——"林中人"或"林中道路的人"——他们被认为是善于狩猎的氏族。坐在普斯库的一派被称为泰穆尼（тэмуни）或泰穆·波克托尼（тэму поктони）——"水中人"或"水中道路的人"——这是善于捕鱼的氏族。乌尔奇人将两派的竞赛比喻为两架雪橇的比赛，每架雪橇拴6只狗。他们用这一类似来解释参加每个氏族派别的氏族数目。①

举行恩加尔卡的理由是："为了道路干净，为了成为第一批走林中道路的人，为了狩猎有好收获。"

① 实际上，每个竞赛团体有6个氏族参加有另外的解释。显然是，两个外婚单元每个最初分裂为6个氏族。然后，由于混合、迁徙、新氏族的兴起和旧氏族的分裂，乌尔奇人氏族的数量增加了1倍多，但节日的守旧仪式还保留着最初的数目——每个派别为6个氏族，这具有宗教仪式的性质。——原注

我们看一看，恩加尔卡是怎样进行的。两派相对分坐在板床上。一派坐在“普斯库”，另一派坐在“戈奇”。每一位参加者前面有一个桦皮槽。送给一大盘拌了熊油的越橘，用这种混合物装满木槽。一声令下，所有人都开始吃，竭尽全力迅速吃完。一旦拿走木槽，就停止吃。如果谁没能吃完自己的那一份，就会引来大家的一致嘲笑，下一次就会只给他半份，在别人吃一份的时候，他必须吃完这半份。比赛继续进行。吃粥（дауми，稻米），接着是满洲粥，然后端上装在几个满洲盘子中的粥，接着是莫西，共 9 次端上新盘子。然后客人们冲过去喝水——首先是“普斯库”一派喝水，接着是“戈奇”一派喝水。然后玩闹的人们来到户外，在这里，节日的其他参加者用雪打他们。之后，他们重新返回屋内，按原来的次序坐好，比赛再继续进行。如此重复三次——重复吃光九盘食物，喝水，来到户外，投掷雪。所有这些都源于竞赛的表现——哪个派别能较快完成自己的那一份。恩加尔卡就这样结束了。那时，要赠送几桦皮槽（кота）越橘。然后收拾起所有满洲起源的盘子和器皿，用云杉铺满地板并拿来熊肉。首先赠送给古西们，熊头的上颌送给年长的古西。埃德凯们（эдэкэсэл）——妻子的哥哥们和（本氏族）媳妇的父亲们得到下颌。在这种情况下，所有的古西都坐在板床（戈奇）的一半，埃德凯坐在板床的另一半。紧接着是赠送给带着肠子的脂肪，然后是脊背。之后，开始吃格拉姆萨（герамса），即赠送的与大骨头在一起的熊肉。主人亲手送给每一位参加者一大块熊肉，但只能从每一块赠送的熊肉中为自己割下一小块——这被称为杜拉乌里（дураури）。

熊的主人们、他们的森吉和多数客人参加吃熊，不论性别和年龄。但分配熊肉时遵守一套规矩，儿童和妇女不能吃熊舌头。不过，妇女可以吃熊掌，而禁止男人吃。如果男人吃了熊掌，他就会在森林中被熊所伤。最年长的参加者吃熊的二头肌和肢体。在吃熊头时，把一只狗牵进屋拴在巴克萨都拉尼（баксатурани，支撑房顶的柱子）上。啃光骨头后，把它们小心翼翼地放在一起，一块也不能弄丢。在吃熊肉时自己要注意的是，不能把油滴到板床上。滴上了，就要用火烧这个地方。骨头要啃光。端上剁成小块的各种冻鱼做的粥。在吃东西时，男人们单独坐一块儿，妇女们单独坐一块儿，孩子们单独坐一块儿。吃完肉后，妇女给所有的人送去水。吃完后拿走骨头时，主人抓着狗的两耳，将它的嘴脸撞向柱子，然后是板床（панку）的边缘，然后是柱子，然后是巴克萨都拉尼，然后是炉灶（пускутава）的一侧，然后是插在房前门（учатури）外雪地上的两棵小云杉，之后将狗放开。然后把所有的骨头收集到一起，每一位酒宴的参加者都要在熊骨上缠一块树木的内皮，完整地交还给主人。骨头被放到桦皮槽中带往阿拉丘，安葬在那里的木架上。吃熊头的古西和埃德凯用皮条捆上骨头交还，这样做是为了能让主人在下一次比较容易地捉到熊。

骨头收集完了，客人们开始各自回家。主人要出来送他们。每一位客人都要单独送别。在告别时，主人送给离去的客人一块固定大小的熊肉，这块肉叫作亚利（яли）。这个яли[①]，乌尔奇人翻译为（пай）一词；给所有的氏族，而不考虑其参加节日的人数。参与节日的赫哲尔（Хозер）、扎塔拉、奇勒尔（Килер）和其他氏族得到同样的亚利，带回去给全氏族吃。

主人要用自己的狗送参加恩加尔卡的客人一程。在他们离村几百步时，主人坐着狗拉雪橇追赶客人，绕着他们的挽具转一下，一句话也不说，返回家去。于是他与恩加尔卡的每位参加者的事就完结了。第15天就这样结束了，实际上，熊节也就这样结束了。

然而在从前，还要持续到最后的第16天，这一天只接受同村的人参加，应该是一种在吃熊肉期间偶然发生的非常有趣的习俗。通常，这种偶然事件的起因可能是在熊节前若干年前乌尔奇和果尔特狩猎能手的嘲笑。某个盖勒（Гаил）氏族的人嘲笑奥罗苏格布（Оросугбу）氏族说：“你们是一群穷光蛋。”或者在熊节上就餐时某个客人说：“熊吃的是草，干巴巴没味道。怎么还叫客人?”

把恼恨和侮辱埋在心里，向自己的亲戚求援。亲戚们决定报复。买来一只或数只熊喂养几年。等熊长大长肥时，便举行熊节。在节日的第15天完成等待已久的报复行动。特意送给欺负人的人及其亲戚一大块油脂，说；“吃吧，全部吃光——为什么要嘲笑人!”为了颜面，客人要吃掉自己的一份。当遭到一大份食物折磨的欺负人的客人要水时，便给他满满一大勺子溶开的油脂，这时人们说俏皮话，开玩笑，全都哈哈大笑起来。欺负人的人陷入这种恼人的境地就默不作声了。只好说：“这是干啥呀?”并喝下溶开的油脂。如果他拒绝，将是很羞愧的，这表示他屈服了，请求饶恕。如果他喝了，侮辱就没有结束。回家的时刻到来时，要分给所有的亲戚亚利，往欺负人的人的雪橇上装一大块肉，或熊的整个躯体，以致雪橇被压断了，

① 直译为“肉”——原注。当是满语 yali（肉）一词——译注。

主人对此大为高兴，而欺负人的人则感到难为情。他只好要一副雪橇把熊的躯体运回家。

他的所有父系氏族的亲属（доха）都认为这是冒犯："我们的兄弟挨欺负了"——他们说。他们聚集起来，要举行更好的熊节，把自己的仇人们叫过来——于是便没完没了地继续下去。氏族间的敌对要持续多年，有时要通过武力冲突和法院来了结。

第 16 天。早晨很早就召集住在村里的所有人到主人家，各就各位坐在板床上。拿来没有吃完的肉吃。吃完剩下的肉，客人们就走了。只剩下主人及其氏族。将熊骨缠绕上宗教仪式用刨花。将云杉垫子、所有的熊节用具、所有的熊骨都放在雪橇上，运到阿拉丘。把勺子尼海雷、斧子、刀及其他物品放到西勒德中，还往那里放剩下的食物。熊骨放在附近的木架上。

在阿拉丘，点燃一堆篝火，在曾经拴熊的柱子旁边摆放食物。将熊的头骨放在篝火上熏黑。这时一个老头唱道：

熏黑，熏黑，身体在改变，
熏黑，熏黑，在你逃跑时，
我用钩子捉住你，
你到我这来的时候，
我用扎枪刺你。

其他更加典型的咒语还有：

熊头。熏黑，改变吧，改变样子吧。
（你的）族人们看到，我们改变了你。

然后将熊颅骨插在一根劈开的小白桦树干上，取出放在西勒德中的剩余食物，抛入火中，之后吃鱼。剩下的鱼带回家。

晚上，老人、妇女、主人的亲属聚集到一起，喝酒。最后吃鱼。这样熊节就结束了。

Bear Worship and Bear Festival of the Ulchi people

Александр Михайлович Золотарев

Abstract: The article is translated from Родовой ст рой и религия ульчей ["Ulchi people's gentile constitution and religion"] which was written by the Russian ethnologist Zolotarev and in detail describes the order, process and events of the Bear Festival of the Ulchi people.

Keywords: Ulchi; ethnography; Bear Worship; Bear Festival.

中国近北极研究

中国通古斯诸族和韩民族萨满教的历史境遇比较研究*

苏　杭

摘要：本文以同属典型萨满教所在区域，即东北亚的中国通古斯各民族和韩民族萨满教为研究对象，对两者在不同的历史境遇中所被赋予的不同表现形式进行比较，发现萨满教的包容性是帮助外来文化与韩民族自身融合在一起的重要原因，这也成为其不同于中国北方民族萨满教的显著特点。

关键词：萨满教　通古斯　韩民族　民族认同　宗教互动

作者简介：苏杭，韩国又松大学专任教授。

萨满教的信仰基础是万物有灵论，相信所有事物都有其灵魂，关注的是神灵世界的存在以及人与神灵的一种关系，是“一种以萨满为中心，进行超世间交流，并且形象癫狂的宗教现象”①。无论是从世界范围的横向的视角还是人类历史的纵向视角来看，萨满教这种宗教文化现象在时间和空间上都具有普遍性，它是一种世界性宗教文化现象，也是一门世界性学问。从16世纪一些神父、冒险家以及政治流放者开始对萨满教关注以来，萨满教研究得到越来越多的关注；越来越多的研究成果也告诉我们，萨满教是国际社会范围古老且影响广泛的文化模式。放眼世界，不仅东北亚、中亚存在，

* 本文为国家社科基金项目“东北亚文化圈农耕文明视阈下的中韩萨满教比较研究”（18BZJ052）阶段性成果。

① 译自《新大英百科全书》，1974，第638页。

而且北欧、北美、南美、澳大利亚、马来西亚等地都存在过这种古老文化遗存，甚至至今在一些地区它仍以各种鲜活的形式展现着强大的文化生命力，很多地方出现了借助非物质文化遗产平台保护萨满文化的现象。

从学术上看，萨满教定义有着广义与狭义之分。广义上指东起西白令海峡，西至斯堪的纳维亚半岛，并包括北美、澳大利亚在内的所有原始巫术形式；狭义萨满教指的是以西伯利亚为中心的东北亚地区各民族的民间信仰形态。本文从狭义萨满教角度出发，以中国通古斯各民族和韩民族萨满教为研究对象加以考察。作为典型萨满教所在区域即东北亚的萨满教，各民族萨满文化形态之间有着天然密切的联系，既存在区别又存在相似或相同之处，对这一地区民族的萨满教进行比较研究，显然是非常有意义的。

一 研究背景

关于通古斯诸族或韩民族萨满教早期的研究，中国国内起步最早的当属凌纯声先生于20世纪30年代完成的民族志著作《松花江下游的赫哲族》(1934)。书中详细记述了赫哲族萨满教观念，萨满教的派系、类型、传承和职能，萨满祭祀仪式、占卜等赫哲族萨满教文化习俗以及民间文艺等内容，曾被誉为“中国民族学的第一次科学田野调查”[①]，这部著作同时也开了中国学界对于萨满教研究的先河，具有重要意义。但在当时条件下，相比于当时国外一些学者对东北亚地区萨满教的关注，国内对萨满教的研究还不成系统。这一时期，日本人类学家的研究走在了前列。日本学者白鸟库吉《满、鲜的竿木崇拜》(1936)、日本学者秋叶隆在中国东北及朝鲜半岛上进行过广泛的调查和记录，他和赤松智城合著《满蒙的民族与宗教》(1941)收录了《满洲萨满教的家祭》《满洲萨满考察记录》等调查报告，秋叶隆专著《朝鲜巫俗的实地研究》(1950)，客观地记录下了有关当时萨满教的第一手资料，是之后研究东北亚萨满教的必读著作。

对于东北亚地区通古斯诸族和韩民族萨满教的比较研究，国内研究屈指可数，相关研究中较突出的成果有色音《东北亚的萨满教：韩中日俄蒙萨满教比较研究》(1998)、孟慧英《中国北方民族萨满教》(2000)、郭淑云《中国北方民族萨满出神现象研究》(2007)，三部著作中都以民族为脉络对

① 郭淑云：《中国萨满教80年研究历程》，《西南边疆民族研究》第9辑，第84页。

萨满教进行阐述，对通古斯和韩民族的萨满教历史与现状进行了比较分析。尤其是孟慧英的《中国北方民族萨满教》是第一部对萨满教进行宗教学研究的专著。该书利用中国著名宗教学者吕大吉先生的“宗教四要素学说”，针对中国狭义上萨满教进行的结构性研究十分具有系统性，具有里程碑意义。新近研究有苑杰《传统萨满教的复兴：对西伯利亚、东北亚和北美地区萨满教的考察》（2014），从非物质文化遗产的角度对世界范围内的萨满教现状与复兴进行了深入研究，提出的很多问题颇有新意，该书中部分章节谈到了东北亚萨满教，但未涉及中韩萨满教比较研究。关于朝鲜半岛巫俗的研究，国内还有乌丙安《朝鲜巫俗与满蒙巫俗的比较研究》，该文以民俗学视角，对朝鲜半岛萨满教与满蒙萨满教对比问题有所涉及。① 韩国学者尹以钦是在中国国内介绍韩国宗教较为知名的学者之一，他的《韩国历史上的萨满教角色》一文中，认为萨满教在韩国宗教史上，具有作为表达大众需求途径和作为多种官方文化模式之相互关系一种疏导的双重角色。② 林成姬的博士论文《韩国巫俗文化研究》（2011），从功能主义的视角分析了韩国巫俗文化得以保存完整的原因。代娜新的《朝鲜半岛萨满教的历史发展梳理》（2013），不但对萨满教在朝鲜半岛的产生、发展及衰落的过程进行了历史性的梳理，而且论证了儒释道对朝鲜半岛萨满教发展过程的影响，确定了萨满教在朝鲜半岛历史上以及官民生活中的地位和作用，对于从历史纵向上研究韩半岛萨满教是有借鉴意义的。③

在韩国学术界，巫是韩国文化中的一个核心概念，所以对于巫的研究必然是韩国学术重心之一，较之于中国也更成体系。现存的史料中，关于巫的最早著作有朝鲜高丽时期李奎报（1169～1241）的《老巫篇》，尽管此书主要是将巫教视为淫歌乱语的批判，但给后人留下了珍贵的第一手史料。《高丽史》以及《朝鲜王朝实录》之中，也都散见巫教的一些记载。随着20世纪初以来现代学科方法的建立，朝鲜半岛在萨满教研究方面出现了一批代表性的学者。李能和的《朝鲜巫俗考》（1927）是为研究韩国历史和古代宗教、生活风俗而编写的著作，该书阐述了巫的起源、巫的发展轨迹、巫的功

① 乌丙安：《朝鲜巫俗与满蒙巫俗的比较研究》，《民俗研究》1996年第3期，第56～62页。

② 〔韩〕尹以钦、张跷校：《韩国历史上的萨满教》，《满语研究》1996年第2期，第121～137页。

③ 代娜新：《朝鲜半岛萨满教的历史发展梳理》，《辽东学院学报》（社会科学版）2013年第12期，第21～24页。

能、巫的宗教意义、巫歌用语、地方神堂、神灵等，系统而全面。崔南善《萨满教劄记》（1927）也聚焦于韩国古代信仰，兼及西伯利亚萨满教和日本周边民族的原始宗教。另外，还有一些神歌研究硕果累累，其中一些集中在韩国学者对本民族萨满教早期文献研究方面，如孙晋泰在20世纪30年代著述的《朝鲜支那民族之原始信仰研究》和编纂的《朝鲜神歌遗篇》比较突出。当代韩国萨满教研究的集大成者当属民俗学家金泰坤先生，在巫歌研究方面他有一系列的著作，包括《黄泉巫歌研究》（1966）、《韩国巫歌集（1—4）》（1971～1979）、《韩国的巫俗神话》（1971）、《韩国巫俗图录》（1982）等。韩国本国从民俗学路径对萨满教进行研究，涌现了一批有名的学者和他们的著作，如宋锡夏《韩国民俗考》（1960）、柳东植《韩国巫俗的历史与构造》（1975）、金泰坤《韩国巫俗研究》（1980）、崔吉城《韩国的巫俗研究》（1980）、赵兴胤的《巫与民族文化》（1990）、李成市《古代东亚细亚的民族与国家》（1998）等，这些著作利用文字都对朝鲜半岛萨满教的历史形态有着不同程度的再现，也都能以跨学科的研究方法，在民族传统文化的视角下，研究韩国萨满教的现代生命力及核心价值。在对整个东北亚萨满教研究方面，全北大学人文学研究所著的《东北亚萨满教文化》（2000），收集了东北亚各国学者的萨满教研究论文，包括对韩国和满族巫俗神话的比较、中国和日本的萨满教比较、满族的祭礼、满族的柳崇拜等。但较之于韩国本国萨满教的研究，对中韩萨满教的比较研究，韩国学术界也并不充分。

中韩以外的国际研究方面，较突出的英文研究成果有：萨拉·米利奇·纳尔逊所著《萨满教与国家起源——东亚的精神、权力和性别》（*Shamanism and the Origin of States: Spirit, Power, and Gender in East Asia*）（2008），作者利用大量历史文献、神话以及考古资料，对东北亚中日韩三国萨满教现象进行人类学的比较研究，认为在主要由女性担任萨满的复杂社会中，萨满成为社会发展的驱动力，在受众的精神世界中发挥着领导作用。克拉克·奇尔森主编的《亚洲的萨满祭司》（*Shamans in Asia*）（2003），[①] 收录了关于亚洲萨满教研究的六篇文章，其中关于东北亚萨满教的研究主要有格奥尔·海固的《中国驯鹿人萨满教的社会意义》（“The Social Significance of the Shaman among the Chinese Reindeer-Evenki”）、John A. Grim 的《财数固特：韩国萨

① *Shamans in Asia*, Edited by Clark Chilson, Peter KnechtRoutledgeCurzon, 2003.

满的表演》（“Chaesu Kut-A Korean Shamanistic Performance”）、武内直子的《宫古神学：萨满对传统信仰的诠释》（“Miyako Theology-Shamans' Interpretation of Traditional Beliefs”）和《从萨满日记看宫古萨满的潜在体验》（“Liminal Experiences of Miyako Shamans Reading a Shaman's Diary”）等，但都未涉及中韩萨满教对比研究。韩国西江大学名誉教授丹尼尔·基斯特的《韩国和东北亚地区的萨满世界》（*Shamanic Worlds of Korea and Northeast Asia*）（2010）一书，是目前西方学者中对中韩萨满教比较研究做得较突出的成果。Kister 从 1994 年至 2010 年写作并出版过许多关于萨满教研究的论著，如《韩国萨满祭祀仪式：符号与戏剧改造》（*Korean Shamanist Ritual: Symbols and Dramas of Transformation*）（1997）、《萨满教的儿童出生神话》（*A Korean Shamanist Myth of Child Birth*）等，也曾作为专家参加过“河南·中国神话学国际学术研讨会”，对萨满教有着专业独到的研究。在他的《韩国和东北亚地区的萨满世界》一书中，主要偏重于对中韩萨满仪式进行讨论，还涉及固特经验与基督教经验、韩国和西伯利亚的神圣生态、固特仪式与前卫的剧院等方面的研究，内容是比较丰富的。

当今萨满教研究在国内和国际上得到越来越多的关注。截至本研究开始的 2018 年，在中国主要学术搜索平台——“万方数据知识服务平台”和“中国知网”，主题栏检索“萨满”的结果分别是 3700 和 5200 多篇学术论文。可见对于萨满这一古老文化现象，中国学界的研究态势是热络的。总体而言，中外学术界对萨满教的研究基本还在民族宗教框架下进行，偏重于民俗、文学的研究，而对通古斯和韩民族之间萨满教的比较研究是罕见的。因此，本课题希望通过对通古斯和韩民族萨满教进行深层次的交叉学科研究和特征性把握，拓宽我们国际萨满教跨文化比较研究的视野。

二　通古斯诸民族萨满教的历史境遇

通古斯一词的出现源于 17 世纪俄罗斯人在西伯利亚扩张过程中和鄂温克人的遭遇，他们将分布在贝加尔湖以东至鄂霍茨克海，北抵北冰洋，南至黑龙江流域广大地区内以渔猎采集为生的这些族群，泛称通古斯人。在这个称谓上，他们沿用了雅库特人“通乌斯”的叫法，因误读而成为“通古斯”，之后这一称呼也随之传播到欧洲。直到 20 世纪，这一称呼被语言学家引入到语言学领域之前，这一词语专指鄂温克人。作为语族概念的“通古斯”出现后，特指那些在语言结构和形态变化等方面具有一致性的若干民族，在中国这些民族分别是满族、鄂温克、鄂伦春、赫哲等民族；在更靠北的西伯利亚等地还有埃文基、那乃、乌德盖、乌尔奇、奥罗克等民族，他们都被阿尔泰语系满－通古斯语族这个语言学的概念所覆盖。这些民族不仅在语言学意义上具有一致性，在经济模式和文化模式方面也具有亲密的同质性。尽管通古斯诸族在历史发展上存在不平衡现象，尤其该族群中的满族建立了中国历史上最后一个大一统的封建王朝，使得他们的萨满教具有独特性，但从大体相同居住区域内经济生活方式相近的这些通古斯诸族整体来看，萨满教在信奉和行为上是具有相通性的，这在民俗学、人类学、历史学、语言学、考古学等诸学科的认知中已经成为一个共识。

萨满教作为人类原始社会主要信仰形式，分布极为广泛，从今天的研究来看，亚洲东部、美洲与北极地区都是萨满教流传地区。萨满教究竟源自哪里，学界有很多不同的声音。尽管中国有着大量历史资料可供检索，也有着关于萨满的最早记载，且一些学者甚至提出了萨满教源自中国黄河流域的说法，但其实并无定论。从萨满教今天的发展情况来看，萨满教更像一种世界性共生的宗教文化形态，更有学者认为整个世界古代文明就是一种萨满式文明，“认为人类最初的文明就是萨满文明，萨满教是世界范围内唯一的原始宗教”①。

苏联学者斯莫良克曾指出“萨满”的“sa”在通古斯语中是“通晓”“知道”之义，因而“萨满”指的是“通晓神意之人”。②“萨满”一词，迄今世界上最早的记载见于我国南宋徐梦莘《三朝北盟会编》中关于“珊蛮”的记述。全书会编了宋徽宗赵佶、宋钦宗赵桓、宋高宗赵构三代帝王时期关于宋金和战等多方面史料，是学界研究辽、宋、金史的基本史籍之一。书载：“兀室（完颜希尹）奸滑而有才，自制女真法律文字，成其一国，国人号珊蛮者，女真语巫妪也，以其变通如神，粘罕以下皆莫之能友。”③完颜希尹是金国宰相，也是女真文字创始人，粘罕指金国大将完颜宗翰，他们两人曾在靖康年间随金太祖完颜阿骨打俘虏北宋徽钦二帝。从这段文字来分析，“珊蛮”不仅有着重要的宗教职能，还是世俗领袖，由此可以推断出这个时期通古斯人萨满的社会地位是非常高的。有学者还指出，“萨满”一词

① 色音：《中国萨满文化研究》，民族出版社，2011年5月，第327页。

② A. B. 斯莫良克：《萨满：萨满其人、功能、宇宙观》，莫斯科科学出版社，1991年，第156页。

③ 秋浦：《萨满教研究》，上海人民出版社，1985年，第55页。

还与佛教沙门以及秦始皇求“仙人羡门之属”有关[①]，两者的名称极有可能是古印度在雅利安人进入之前，受到了来自古代蒙古鞑靼人和突厥人信仰萨满教的影响。所以，我们可以推断，萨满教远在佛教产生之前，在中国北方民族中就已经广泛流行并产生过重要影响。关于萨满的史料记载更为丰富的当属清代，乾隆十二年（1747）刊行的《钦定满洲祭神祭天典礼》中，就出现了满文“saman”一词 。而关于“萨满”用汉语记音时的写法也一直较为复杂，一些学者认为，中国最先使用“萨满”写法的，是《大清会典事例》，并且一直沿用到今天。[②]

通古斯人在悠久的历史中，建立起相似的经济和区域生活方式，拥有以及相通的萨满教信仰。通古斯各民族一直繁衍生息在东北亚的黑龙江流域，长期以来交错杂居或小村落聚居，也有一些民族或氏族南迁，走出了黑龙江流域。作为一定历史时期和社会生活的产物，这个地区通古斯诸族的萨满教被学术界公认是萨满教代表，而且通古斯诸族萨满教也各具自身民族的风格。

满族因建立了统一的封建王朝，萨满教经过制度化形成了一整套完备的神谕、神器和礼仪，给后世研究者提供了大量的文献资料和研究实物。然而，满族经济生产方式和民族发展道路的特殊性也使得满族萨满教在通古斯诸民族萨满教中成为独特类型。

作为狩猎民族的鄂伦春人，大小兴安岭不仅给他们带来了赖以为生的物质基础，还赋予他们的萨满教更加具有浓郁的森林狩猎文化特点，在人与自然、动物的关系上表现得更为积极。“鄂伦春”含义有两种，一是住在山岭上的人，二是使用驯鹿的人，从其族名就可以判断得知他们的萨满教跟山林和驯鹿关系密切。中华人民共和国成立后，鄂伦春人逐渐走出大山，由游猎变为定居，传统萨满文化也随之迅速衰落。近来关于鄂伦春萨满教的学术研究，也大多仅限于民族文化遗产保护的范畴。

鄂温克族分为三个部分，既有在松嫩平原从事农耕的索伦鄂温克；也有在呼伦贝尔草原上从事畜牧业的通古斯鄂温克；还有一部分聚居在大兴安岭根河市从事游猎、饲养驯鹿的雅库特鄂温克。他们的生活也采取着定居、半

① 方汉文：《萨满、羡门与沙门：佛教人华时间新释》，《中国文化研究》2004 年春之卷，第 125 ~ 133 页。

② 赵志忠：《“萨满”词考》，《中央民族大学学报》（哲学社会科学版）2002 年第 3 期，第 139 页。

定居和非定居的形式。随着俄国人对边境的侵扰和清廷征调，鄂温克人逐渐形成三部，鄂温克萨满教也由此表现出丰富的内容。在长期和布里亚特人以及沙俄人争战的历史中，鄂温克萨满教与外来的佛教、东正教相互排斥、融合，原本俄国境内的一些萨满进入中国境内，并在当地产生影响。此外，外来宗教的进入不仅使一些鄂温克人改宗喇嘛教或东正教，鄂温克萨满教中也融入了佛教和东正教的元素。萨满教曾经影响着鄂温克人生活的方方面面，不同居住区域呈现不同的表现并和其他建制宗教有着不同程度的互动，是鄂温克萨满教的一大特点。但随着各个氏族老萨满的离世，其现状面临着衰落。

赫哲族是自古沿黑龙江、松花江、乌苏里江而居的渔猎民族，渔猎文化在他们的萨满教中则表现得更为突出。赫哲族萨满教有着完善的发展形态，和其他通古斯诸族萨满教有着极大共同性，但因其经济方式多为渔猎，因此对鱼神的崇拜使赫哲族萨满教又具有自身鲜明特征。此外，赫哲族萨满教所用神偶在派别、等级和分工等方面都非常精细，这也是在通古斯诸族中比较有特色的。和其他通古斯诸族一样，赫哲族也是有语言无文字的民族，尽管保留了大量口头文学和文化遗存，萨满教和赫哲语一样，都处在濒临消失的状态之中。

通古斯诸族萨满教，在整体上作为世界萨满教的典型，代表着人类最早的宗教思想文化和精神内涵。尽管随着社会经济模式变化以及在和现代文明互动的进程中，通古斯诸族萨满教无一不失去了原有信仰空间而呈现着衰亡态势，我们的研究也越来越只能凭借着历史的记忆和对濒危文化的保护活动得以进行，但对先民们萨满教在历史各种时期经历的追溯，正是我们人类迈向自我了解的第一步。

三　韩民族萨满教的历史境遇

韩国是一个多宗教国家，基督教、萨满教、佛教、儒教以及一些新宗教和平共处在一个文化多元的国家之中，而诸宗教中没有所谓的官方宗教，也没有占统治地位的宗教。现代之前，朝鲜半岛的官方意识形态发生过很多变化。5 世纪之前，中国的传统宗教即儒教、佛教和道教还没有在此流行之前，萨满教是韩国人主要的宗教形态。7 世纪中叶，新罗统一朝鲜半岛，从此佛教成为官方宗教。14 世纪，李氏朝鲜肇兴，儒教成为正统。基督教新教在近代以来的这100多年间开始生根发展，迅速增长。

面对众多的宗教意识形态，有学者将韩国各宗教间的关系比喻成三层同心圆模式[①]，即影响了韩国人最基本思维方式的萨满教居于核心层，影响了韩国人伦理道德和人生观的儒教、佛教居于第二层，而还未渗透韩国人伦关系之中的基督教位于最外层。作为韩国的本土宗教，萨满教从远古到今天一直为人们提供行为准则。其通过两种原理来指导人们的行为：一方面是通过对邪恶神灵的诅咒和控制来避免灾祸的发生，另一方面通过对一些良善神灵的世俗性祝福、祈祷和献祭来获取平安和幸福。

萨满教是韩国最古老的宗教，也是最为普遍的信仰形式，在韩国称为神教或者巫教。自从韩民族开端起，萨满教即已经存在。尽管无人知晓其创立者，也没有经典可寻，但萨满教的影响却是深远而广泛的。在这种意义上，萨满教并不像那些有着高级宗教教理的宗教。有韩国学者就曾给予萨满教最高的评价，称其为韩国文化之根。[②] 还有人认为巫教自始至终贯穿韩国历史，至今还存在于人们生活周边，不仅是韩国民族艺术文化的创造主体，还对其国民性格的塑造有着重要作用。然而尽管确实很多人沉湎在萨满文化氛围之中，却很少韩国人声称自己是萨满教信徒。这是因为萨满教在韩国的现代化历史进程中曾一度被视为低级的迷信，大部分韩国人不愿意承认他们的信仰是需要靠着世俗性的祈求获得神灵对他们的应许。萨满教在韩国的影响是隐性而非显性的。

研究韩国萨满教的一个重要课题就是檀君神话。严格地说，韩国的檀君神话并非信史，因其无可稽考。但在这个神话中可以发现一些在古代韩民族中对天神的崇拜迹象和文化内涵。韩民族将檀君既视为天神的后裔和韩民族的祖先，也看作韩民族历史上第一个萨满。除了始祖檀君，韩国的萨满教中还有很多神、精灵和魔鬼，也包括对山、河、日、月、星、辰等自然物的崇拜。在古代韩国，人们信仰的神灵众多。这些神灵都居住在物质世界之中，诸如石头、树木、河流、江海、土地和天空中。韩国萨满教信徒信仰神灵众多，金泰坤先生将这些神灵分为四个类型，即社区神龛上的仪式神、一般的家庭神灵、村庄宗教仪式上的神灵和每个家屋里的神灵。也有按照自然神、

① 朴钟锦：《韩国宗教多元化的特点分析》，《北京第二外国语学院学报》2004年第6期。

② 〔韩〕崔俊植：《从韩国宗教的现实及其透视镜观察到的韩国文化》，《当代韩国》2006年秋季号。

人神来进行分类。为了控制这些神灵，人们需要进行跳神、祷告和献祭等一系列宗教仪式。祈求神灵能给予他们内心的平静、健康、财富、长寿，避免诅咒和惩罚。在给这些神灵们献祭之后，韩国人通常会在一起吃喝，庆祝他们从神灵中获得了神力。人的出生和死亡是人最重要的两个时刻，韩国萨满教信徒认为，当一个人死后，尽管其肉体消逝，不朽的灵魂却进入了一个未知的世界，仍然可以在人世间飘荡至少三年。一个祖先的灵魂会在特殊的时候回来看顾他的子孙们，据说可以看顾四代人。①

韩国萨满大多属于善良神灵引导下的白巫，他们在宗教实践中多是对付和控制恶灵，驱除他们离开人们，让人们远离魔鬼。韩国萨满教中称女性萨满为“巫堂”，男性萨满称为“博数”（由“博士”一词演化）。在韩国萨满教中，巫堂的地位往往高于博数，博数人数很少而且他们的作用往往也是被边缘化的。在萨满教的驱魔仪式“固特”中，巫堂扮演最重要的角色，是仪式上的领导者，博数仅仅是她的助手。但在韩国传统社会中，无论男女，萨满这一职业都被看作社会的最底层。这与很多世纪以来韩国的统治者们都将萨满教视为迷信的、消极的活动有关，但近年来对萨满教的看法有了变化，人们更普遍地将萨满教作为一种和韩国民族传统之根联系在一起的文化象征加以看待，同时萨满教也成为韩民族认同的一个非常重要的因素。一些相关研究直指其可能已经在朝鲜半岛存在了几千年，目的就是为韩民族的追根溯源和在意识形态上形成凝聚力提供历史依据。

15 世纪和 16 世纪早期朝鲜时代，儒教理学被尊崇为朝鲜社会的主要意识形态和礼仪标准。首先接受儒学思想的是两班贵族阶层。对于他们来说，坚持以儒学思想作为文明行为的标准是维护他们社会地位的先决条件。为维护儒学在国家意识形态上的正统地位，政府将地方宗教崇拜的各种形式都控制于其统治之下。在官方允许的范围内，萨满巫师们几乎没有立足之地，因为儒学所倡导的文明概念和萨满教礼拜形式是完全不相容的。于是，各种萨满就失去了曾经（官方的求雨祈福等礼仪形式）的地位，变成了受压制对象。

当近代朝鲜被迫对外国列强打开大门的时候，萨满教的境遇依旧没有什么变化。作为中心意识形态的儒教迅速失去了影响，现代知识分子阶层和西方传教士们所带来的新思想迅速盛行，尽管他们对萨满教的批判不如以前儒教学者们严厉，但依旧将萨满教视为低俗、愚昧的迷信。近代初期的基督教

① 孟慧英：《韩国萨满教印象》，《当代韩国》2005 年春季号。

教会以及政治和社会的改革者们致力于向公众传播现代化理念和独立民主思想，因而对萨满教的抨击更是超过当权的统治阶层。他们鼓动民众加入反对迷信的斗争之中，甚至怂恿警察对萨满巫师进行迫害。①

1910年朝鲜被日本吞并，萨满教的处境开始有一些微小的变化。那些曾经严厉批判萨满教的半岛的报纸和组织放缓攻击，而新的日本殖民统治者们并不把萨满教视为民间教派，只是将其视为其统治治理的一种障碍，他们更加倾向于培植佛教势力以作为日韩合并的思想文化要素。就在日本对朝鲜半岛的殖民压迫日趋沉重的时候，一些朝鲜半岛知识分子开始思考韩民族的身份认同问题，并逐渐以一种积极态度看待他们自身的历史和文化。在这个过程中，萨满教开始显现不同的光芒。这种趋势最早可以追溯到19世纪80年代，当时朝鲜刚刚对外开埠，而外国势力的到来开始让朝鲜人有了一种本能的本土主义的回应，这在东学运动中可见一斑。朝鲜人开始将萨满教和朝鲜的起源神话即檀君朝鲜联系起来，做出了新的民族主义式的解读。

20世纪20年代开始很多出版物开始对萨满教产生了新的兴趣。著名文学家崔南善②在其文章中就提出了檀君既是古朝鲜的立国之君又是一个萨满的观点。檀君的形象被抬高到一个民族—国家象征的高度，这个时代的学者们对萨满教的看法已经大不同于从前。崔南善通过对萨满教和民俗故事的研究，试图强化韩国人的自我意识。日本殖民政府总督为了寻求日本文化和朝鲜文化之间的相似性，指定崔南善对朝鲜的传统风俗和信仰进行研究。但崔南善的研究却另有目的，他试图证明韩国人的历史和日本没有太多密切关系，而不是日本人所希望看到的那样。他指出，韩民族萨满教更多的是和东北亚以及西伯利亚萨满教有关，而跟日本全无关系。因此，在被日本占领的黑暗年代，部分学者对萨满教开始表现出积极的态度。1945年朝鲜从日本殖民统治下解放，但局势的改变并没改变萨满教的境况。社会对它们的排斥仍然强烈，警察也经常干扰它们的仪式活动。萨满活动被很多人认为是可耻的，进行跳神仪式的人家也都对外讳莫如深。1971年韩国政府发起新村运动，为的是加速农村发展，缩小城市和农村之间的差距。这项运动意在实现韩民族自我发展现代化，提倡理性、科学和市场经济。此时，不仅萨满教仪式也包括儒教

---

① Kendall, Laurel. *The Life and Hard Times of a Korean Shaman.* Honolulu: University of Hawaii Press, 1988. P. 343.

② 崔南善（1890~1957），朝鲜著名文学家、诗人，是朝鲜近现代文学的开拓者。

传统中很多旧习俗，都被认为与现代化是相悖的、非理性的。但随着运动的发展，朴正熙总统在新村运动中逐渐意识到需要通过韩民族文化遗产来加强韩国人对民族—国家的认同和自信，有必要为了强调韩国自身的精神文化进行相关研究。而除了政府的支持和保护以外，更多的学者也开始自发关注这些问题。

如今，韩国无论政府、学界还是社会普通民众，对萨满教的评价相对而言还是很积极的。虽然对萨满教否定的观点依旧存在，但是随着跟外面世界的接触，萨满教促使韩国人产生了一种民族主义的反应，一种在纷繁世界中寻找自身认同的尝试。今天的韩国人普遍认为韩民族身份认同的核心，即民族之根可以在萨满教中找到这一说法，他们相信萨满教是重要的历史文化遗产，而萨满也被看作古朝鲜文化的保存者。在韩国政府以及民族主义学者、知识分子们对萨满教形式进行重构的过程中，萨满教不再被视为迷信，而更多地成为一种增加民族的自信心的抽象概念，以满足韩民族对民族—国家认同的需要，增强其民族的凝聚力和自豪感。汉城大学的赵兴胤教授指出，“在韩国文化边缘，这些萨满找到了自己的位置，但在主流文化中寻找他们的踪迹却不是易事。这就是韩国萨满教今天存在的基本状况”①。

四　通—韩萨满教与其他宗教的历史互动

萨满教是生命力极强的一种宗教，任何外来宗教传入萨满教流行地区后多少都会吸收萨满教的元素，所以，萨满教在一个地区的历史发展中，也越来越表现出复合性特点。而萨满教对外来宗教的影响，在中国萨满教中也是普遍存在的。比如萨满教或苯教对藏传佛教的影响，使藏传佛教在发展过程中具备了萨满所使用的狂醉、神灵附体和治病的所有能力。这种现象，色音在《中国萨满文化研究》中称之为“侵入性复合”。他认为萨满教与其他宗教互动的过程可以有两种复合形式：“从总体而言，萨满教和其他宗教的复合大体可分为吸取性复合和侵入性复合两大类型。吸取性复合是指萨满教的内在基本结构和特征没有大的影响，只是对一些神名、用语等外在形式发生了微小的影响。侵入性复合是指萨满教的要素侵入外来

① Kendall, Laurel. *The Life and Hard Times of a Korean Shaman*. Honolulu: University of Hawaii Press, 1988. P. 343.

宗教中，部分的渗透或内化于外来宗教的整体结构中。从萨满教的角度来看前者是内向型复合，后者是外向型复合。萨满教同外来宗教的复合是不同宗教相互让步、相互妥协的必然产物。”① 韩国萨满教相比通古斯萨满教，更接近于侵入性的复合形态。这在韩国佛教的七星崇拜以及儒巫杂糅的洞祭、家宅祭祀、城隍祭等仪式中都可以看到，甚至基督教这种近代以来才得以在韩国发展而且颇具排他性的宗教形式中，也渗进了很多萨满教元素，使韩国基督教别具一格。

韩国基督教融入了韩国主要的宗教观，特别是位于韩国人宗教文化核心的萨满教，得以确保这一外来宗教更好地生长于韩国土壤之中。萨满教是韩国宗教文化核心，是内化于韩国人精神深处的基本信仰观念，对韩国人的心理和行为有重要影响，为便于增进韩国民众的接受度，韩国基督教通过萨满教化的本色化是必需的也是必然的。

在韩国萨满教的诸多神灵中，最高位的神是天神하나님（hananim），这个名词是土生土长的韩国神祇的称呼。佛教在进入韩国和发展的过程中，吸收了萨满教하나님这个名称并来指代宇宙中最高统治者。在基督教进入韩国的过程中也将这个名称借用，并用于指称圣经中以色列人的神。在韩国基督徒的意识中，하나님是唯一真神，因为其不仅和其所创造的宇宙完全分离，而且完全独立于其所有神灵魔鬼系统之外。对하나님的崇拜大概是在高丽王朝时期（10～14 世纪）开始，这个词的使用一直延续到朝鲜王朝时期。하나本义指天空，하나님这个词由하나和님组成，님是对人尊称的黏着语，可以意为尊敬的、主等，하나님意味着“天上的主”，显然是自然崇拜的产物。在今天的韩国，하나님几乎已经成为基督教的专有词语，很少有人会首先想到其真正来源是韩国的萨满教。在萨满教的自然神灵中，天神居于中心位置，这在其他教文化中也可以见到。

基督教传入韩国后，韩国基督徒将对하나님的神性和《圣经·旧约》里耶和华的形象联系在一起。为了在新的环境里能够对以色列的神进行崇拜和祷告，하나님这个既没有神学教义也没有经典文本的神的名称填补了韩国人对基督教 GOD 翻译的空白。于是，传教士和韩国基督徒们赋予了하나님全新的含义。因此，可以说，在萨满教的하나님这一名称的帮助下，韩国人更容易接受基督教。因此，하나님超越了萨满教的意义，受洗而重生了。

---

① 色音：《中国萨满文化研究》，民族出版社，2011，第 295 页。

韩国基督教世俗化倾向严重，也源自于基督教对萨满教实用主义特点的吸收。萨满教的神灵概念包括祖先、自然物、韩国历史上的帝王、将领等，他们有能力转变个体的命运，而且这些神灵必须通过萨满仪式对他们祝祷才得以显灵。于是萨满教信徒们通过固特仪式来祈求神灵显灵，通常用精美的食物、表演萨满舞蹈和音乐作为奉神的形式，来实现他们的物质性祈福，比如长寿、健康、生育男婴和得到财富等。这种民间宗教最显著的特点是其仪式中的入神状态和仪式后强调物质祈求的实现，极具世俗主义和物质主义的特点。在本色化的过程中，韩国基督教逐渐采用了萨满教强调的祝祷或与神交通而达到物质愿望的实现这一要素，将基督教本色化表现得更为贴切。今天无论我们走进韩国哪一派教会，对教会的礼拜奉献进行观察，大多会看到很多基督徒将奉献的目的和世俗的祝福联系在一起的奉献形式，即“所望奉献”。这种将金钱和所书写的愿望清单放在一个信封中的奉献方式是新教教会中最常见的形式。另外还有一种“感谢奉献”也很有特点，对于包括天主教徒和新教徒在内的很多韩国基督徒来说，他们贡献金钱给他们的教会，都是在试着对神表达他们的感谢并确保神能给他们不断的祝福，有着极强的功利主义色彩和世俗化倾向。

在基督教随着近代殖民主义扩张而传播的过程中，通古斯萨满教受其影响并不大，更大的冲击来自社会经济形态的改变。中国通古斯诸族世代生活在黑龙江流域广阔的地域里，特殊的地理环境和气候条件使得其主要的经济活动围绕狩猎、捕鱼、采集并非农耕而展开。之所以我们今天仍然可以在通古斯人那里寻找到较为典型的萨满教现象，首要原因是渔猎经济下的原初形态并未发生改变。但是，能始终留守在大兴安岭深山中的人毕竟是少数，这些族群的流动和迁徙，必然带来经济运作模式的变化，所以，通古斯诸族萨满教整体上呈现衰退状态。当然，外来宗教的影响也在发生着作用，比如，使鹿鄂温克族在婚俗仪式上耶稣像的使用，牧区鄂温克人在丧葬风俗中对70岁以上老人的死亡称为“成佛”，等等。而韩国的情况是，原始的萨满文化不但经受着宗教的排斥，也受到历史各时期当政者的打压，近代以来更是受到急速发展的现代化的冲击。在不断被边缘化、转入地下生存的过程中，韩国萨满教不仅融合了儒家文化和佛教文化的元素，甚至还出现萨满教渗进儒家文化和佛教文化、基督教文化的现象，从而使得这些建制宗教形态被贴上了本土化、土著化的标签，因此，在对待外部文化时，韩国萨满教和其他建制宗教产生的互动是非常积极的。

结 语

宗教活动可以增强一个族群集体的自我认知，让每一个社会成员接受集体的情感而强化其社会秩序，并且在图腾崇拜的过程中，增强他们对自我社会统一体的意识。宗教为社会集体的意识形态和社会集合提供着一种约束和控制人们信仰和行为的内在模式。涂尔干说过，“社会以宗教崇拜的方式，崇拜它伪装起来的自身形象。在民族主义时代，社会公然进行自身崇拜，把伪装抛在了一边”。[①] 那么，宗教崇拜是社会自我认同的方式，而在宗教思想衰落的时代，民族成了社会自我认同的最佳方式。在20世纪，几乎所有民族国家都普及了义务教育，把国家和民族的认同加以普及。韩国也是如此。盖尔纳认为，“民族主义意识形态受到普遍存在的虚假意识的影响。它的神话颠倒了事实：它声称捍卫民间文化，而事实上，却在构架一种高层次文化；它声称保护着一个古老的民间社会，而事实上，却在为建立一个没有个性特征的大众社会推波助澜。”[②] 所以，一个没有个性的大众社会，民族就是其唯一个性，这也是民族主义发明民族的具体操作。所以在盖尔纳那里，民族具有辩证性，一方面是同质的，一方面又与其他社会相区别。在这个辩证的过程中，民族国家一直在致力于强调实现文化疆界和政治疆界亦即地理疆界的重合。

在中国长城之外和朝鲜半岛广袤土地上的萨满教，因为东北亚丰富的自然资源和地理环境，不同族群的萨满教表现出不同特点，不同的历史境遇也赋予不同族群萨满教各具特色的范式。通过本篇的论述我们可以看到，韩国萨满教区别于通古斯萨满教，发挥了一个非常重要的功能，即：在其历史的境遇中，萨满教的包容性帮助外来文化与韩民族自身融合在一起。对待儒教如此，对佛教如此，对基督教更是如此。通过萨满教对诸外来文化的改造，以基督教为代表的诸外来宗教在韩国土地上具备了能被广泛接受的基础，在不同时代促进着韩民族社会的自我认知，更在近代以来能与民族主义潮流相融合，从宗教层面加强了韩国人的民族国家认同感。这样的功能在通古斯诸族萨满教中显然是缺乏的。

---

① 〔英〕厄内斯特·盖尔纳：《民族与民族主义》，韩红译，中央编译出版社，2002，第74页。

② 〔英〕厄内斯特·盖尔纳：《民族与民族主义》，第163页。

Comparing the historical circumstances of shamanism between Tungusic and Korean

Su Hang

Abstract: In this paper the author deals with the Tungus and Korean shamanism, compares the different characteristics in different historical situations, and describes the inclusiveness of Korean shamanism, which is different form Tungus shamanism.

Keywords: Tungus; Korea, shamanism; history; religious identity.

历史上鄂伦春族与外界经济、社会交往中的政治关系色彩

何　群

摘要：一般而言，简单、原始的生产技术形成和维持于特有的环境，同时，越是简单、原始的生产技术越是更多地受环境的制约。鄂伦春族生存环境的封闭性、单纯性，基本上是自给自足的狩猎，辅之以采集、捕鱼经济，以及与外界有限的交流，因文化差异所处的被动地位，也形成了他们性格上的某些封闭、排外等特点，从而又影响了已经极为有限的对外交流。了解鄂伦春族狩猎文化及其形成这种传统文化的环境条件，是理解该族历史上民族关系特点的基础。

关键词：鄂伦春族　经济　社会交往　政治关系　人口较少民族

作者简介：何群，内蒙古师范大学社会学民俗学学院教授。

鄂伦春族是世代生活在中国东北部大小兴安岭地区的传统狩猎民族。一般而言，狩猎并辅之以采集、捕鱼的生存方式，较之畜牧、农耕等文化样式，区别或主要特点在于这是一种自然攫取经济，是人类主要与自然发生关系的初始而简单的生存方式。从 1647 年迁移至黑龙江南岸到 1949 年几个世纪的经历表明，尽管该族游猎区域广大，周围少有人烟，然而他们并没有过着一种完全孤立、不受任何其他文化影响的生活。事实是他们一直与外部社会发生着或多或少的互动。这种互动形态体现的文化意蕴既包括文化交流，又表现出简单文化因内在适应限度而易蒙受损失的特点。

一 鄂伦春族狩猎文化形成和维持的环境条件

了解鄂伦春族狩猎文化及其形成这种传统文化的环境条件，是理解该族历史上民族关系特点的基础。一种文化是一种技术、社会结构和观念的综合构成，它经过调整而适应于其自然环境和周围的其他文化。文化在人类与其生态环境之间起着举足轻重的作用，人类通过文化认识到能源或资源，同时又通过文化获取、利用能源或资源。一般而言，简单、原始的生产技术形成和维持于特有的环境，同时，越是简单、原始的生产技术越是更多地受环境的制约。鄂伦春族有史以来即为狩猎民族。他们的狩猎文化是一种简单文化，是适应历史上周围的自然环境和社会文化环境的产物。适应特有单一环境的结果，形成简单文化。而当环境发生急剧变化时，简单文化的特点却限制了他们适应新环境的能力。

概括而言，从元明时期以来到 1949 年，鄂伦春族狩猎文化形成、维持的自然环境和社会环境，表现为三方面特点：其一，可以攫取作为生活资料的自然资源非常丰富，足以满足他们的生存；其二，地广人稀，其他文化的影响微乎其微；其三，与外部世界交往甚少，外界的影响始终没能彻底动摇传统狩猎文化。

就自然环境而言，17 世纪中叶以前，鄂伦春人主要分布在贝加尔湖以东，黑龙江以北，直到库页岛的广大地区。石勒喀河、黑龙江、精奇里江（吉雅河）、牛满河（布列亚河）、恒滚河（阿姆贡河）流域以及库页岛，都是他们游猎和居住的地方。17 世纪中叶移居黑龙江南岸、大小兴安岭地区以后，他们的居住区和活动范围，主要在黑龙江和内蒙古自治区的东北部地区，即东经 122°～131°，北纬 48°～53°之间。两岭两江一山——大兴安岭和小兴安岭、黑龙江和嫩江的交叉纵向排列，伊勒呼里山在两岭之间的横向逶迤，构成类似“Π”型的鄂伦春族所居地域的基本框架。

暂且不论历史和社会环境因素，适应“两岭两江一山”的自然条件，狩猎成为鄂伦春人的生存方式。大兴安岭由东北向西南斜贯于黑龙江省和内蒙古自治区境内，平均宽约 230 公里，南北长约 1400 公里，高度在海拔 800 至 1700 米之间。北段高度平均不足 900 米。中段高度约 1200 至 1500 米，南段高度在 1500 米以上。西麓多波状丘陵地，东坡陡峻，河流湍急，多布库尔河、甘河、奎勒河、诺敏河、绰尔河发源于此，从西向东流汇嫩江。这些河流构成许多峡谷，在峡谷之间有很多大小不等的盆地。大兴安岭北部山地，位于我国最北端。大体从北纬50°往北是我国最寒冷的区域。气温最低均在-48℃以下。这里是我国唯一的寒温带落叶松、樟子松森林分布区。林地面积约12万平方公里以上。气候特点是温度低，湿度大。最低温度可达-52℃。全年积雪长达150天以上，不适合发展农业。年降雨量达450毫米以上，遮天蔽日浓密潮湿的森林中，也不适于发展畜牧业。然而广袤的林海、草滩中禽兽群集，野生动植物资源丰富，为人口较少的狩猎群体——鄂伦春人提供了足够的生存资源。小兴安岭自伊勒呼里山脉向东南伸展，直抵松花江畔，海拔600~1000米，大部分是300~500米的丘陵或洪积台地。呼玛河、宽河、法别拉河、逊河等大小支流，从西向东注入黑龙江，北至伊勒呼里山，盘古河、呼玛河从山北流出汇入黑龙江，南有汤旺河、梧桐河，流汇松花江。小兴安岭气候比大兴安岭地区温和得多。松花江和黑龙江河谷虽然夏季较长，有时很热，但冬季很冷。植物同样繁茂，野生动物与大兴安岭也不同，没有犴和野生驯鹿，野猪和狍子很多。鄂伦春族近几百年来就在这方圆几十万平方公里的大小兴安岭山区进行游猎活动。元明时代，汉文史籍以“林中百姓”泛指这一地带包括鄂伦春族在内精于骑射的各个民族，而清代，泛称其为“索伦诸部”。

从社会环境考察该族迁移至黑龙江南岸后的社会文化演变史，发现构成其社会文化环境变化的基本因素为两方面：一是外部统治者——政府和各种政治势力，主要包括清朝、民国时期的统治制度和日本侵略势力的控制，以及1945年之后国民党和日伪残余纠结形成的政治势力；二是与政府行为直接关联的其他环境因素。其中具有举足轻重影响的历史事件包括清政府在东北实行“封禁”和“封禁”的废除，“黄金之路”的修通以及清末民初推行的鄂伦春猎民“弃猎归农”政策。

1904年，清政府废除“封禁”之后，汉族人大规模迁移东北，开发土地资源，农业兴起，城镇和市场涌现，这都潜移默化地改变了鄂伦春族传统的社会环境和自然环境，日益渗透并侵蚀着狩猎文化，推动了传统狩猎文化的变迁进程。[①] 当时外地人口流入状况，据记载，至光绪三年（1877），

① 从顺治元年（1644）到康熙七年（1668）是东北“自由放垦”时期，清朝统治者鼓励汉族人出关垦殖土地。康熙七年（1668），宣布取消《辽东招民开垦条例》，颁布“封禁令”，禁止汉民进入东北垦耕。1850年后，沙俄入侵东北，民众不满，局势危急，“封禁令”已难以贯彻执行。面对严峻的局势和社会舆论压力，清朝统治者不得不取消对东北的（转下页注）

黑龙江地区的荒地均已在不同程度上得到开垦，改变了昔日人迹稀少的格局。1911 年，黑龙江有居民 187739 户、206 万人，垦地 306 万垧，生产粮食 185454.36 公斤，有余粮 50026.08 公斤作为商品粮投放国内外市场。此外，还有烟草、大麻、靛蓝、甜菜等经济作物外销各地。农业的发展促进了粮食工业的全面兴起，出现了油坊、烧锅、纺织、磨坊等作坊。当时黑龙江 11 个地区，包括鄂伦春族所在的布特哈、墨尔根以及外围的齐齐哈尔等地，有 285 家油坊和 114 家烧锅。[①]

另一历史事件是漠河金矿的发现与“黄金之路”的修通。1883 年，漠河一名鄂伦春人在为母挖墓穴时，挖出若干大块金砂。[②] 还有一种说法，是一名鄂伦春人在漠河今被称为老沟河的河谷，为葬马掘墓时发现许多金苗。[③] 总之，发现储量丰富金矿的消息不胫而走。来漠河采金的人不仅有俄国人，还有日本人、朝鲜人等，仅 1883～1884 年，就盗采黄金 219000 多两。在这种形势下，清朝派李金镛开办漠河金矿，调派“库玛尔路协领派佐领台吉善带领鄂伦春马兵 20 名为其前引，由墨尔根轻骑简从，穿林越谷，牵用马驮，经由山谷辟路直达漠河，首创嫩漠山路站道”[④]，即“黄金之路”。“黄金之路”从嫩江到漠河共有驿站 30 站。[⑤] 漠嫩公路——“黄金之路”的修通，成为连接中原与东北边疆的重要交通枢纽，为内地和边疆经济文化交流提供了条件。而对世居居民鄂伦春族而言，随着这条纵贯其生活腹地的公路的出现，外地人口进一步流入，各种信息文化得以传播交流，进

（接上页注①）“封禁令”，宣布开放东北全部土地，招民领垦。光绪三十年（1904），日俄战争爆发，东北地区成为日俄侵略角逐之地。为保卫领土主权，清朝统治者宣布开禁放垦黑龙江地区的全部土地，农业开发速度快、面积广，一直深入到鄂伦春族生活腹地西布特哈、东布特哈、墨尔根，即今天的内蒙古、黑龙江省鄂伦春族聚居地区。

① 参阅马汝珩、成崇德主编《清代边疆开发》，山西人民出版社，1998，第 419～420 页。

② 王兆明主编《新生鄂伦春族乡志》，黑龙江人民出版社，2003，第 16 页。

③ 关小云：《大兴安岭鄂伦春》，哈尔滨出版社，2003，第 4 页。

④ 王兆明主编《新生鄂伦春族乡志》，第 16 页。

⑤ 即墨尔根站、二站、三站、四站固巴河站、五站雅鲁萨台河站、六站库凌河站、七站、八站三松河站、九站鄂多河站、十站阿鲁河站、十一站嘎鲁河站、十二站庆洞站、十三站二根河站、十四站兴安岭站、十五站北实黑站、十六站会实清站、十七站达拉罕站、十八站谭宝善站、十九站依沙溪站、二十站依西肯站、二十一站窝洛站、二十二站布拉戈站、二十三站盘古河站、二十四站安盖站、二十五站额木尔河站、二十六站扎林库尔河站、二十七站祥龙河站、二十八站祥牛河站、二十九站永河站、三十站漠河站。这些驿站名称沿用鄂伦春族对这些地区依山川、河流而命名的传统称呼。见《近代鄂伦春族大事迹》，转引自关小云《大兴安岭鄂伦春》，第 6～8 页。

一步改变了以往因地理上的相对隔绝、封闭而形成的文化基本上单独进化的历史。与此同时，外部人口的日益增多，对自然资源的利用、开发增加，日益威胁着传统狩猎生产所需要的生态环境。

清末民初政府出于国家实际利益的考虑而在鄂伦春族中推行的“弃猎归农”措施，可以说是政府干预该民族文化变迁的重要历史事件。“弃猎归农”举措主要实施于现黑龙江省境内黑河、呼玛等地鄂伦春人地区。这种政府干预文化变迁的历史影响一直延存至今。

穿越几个世纪的时空，我们发现尽管社会环境的变化从没有停止，但是总的来讲，环境的改变一直没有达到狩猎文化难以维持的地步。

鄂伦春族狩猎文化形态，能够延续至20世纪50年代，在一定时期内狩猎工具的改进固然起了作用，而主要是依靠地广人稀这个有利的外部条件，为他们提供了足够的回旋余地，但并不说明这种自然攫取经济在任何历史条件下都有其旺盛的生命力。社会环境单一，缺少文化借鉴和交流的机会，几百年时间里，几十万平方公里的大小兴安岭地域内，只有数千人口的鄂伦春猎人在这里生活，以狩猎为主，辅之以采集、捕鱼为生。他们的生存是自给自足的，后来与外界发生联系，以动物皮张、药品、补品换取他们所需要的枪支、子弹、火柴、粮食等生活必需品。

清朝“封禁”时期，鄂伦春族所活动的黑龙江流域、嫩江流域，一直是一个地广人稀的地区。当时黑龙江有所谓“边外七镇”，其中属于黑龙江的有三镇，即卜奎（今齐齐哈尔市）、墨尔根（今嫩江）和瑷珲（今爱辉），加之上述清朝便于军中运输而先后设立的若干台站。除此而外，这广阔的地区内几乎没有多少人烟。而在今内蒙古自治区，地理环境更为封闭，到处都为莽莽苍苍的森林所覆盖，是野兽们的栖息之地。这种优越的自然环境，对于仅有几千人的狩猎民族来说，自然是不愁没有驰骋的余地的。据计算，森林里从事打猎和捕鱼的族群所必需的自然条件是，1平方公里不超过0.05人；草原上的狩猎族群1平方公里不超过0.09人；兼事简单农业的狩猎民族，才达到1平方公里0.1～0.2人。[①] 1949年前，黑河地区有鄂伦春人300余户，分散在51处，每处之间的距离为几十华里到一百华里不等。1951年鄂伦春自治旗成立时，全旗面积5.9万多平方公里，有人口778人，其中鄂伦春族774人，即75.8平方公里才有1个人，故以攫取经济为特征

① 沈斌华、高建纲：《鄂伦春族人口概况》，内蒙古大学出版社，1989，第53页。

的狩猎文化所依托的人口与自然资源的关系在这里不存在紧张问题。

在上述环境条件下，鄂伦春族传统狩猎文化表现出以下主要特点：社会组织建立在以血缘关系为基本纽带的氏族基础之上。以血缘、亲属关系结成的社会基本生产单位——“乌力楞”，组织规模只是由 2～3 家，或 4～8 家，最多不超过十一二家的单位组成，家庭人口一般是 4～7 人。整个社会实行共同劳动、平均分配、互助互惠制度，社会关系十分简单，与简单的技术、社会组织相适应。宗教观念上以万物有灵作为基本信仰，供奉山神、共同的氏族祖先，宗教观念渗透技术、组织制度等文化各个层面，具有牢固的社会功能。社会推崇狩猎能手，给予长辈、长者特殊社会权威，崇尚舍己为公、诚实守信美德。作为简单文化的一个类型，传统狩猎文化相对于复杂文化多元和异质性特点，除了具有简单文化谋生手段较为原始、与生存技术相关社会组织结构相对松散、观念上信仰萨满教，还具有容易受到环境的约束、适应急剧变化环境的能力较差的特点。

狩猎是人类最原始的生存技术，辅助部门采集和捕鱼也是直接作用于自然，因此，关键是要“地广人稀”。“地广”，即要有足够的可供狩猎生产得以进行的地域空间，而且要求丰富的动植物资源，可供其食肉衣皮。“人稀”，有两层含义：一是所生活地域“人稀”，人口稀少，对只有数千人的鄂伦春人来说就是地广，拥有可通过狩猎维持生存的空间—自然资源。二是“人稀”意味着所在地区社会文化环境单一，与外界交往极为有限，受外来文化冲击的可能性很小。“地广人稀”使狩猎文化的其他层面——以血缘为纽带的氏族部落、“乌力楞”组织得以维持，社会内部推崇平等互助，相信神灵的存在和对命运的主宰等简单文化形态才得以延存。

二　鄂伦春人与外界的经济、社会交往

从上述社会环境的讨论可以推断，历史上鄂伦春族与外界交往的线索有两条：一是与政府、外部政治势力的关系，或者准确地讲，是政府和外部政治势力对他们的干预以及他们基于简单文化特点的应对方式；二是随着晚清以来东北“封禁”的解除，汉族等异族人口的大规模进入，鄂伦春族与异族人的关系。清朝以前，鄂伦春族同外界有没有交往，目前没有查到有关史料，故无从可考。17 世纪中叶迁移至黑龙江南岸后，密切了与中央政府和周边社会的联系，枪支、马匹等先进生产工具输入进来。具体来讲，鄂伦春族

对外交往对象，或者说促使他们的社会文化环境变化的因素，主要包括官方“谙达”（又名“安达”，“朋友”之义）、商人、日伪、国民党残余势力等。其与外界交往活动有两个比较明显的特点：其一，经济交往表现为很强的政治色彩，或者说，交换不仅是经济行为，而且蕴含着政治隶属关系的仪式意味；其二，与外界交往的过程和形态，具有狩猎文化简单性的特点，与外界不仅存在文化交流，也存在冲突，且简单文化往往表现为某种被动弱势。

历史上同“谙达”、商人的交往情形生动地表明了这些特点。17 世纪中叶鄂伦春族迁移至黑龙江南岸以后，清朝政府加强了对鄂伦春族的统治。除了政治上采取依托鄂伦春族氏族制的“路佐制”制度，还通过进贡制、纳貂制作为政治隶属关系的体现，一直延续了 200 余年。官方“谙达”即是在每年的贡市上与鄂伦春猎人进行交易的清廷官员。从 1616 年开始，清廷规定鄂伦春等渔猎部落每年要向朝廷进贡。“黑龙江土贡以貂为重，肇自天命天聪之年（即 1616 年至 1636 年）。”[①] 1683 年鄂伦春族隶属于布特哈总管衙门后，纳贡成为定制，规定：“布特哈无问官兵散户，身族五尺者，岁纳貂皮一张，定制也”[②]。贡貂是在每年的贡市上进行。“每岁五月，布特哈官兵悉来齐齐哈尔纳貂皮互市，号曰楚勒罕，译言盟会也。”[③] 清廷将鄂伦春族价值很高的貂皮征收后，给一些布匹、银两作为赏赐。这种赏赐，严格地说不是商品交换，是政治臣服的象征和仪式，当然客观上是一种物资、文化交流。贡貂完成后，进行物质交流。鄂伦春等其他渔猎部落，未入选的貂皮和其他各种细毛皮张，都可在楚勒罕上出售，然后用所售得购买一年所需的金属工具、粮食、布帛等生产生活资料。清廷官员和商贾对鄂伦春族未入选的貂皮以及猞猁等皮张垂涎三尺，以贱价逼卖。官方“谙达”同样发现了鄂伦春人淳朴和商品意识淡薄的特点，在布特哈总管衙门统治的 200 多年中，极尽敲诈勒索之能事，“所捕貂皮，辄为谙达诸人以微物易去，肆意欺凌，不啻奴畜”，鄂伦春人“受制益苦，浸成寇仇之势”。[④] 在这种情况下，迫使清朝统治者于 1882 年撤销了布特哈总管衙门，同时也废除了“谙达”制度。

废除了官方“谙达”，私人“谙达”成为同鄂伦春人进行交换的主要承

① 徐宗亮纂《黑龙江述略》，光绪十七年刻本。

② 西清撰《黑龙江外记》，《小方壶舆地丛钞》本。

③ 西清撰《黑龙江外记》，《小方壶舆地丛钞》本。

④ 万福麟监修，张伯英等纂：《黑龙江志稿》，民国 21 年印本。

担者。私人“谙达”中有达斡尔、满、汉人。一个“谙达”继续承包一户至几户鄂伦春家庭。谙达一般每年春秋各来一次。第一次进山是在农历四月鹿茸期以前，第二次进山是在农历十月下雪以后。托河地区的“谙达”都是结伙前来，到现在斯木科西十余里的白银那地方卸车。鄂伦春人闻讯前来，与之交换，或是“谙达”驮载货物到猎民居住地区去。据 1963 年国家少数民族社会历史调查组在爱辉县新生村的调查，民间“谙达”是这样出现的：有官方“谙达”时，鄂伦春人的口粮都由官方“谙达”供给，没有官方“谙达”后，鄂伦春人的口粮断了来源，于是大家驮了狍肉、狍皮等猎品，下山到屯子里去换粮。进屯子后，有的户就招呼，问换不换？换了一次后，有的说，你们下次打到猎品再来换，这样就慢慢地建立起“谙达”关系了。这种情形说明，在已经发生文化借用的情况下，对粮食、枪支、子弹、盐、布匹的需要已不可逆转，生活的实际需要，迫使鄂伦春人下山去找交换对象。尽管他们仍不习惯下山，并需要出去很远。与私人“谙达”的交换存在两种方式：不记价的包干制交易与记价“谙达”的交易。不记价的包干制的交易，是猎民将猎品中除狍皮，一部分鹿犴皮和兽肉外的全部猎品，如鹿茸、鹿鞭、鹿胎、鹿尾和灰鼠、猞猁等细毛皮张全部交给自己的“谙达”。“谙达”提供给弹药、粮食等生产和生活资料。长期依靠狩猎，辅之以捕鱼、采集的自给自足自然经济生活，鄂伦春人还没有形成价值、商品观念，对外部商品市场也极不了解，很少考虑交换是否是平等互利，而是以得到所需生产、生活资料为满足。他们在交换中既不计价，也不记账，因而互相间也就没有欠债的问题。20 世纪 50 年代国家组织的调查中鄂伦春人反映，这一时期，他们和“谙达”的关系相处较好。他们之间，依辈分和年龄不同，互相以亲属相称。早期这种不记账的“谙达”关系，维持的时间也都比较长。有的甚至延续两三代。据老人们回忆，他们和“谙达”间的关系之所以保持如此长久，是由于他们之间友好和睦，不算细账，不分彼此，相依为命。绍宝说：我和我的“谙达”亲如一家。干善柱说：“谙达”和后来的商人不同，商人是为了剥削人发财，“谙达”就不同，剥削很重，互相经常争饭碗。文吉善的看法：“谙达”应分为两类，一类是为人刻薄、剥削虐待鄂伦春人，另一类是为人忠厚，交换中互不吃亏。[1] 这种不计价的

① 参阅《民族问题五种丛书》，内蒙古自治区委员会编《鄂伦春族社会历史调查》（第一集），内蒙古人民出版社，1984，第 110 页。

包干制交易，迎合了鄂伦春社会互惠互利的经济原则和习俗，因而被鄂伦春人接受。然而因为缺乏详细的民族志资料，我们对这种交易的内幕还难以展开分析。与计价的“谙达”的交易多是发生在民国以后。行商逐渐深入鄂伦春族地区，与猎民进行交易，因而，原来与“谙达”的一揽子交易发生了很大变化。在此以后，在结为“谙达”时，就要讲定是进行包干制的一揽子交易，还是进行计价交易。发生这种变化的主要原因，猎民总结的是，因为“山货人”（商人）多了，“谙达”奸了，跟山货人学坏了，而鄂伦春人的心眼也多了。①

同商人的交往，在官方“谙达”垄断鄂伦春族交换期间，鄂伦春族周围地区，就不断有小商小贩活动。而在官方“谙达”被废除后，私人“谙达”和私商便活跃起来。在私人“谙达”与私商的竞争中，私人“谙达”处于被动地位。因为“谙达”供给鄂伦春人的商品品种有限，资金短缺，一年又只能在农闲季节进山两次。而私商有较多资金，有种类繁多的商品，有四通八达的商业网络，有充裕的时间，因此，鄂伦春族地区的交换到清末民初，满人和达斡尔人所从事的古老的家长式贸易，被汉人的新式商业所取代。这些小商小贩的来历，多是清廷东北“封禁”解除后，从山东、河北等地来的汉人。这些人进入鄂伦春地区后，有的打猎，有的从商，有的采金。他们的到来，冲击了鄂伦春人的传统生活秩序。

就包括商人在内的汉人的进入对鄂伦春传统社会的冲击，史禄国曾有过分析：由于基本观念和风俗习惯的不同，通古斯人不同意汉人做生意的方法。尽管如此，通古斯人现在已开始采用汉人的做法。比如他们在买卖东西时，不说实价。但他们仍不明白为什么汉人从通古斯人手里买了一张皮子，竟用两倍的价钱卖给另一名通古斯人。通古斯人对汉族债主抱有反感，他们只许通古斯人将猎获物卖给自己，不准他们出售给别人。②

鄂伦春人最早接触的商人是进山的小商小贩。他们虽然资本微薄，货物数量不多，但商品品种却多达几十种。他们用这些小商品换取鄂伦春人的兽皮和皮制品。小商贩跟随鄂伦春人到处游动，方便了鄂伦春人的生活。与此同时，资本雄厚的行商也进入了鄂伦春地区，当地人称这种行商

① 参阅《民族问题五种丛书》，内蒙古自治区委员会编《鄂伦春族社会历史调查》（第一集），第112页。

② 参阅史禄国《北方通古斯的社会组织》，第152～153页。

为“跑老客”。这些行商中有的经过一段时间积累后，就变成了座商。他们在鄂伦春人经常游猎的地区设立了店铺，大量收购猎品。座商懂得鄂伦春人重义轻利，因此，同“谙达”一样，当猎民到达商店后，商店老板待如上宾，殷勤招待，请吃饭、喝酒、吸鸦片、留宿，并且在价格上比行商交易合理，因此几乎所有猎民都力求每年能到坐商那里去一二次。而离鄂伦春人生活区更近的金矿、林木经营者，眼看厚利被座商夺去，当然是不甘心的。他们利用鄂伦春人不愿远出的习惯，同样也大量赊给鄂伦春人物资，并以烟、酒盛情招待，拉拢猎民。他们赊给猎民物资是有条件的，就是要求猎民出售猎物时要和他们一同到市场出售，不能单独出去卖。出卖猎品时，猎民常常因为事先被请喝了酒，醉后不知道卖价多少，从而受这些人的欺骗。

不论是行商还是座商，同鄂伦春人交易都是以货币论价，价格确定后，以货换货，从不用现金。只是当猎民出售鹿茸时，买够生产生活资料后还有剩余时，才得到一些现金。在鄂伦春人中，除个别人，不积累和保存货币，而且绝大多数人也不识钱数。所以，所谓以货币论价，实际是商人单方面的事。商人在每次交易中，都用市价衡量是否有盈余和盈余多少，而鄂伦春人所关心的是他所需要的生产生活用品，因而有时也以猎物去直接换取所需要的物品。调查中，老年人普遍说，他们接触和使用货币，是 1949 年以后的事。因此，无论是行商、座商还是金矿、林木经营者，其中都有以各种办法欺诈、掠夺鄂伦春族的情况。鄂伦春人既缺乏商品价值观念，又对市场行情很陌生，对自己的猎品值多少钱，心中无数。同商人交换时，商人让他们要价，他们要得高，商人说不值那么多钱。商人还价时，往往都将价钱压得很低，最后猎人只好按商人给的价出售。

从上述描述很容易发现，无论是与官方“谙达”、私人“谙达”，还是与行商、座商之间的物质交换和交流，鄂伦春人的最大特点是缺乏商品意识。交换时不计价值，不考虑他们卖出的猎品和买入的物品在价值上是否相当，只要求取得自己所需要的东西。这与他们对“商人”概念的理解相一致。他们称商人为“谙达”，其原义是“朋友们”“兄弟们”。狩猎社会的分配制度，交换和互赠之间是没有区别的，所以把交换的对方看作朋友。当然，鄂伦春人有时也会觉察到交换的不合理或是感到自己吃亏，那也只是以得到的物品是否能满足需要为标准，而不会是也不可能是发现商品本身价值不相等。如果交换中和商人发生争执，那是因为商人所给的物品不敷需用。

如果商人给他们的东西能满足实际需要，或者多给一些烟、酒，即使他们付出的猎品在价值上有很大的悬殊，他们也不会感到这中间有什么问题。商人就是利用他们文化上的单纯性来获取高额利润的。鄂伦春人因为文化而在交换中蒙受经济损失，处于被动和弱势地位。

理解对外交换中鄂伦春人似乎对“吃亏”的不敏感，还需要深入其社会，了解他们的生活环境和生活实际。

按照鄂伦春人的古老习俗，家里的任何东西都不得出售，但可以作为礼品送人，也可以被人不经许可拿走。他们认为最好的办法是“说几句好话和拿些酒来”作为补偿。交换同类物品或家畜是很普遍的。马匹和狗经常变换主人。交换的一方有时显然是或者似乎是吃亏。史禄国讲了一个他在调查中“我亲身经历的事例”。我们从中可以看出在彼时彼地，那种“交换”模式也许是最好的。他说：在一次考察中，我有几匹马，在骑过一段时间后，我发觉其中一匹良种母马不能进入沼泽地区。它神经过敏，没有林区经验，总是跌倒。兴安通古斯人想要一匹母马，我也想要一匹对走沼泽地有经验的马。他们拿来交换的那匹老公马的价值，虽然实际不及我买那匹母马花费的一半，却是我在这次调查中最好的坐骑。在这次交易中，虽然我赔了钱，但有关各方，包括我在内，都很满意。实际上，如果不了解每次具体交换的真正动机，是难以得出通古斯人喜欢的结论的。在我同通古斯人交往有了经验以后，我发现说他们喜欢交换是考察者的误解。① 他还叙述道：价值间的差额是从来不补齐的。对不同种类的物品也实行交换，这形成了他们同其他民族集团进行交易的基础。但明显的或看起来是吃亏的交换在通古斯人中是很普遍的。为了清楚说明这种交易，我再举一个例子。当我在库马尔千地区停留期间，我有两条看门狗。按我的看法，这两条狗，特别是其中一条只不过是很普通的狗。一天一位通古斯老人来找我，提出要拿一张熊皮换我那条狗，这对我当然是有利的。据通古斯人说，那条狗适于猎獾。那条狗我是无偿得来的，因为对额尔古纳河的哥萨克人来说，那条狗是一钱不值的。但是我喜欢那条狗，因为它同我们一起度过了考察中最困难的时刻，而且性情很好。我稍微犹豫之后，提出把这条狗作为礼物赠送给那位通古斯人。可是他没有同意，指出：在天冷的时候我需要熊皮褥子，这确实是很对的。于

① 史禄国：《北方通古斯的社会组织》注释⒁，第474页。

是这笔交易就圆满地做成了。[①] 他对此继续分析指出：同他们交易的人充分地利用了这一点。不同种类物品之间的交换，在通古斯人中从很古时代就存在了，他们不懂铁器的生产，只能从邻人那里换取，而他们却普遍具有邻人所希求的物品，这产生了一种新形式的财富——毛皮和革皮，它们可以在任何时候进行交换和出售以换回现金。这种财富成为通古斯家庭的个人财富之间差别的基础。[②] 以上所引史禄国在鄂伦春社会的经历和分析，可以帮助我们走进当时鄂伦春人所生活的环境，他们与外界发生的交易，不是现代意义的“经济”行为，而是一种复合行为，是多种因素促成的，反映了特定时空、特定文化场景下具有多种内涵的事件：文化之间的各取所需，如上述公马与母马、狗和熊皮的物物交换，地广人稀，没有过多选择和计较，实际生活急需的考虑，还有当时条件下淳朴的人情因素。

简单文化与复杂文化之间的交流是客观存在的，这是由两者在技术和器物方面的互补性决定的。如清朝时期开通嫩江通往漠河的驿路时[③]，因为外地来的筑路者对当地的地理、气候和生存环境均不熟悉，因此，1914 年，黑河观察使公署命令库玛尔路、毕拉尔路协领，保护嫩漠路工作人员的安全，“库玛尔路协领徐希谦命令刚通佐领，带领鄂伦春兵数十名，为张宣中将做向导，协助嫩漠路工作的进行”[①]。后来 20 世纪五六十年代开发大小兴安岭，鄂伦春人也是提供马匹和人力，为勘探队带路，为建设者驮运物资。

同时，由于文化的接触，早在清朝初年，马匹、铁锅、火枪传入鄂伦春社会，这改变了鄂伦春人与自然环境的关系，改变了他们的谋生能力（马匹、火枪比驯鹿、扎枪的生产能力高）。总的来说，马、枪、金属工具以及其他许多产品都是鄂伦春人渴望得到的，并且替代了当地较落后的生产工具。总之，两种大不相同的经济制度和社会文化的接触造成了两方面的相互

---

① 史禄国：《北方通古斯的社会组织》注释⒂，第 475 页。

② 史禄国：《北方通古斯的社会组织》，第 467 页。

③ 漠嫩公路出于对抗沙俄侵略、保卫边防需要修建。应当说，清朝康熙皇帝对通往黑龙江、制止沙俄侵略的道路交通问题是十分重视的。面对沙俄的侵略野心，除通过谈判应对外，还细访黑龙江地区的土地形貌，道路远近，强调驿递关系于保证军需的重要。1955 年国家实施大兴安岭开发建设，就是沿着古驿道的主干线，建设了 42 处森林经营所，南起十二站，北到洛古河，东靠黑龙江，林海腹地在古驿道两侧，建设网点星罗棋布。如今沿线已分布着大小村庄，有的成为乡镇、林场、林业局所在地。漠嫩公路已成为“S－209”黑龙江省省道。

适应：一方面，外界适应鄂伦春人贸易习惯中那种交换和馈赠的性质（“拜把兄弟”，先宴请，后交换。）；另一方面，鄂伦春人也逐渐受汉人价值观念的影响。

三 经济社会交往中的政治关系色彩

甚至一直到现在，鄂伦春人的宽厚、诚恳，是几乎所有接触过鄂伦春人的人都注意到的。从传统功能分析，这不是鄂伦春社会一种抽象的公正标准，有它的实际应用意义。依靠狩猎为生的民族，共同分配是维持生存所必需的。由于猎人狩猎不一定每次出猎都有收获，猎获的野兽与猎人的数量不等以及肉类难于储存等原因，狩猎社会的分配形式通常是宽宏大量的。分配上的道德观念在这个社会是长期养成的，几乎没有人敢违反。由生计方式所决定的道德观，推崇做人要诚实，为人要厚道。他们特别重视信守自己的誓言。“朋友”这两个字对于鄂伦春人来说，不只是一个问候和社交用语，而且是表示决心同那个他认为够朋友的人站在一边，同时也可能是对那些企图危害他“朋友”的人的一种威胁。

鄂伦春族历史上的著名事件——“刚通事件”的一些细节，透露出该群体某些为人处世原则。有研究者描述和评价指出：1924 年发生于呼玛河、塔河、盘古河一带，由佐领刚通、骁骑校吴滚都善带领，有 300 多名猎民参加的鄂伦春族反抗奸商盘剥的武装斗争过程中，在刚通死后，起义仍在进行。当参加者聚集到逊河时，由于人数增加，发生了粮荒。为了解决吃粮问题，他们派人到太阳沟金矿公司抢粮充饥，夺到了 380 多袋面粉。但是，鄂伦春人“‘抢了白面、马匹后’，还‘遗下鹿角’。据安罗卡代为呈报公文所记：‘鄂伦春人抢劫两处，曾给绥安站约值大洋三四百元之一架半鹿角，又给王松涛处茸角半架，已卖大洋 150 元。谓此次前来系为口粮、子弹，并无仇怨，今既拿物太多，先行给此茸角，将来挨将曾受凌辱做彼买卖之山内商人杀尽，仍然大围云云。’可见暴动的鄂伦春人是何等淳朴！”[①] 这里作者所发现的鄂伦春人的“淳朴”，是狩猎文化讲究与人为善、讲信用、排斥偷盗行为等社会制度、观念、风气的直接表现；同时，如同猎人设在森林里的“奥伦”（仓库），过路者或急需食物、生活什物的人可以不经过主人同意而

① 关小云：《大兴安岭鄂伦春》，哈尔滨出版社，2003，第 26 页。

自己去取用，后来演变为取用后，等自己丰裕时再送还的制度一样，在他们的概念中，也许，上述官方所定论的“抢粮充饥”中的“抢”并不符合事情的实际，更适宜用“借”或“临时取用”。因为文化的差异，外部社会对鄂伦春人和这个族体多有误解。

几乎所有的鄂伦春族变迁研究，都非常重视清末民初“弃猎归农”（从1894年清政府同意黑龙江将军对鄂伦春族实行“弃猎归农”的奏请始）政策在传统狩猎民族中的推行问题。在此，结合论题提及的是，主要迫于政府的压力，猎人接触了种地，而作为一种适应性选择，鄂伦春人只有以雇工应付。这与人们惯常理解的“地主与长工”之间的关系有区别，他们与雇工之间是具有互助、亲情特点的雇佣关系，这是饶有兴味的文化现象。由猎向农的急剧转变，导致他们求助于农民，形成对外部掌握农业技能的人口的依赖、依附。汉族、满族等会农耕者首先成为鄂伦春人的雇工，继而，有的人由雇工成为鄂伦春人的女婿，然后左右家庭新的产业安排，而猎人沦为被动地位，由此显出狩猎文化瓦解的端倪。

论及鄂伦春人与雇工之间的雇佣关系，内涵耐人寻味。鄂伦春氏族社会讲究互惠互济，排斥自私和个人对财物的贪婪；况且，鄂伦春人对农业知识懂得很少，因此，对雇工也就无法进行严格监督，一般是靠雇工自觉地做，土地耕种得什么样就是什么样。个别人家有雇打头的，一般是达斡尔人或满族人，他们农业技术高，劳动比其他人积极，在劳动中带头，在技术上做指导，一年的农业生产都由他计划安排。有打头的人家比没打头的人家强，雇工的劳动稍好一些。看来，出现这种关系格局是简单文化与复杂文化相遇时的必然。

与重义气、重朋友、讲信用的价值观相联系，在鄂伦春人与外界交往的每个时期都可以体现出他们处世的这种特色。这种单纯的社会经验，与狩猎的生存方式相关，即环境的封闭性、单纯性，基本上是自给自足的狩猎，辅之以采集、捕鱼经济。这样的生存环境和生活方式，与外界有限的交流，交流中更多地处于被动地位，形成了他们某些封闭、排外等特点，反过来又影响了已经极为有限的与外界交流。

中华人民共和国成立前，依外部社会环境场景的变化，鄂伦春族接触过官方和民间的“谙达”、日伪势力、国民党地方势力。文献表明，当时他们对周边地区的政治局势，特别是在他们在这种局势中所处的政治地位是不了解的。当他们无奈与外界发生难以回避的关系时，他们“政治水平”所能达到的程度是看对方够不够“朋友”，有时是迫于外部人多势众的压力，有时是想获得物质上的一些好处。

对此，《新生鄂伦春族乡志》提供了某些历史记载：

> 黑龙江将军丰绅奏请，从鄂伦春族挑选枪队500人，每年4月于内兴安岭旺山一带操练40日，后犒赏布匹银两遣回。
>
> 1900年，呼玛尔河库丁驻军叛变，库玛尔路协领徐希廉派佐领保忠、台吉善，骁骑校来忠、察多吉善率鄂伦春兵70人镇压之。
>
> 为讨伐呼玛尔一带土匪，库玛尔路派佐领刚通率鄂伦春兵50人协助统领辛天成剿匪。骁骑校德奇琛、委官阿栋阿带兵20人、马60匹，随队押粮到连崟同年，黑龙江副都统对维持地方治安有功的鄂伦春人赏银1000元。
>
> 1942年2月1日，抗联三支队在闹达罕遭遇战胜利后，黑河特务机关恼羞成怒，命令铃木喜一中佐组织70名鄂伦春人尾追三支队。由于鄂伦春人熟悉山路，三支队四处受截，使三支队牺牲66人，被俘2人。[①]

柴少敏先生根据葛德鸿[②]口述而写成的鄂伦春族口述史著作《葛德鸿传——一个鄂伦春人的足迹》，就日伪时期鄂伦春族的政治处境和他们的应对方式提供了翔实资料。书中记载，1937年，日本侵略者为强化其法西斯统治，在鄂伦春猎民中组建“山林自卫队”。他们对淳朴的猎民进行欺骗宣传，谎称成立鄂伦春山林队是为了让鄂伦春人自己保卫自己，不受汉人的压迫。说日本人是真心帮助鄂伦春人的，可以供应吃的、用的，给枪、给子弹，还给大烟。一代又一代的游猎生涯，使鄂伦春人处于同外界隔绝的封闭状态。平时极少接触外界，人们的政治思维几乎是一片空白。日本人先入为主，很快蒙骗了猎民。将一部分猎民编进了“山林自卫队”。[③] 而在日本帝

① 王兆明主编《新生鄂伦春族乡志》，第15~25页。

② 葛德鸿（1917~1994），鄂伦春族中最早走出原始森林，接受先进思想的民族先进人物之一，1949年10月任鄂伦春族发展史上具有历史意义的古里高鲁供销社首任主任，1953年当选政府委员，为动员组织猎民定居及帮助他们适应新的生产、生活做出重要贡献，担任过自治旗主要领导职务。本资料根据柴少敏《葛德鸿传——一个鄂伦春人的足迹》（内蒙古远方出版社，1997）相关内容整理。

③ 参阅柴少敏《葛德鸿传——一个鄂伦春人的足迹》，第52页。

国主义投降以后，在中国共产党领导的东北解放区，开展了反奸清算斗争和土地改革运动。一些恶霸地主、反动资本家以及日伪残余匪徒，逃窜到鄂伦春族地区对鄂伦春族猎民进行反动宣传，造谣共产党不信任鄂伦春人，恶意歪曲共产党的民族政策，曾迷惑了一部分鄂伦春猎民，逼迫他们与人民政权对抗。他们基本就是利用鄂伦春人重感情、讲义气的特点，施用了叩头盟誓的阴谋手段，将一些鄂伦春人绑上他们的战车。①

总　结

综上所述，可以归纳出鄂伦春族历史上与外界交往的某些特点：经济交往表现为很强的政治关系色彩。与外界的交往，看似经济行为，实则不仅仅是经济行为。问题是鄂伦春人对与外界交往的理解是十分简单的，所能做出的选择无非是无奈地听命于外部更强大的势力，或者是为了得到狩猎所无法获得的急需的生活必需品。而对交往的另一方而言，如国家权力机关通过官方“谙达”向朝廷贡貂，既是一种政治统治制度，也是一种技术文化交流。而“弃猎归农”的推行，使鄂伦春人传统文化迅速瓦解。简单文化与复杂文化在交流中，简单文化表现出明显的被动与弱势，如被形形色色商人的歧视和蒙骗，被一些外部政治势力——日伪、国民党残余势力公开地压迫、利用。鄂伦春族历史上与外界交往的过程和形态，充分反映了狩猎文化简单性的特点。

The political interactions of the Oroqen nationality in economic and social communication history

He Qun

Abstract: Cultures of small ethnic groups often have evolved specific interactions when they encounter more or complex cultures and are forced to develop external economic and social communications with the outside world.

① 参阅柴少敏《葛德鸿传——一个鄂伦春人的足迹》，第 101 ~ 114 页。

Generally smaller ethnic groups, who were part of a much larger culture express their political power by their people's attitudes to and relationships with the wider community. The Orogen nationality can be taken as an example for this.

Keywords: Small ethnic group; Oroqen nationality; economic and social communications; political relations.

中国近北极民族北方通古斯人及其文化变迁

唐　戈

摘要：中国近北极民族北方通古斯人包括国家承认的两个民族：鄂温克和鄂伦春，鄂伦春族的内部差别较小，鄂温克族的内部差别较大，包括索伦、通古斯和雅库特三个族群。以1949年中华人民共和国的成立为时间节点，北方通古斯的文化变迁可分为前后两个阶段。北方通古斯人自清朝到现在，其文化变迁大体可以概括为两种类型：来自官方的指导性变迁和因与主体民族接触而产生的涵化（acculturation），清朝政府对北方通古斯人的指导性变迁主要是出于管理的需要而施行的一套行政组织。1949年之后，从20世纪50年代的"定居"到90年代中期，再到21世纪初的"禁猎"，北方通古斯人的传统被彻底改变。

关键词：近北极民族　通古斯人　文化变迁

作者简介：唐戈，黑龙江大学政府管理学院社会学系教授。

一　近北极地区与近北极民族

如何定义近北极民族？可以从不同的角度去定义。一个角度是文化的角度，即生活在非北极地区而在文化与生活上和在北极地区的原住民接近的民族。北极地区原住民文化包括渔猎、饲养驯鹿、生食动物（特别是内脏）、圆锥形帐篷、小集群（相比农业社会的村庄）和游动性、萨满教等多个基本特点。那么在中国，与这种文化最接近的民族就是鄂伦春族、赫哲族和一部分鄂温克族，其中鄂温克族又包括驯鹿鄂温克人和一部分索伦鄂温克人。

另一个角度是地域的角度，即生活在近北极地区的民族就是近北极民族。那么接下来的问题就是如何定义近北极地区。从字面上可以把近北极地区定义为靠近或接近北极地区的地区。北极地区地理环境的典型特点是气候寒冷、永久性冻土以及冰原和苔原地貌等，那么近北极地区在地理环境上与北极地区一样，也具备气候寒冷和永久性冻土两个特点，区别在于近北极地区的地貌特征没有冰原以及苔原不够典型。近北极地区的地貌主要包括针叶林（泰加林）、草原、苔原与泰加林的过渡地带以及泰加林与草原的过渡地带等 4 种类型。

谈到永久性冻土还要在前面加上一个定语“高纬度”，即高纬度永久性冻土，以与以青藏高原为代表的高海拔永久性冻土相区别。如此，中国的近北极地区主要分布在东北和新疆两个地区，其中东北地区主要分布于西北部，包括内蒙古自治区的东北部（整个呼伦贝尔市以及兴安盟和锡林郭勒盟的一小部分地区）和黑龙江省的西北角（漠河县、塔河县等）。新疆的近北极地区主要分布在阿勒泰地区的北部。

东北的近北极地区包括 3 种典型的地貌，即泰加林、草原以及泰加林与草原的过渡地带。泰加林主要分布在内蒙古呼伦贝尔市与黑龙江省接壤的大兴安岭北段以及内蒙古兴安盟的阿尔山市，这是遍及亚欧大陆北部泰加林带分布的最南端。草原包括整个呼伦贝尔草原以及锡林郭勒草原的一小部分，这是遍及亚欧大陆内陆草原的最东缘。泰加林与草原的过渡地带主要分布在大兴安岭北段与呼伦贝尔草原的衔接地带，包括内蒙古额尔古纳市的中南部即三河地区①，以及牙克石市的中部。与泰加林带的游猎和草原地区的游牧不同的是，这一地区独具特色的生计方式是农耕，其中以生活在内蒙古额尔古纳市中南部即三河地区的俄罗斯族和回族②的农耕生计方式最为典型。

如此，中国的近北极民族，即生活在近北极地区的民族主要包括汉、蒙古、哈萨克、达斡尔、鄂温克、鄂伦春、俄罗斯、回等 10 个民族，其中蒙古族包括巴尔虎、察哈尔、布里亚特、厄鲁特和图瓦等 5 个分支。

① 因额尔古纳河南部右岸的三条支流——根河、得尔布干河和哈乌尔河而得名。

② 三河地区的回族是 1956 年当地俄侨大规模迁离（1954 ~ 1955 年）后从山东德州地区迁入的，他们占据了这一地区最好的部分，包括从三河镇到得尔布干河以及得尔布干河沿岸的村镇。

二　中国境内的北方通古斯人

“北方通古斯人”是一个为国际学术界所广泛使用的族群分类概念，这个概念早在苏联、中国和蒙古国等国进行民族识别之前即已为学术界提出并使用，并因俄罗斯著名人类学和民族学家史禄国率先在中国使用而为中国学术界所熟知。北方通古斯人作为一个族群包括后来民族识别而被认定的三个民族，即鄂温克（埃文基）、埃文和鄂伦春。其中鄂温克（埃文基）是跨俄罗斯、中国和蒙古国的跨界民族，埃文是俄罗斯独有的民族，鄂伦春是中国独有的民族。

中国境内的北方通古斯人包括官方认定的两个民族：鄂温克和鄂伦春。这两个民族分别于1957年和1953年被识别。鄂伦春族的内部差别较小，鄂温克族的内部差别较大，包括索伦、通古斯（卡穆尼堪）和驯鹿鄂温克（雅库特）三个族群，“鄂温克”是驯鹿鄂温克人的自称。

鄂伦春和索伦是清朝早期从黑龙江北岸迁到大小兴安岭和嫩江流域的；驯鹿鄂温克是1825年前后从俄罗斯东西伯利亚勒拿河上游右岸地区迁到大兴安岭西北坡的；通古斯是1917年受俄国革命的影响从俄罗斯后贝加尔地区迁到呼伦贝尔草原的。鄂伦春和驯鹿鄂温克是游猎的群体；通古斯是游牧的群体；索伦的情况比较复杂，有游猎和游牧的，也有农耕的。游猎的群体可以看作原生形态的，游牧和农耕的群体可以看作次生形态的。游猎的群体根据所使用的交通工具，分为骑马和使鹿（驯鹿）两个部分，其中骑马的部分包括鄂伦春和一部分索伦，使鹿的部分只有驯鹿鄂温克。

三　中国境内北方通古斯人的文化变迁

以1949年中华人民共和国的成立为时间节点，中国境内北方通古斯人的文化变迁可分为前后两个阶段。

（一）1949年之前的文化变迁

清初，鄂伦春族和索伦人被编入八旗组织。其中鄂伦春族分为摩凌阿和雅发罕两部分。摩凌阿鄂伦春指被编入八旗组织而分散到各地驻防的鄂伦春族，这部分人后来随着清朝社会的变迁而融入了其他民族中。雅发罕鄂伦春实行的是八旗制度的一种变体，即“路佐制度”，这种制度对鄂伦春族的社会组织和族群结构产生了深远的影响，直到20世纪50年代他们定居时都是以“佐（佐领）”为单位建立村庄的。

索伦最初从黑龙江北岸迁到大兴安岭和嫩江流域时，只有游猎和农耕两部分，其中居于嫩江两岸的从事农耕，居于大兴安岭的从事游猎。1732年一部分索伦人被官方迁到呼伦贝尔草原，驻守呼伦贝尔城（今海拉尔），这部分人遂转而从事游牧，从当地蒙古族的文化中采借了相当多的元素。清代，索伦人的氏族组织受到满族氏族组织的影响，分哈拉、莫昆两级，并且这两个词也是从满语中采借的。此外，索伦人还总是与达斡尔族毗邻而居，特别是农耕的群体，受达斡尔文化影响较深，普遍与达斡尔族通婚，会讲达斡尔语。

驯鹿鄂温克人早在俄罗斯境内时，就受到俄罗斯文化的影响。迁到中国境内后，依然受俄罗斯文化的影响。直到1917年俄国革命前，驯鹿鄂温克人都拥有俄国国籍，向俄国纳税。他们把人头税交到对岸俄罗斯的三个村庄（其中两个村庄在黑龙江对岸，一个村庄在额尔古纳河对岸），并与这三个村庄的俄罗斯人进行贸易，在这三个村庄的东正教教堂举行洗礼、婚配和葬礼等圣事。1917年俄国革命后，驯鹿鄂温克人与俄罗斯人的关系转为移民到中国境内的俄侨的关系。在与俄罗斯人的接触过程中，驯鹿鄂温克人从其文化中采借了太多的元素，其中除了物质上的元素，也包括精神上的元素。采借在宗教上表现为一种叠加的二重性，即萨满教和东正教的二重性。

（二）1949年之后的文化变迁

1949年之后，中国境内的北方通古斯人在国家政策影响下，其文化都不同程度发生了变迁。相比较而言，农耕群体变迁程度最小，其次是游牧的群体，最为剧烈的是游猎群体。从1949年到1958年，鄂伦春族陆续在大小兴安岭十几个地方“定居”下来。集体化时代，鄂伦春族和游猎的索伦人在保持游猎的同时，开始尝试农耕。与此同时，大大小小数以千计的汉族林业工人的定居点自20世纪50年代到70年代遍布大小兴安岭，北方通古斯人的村落散落在它们中间。

20世纪90年代中期到21世纪初，鄂伦春族和游猎的索伦人从制度和法律层面停止游猎，全面转向农耕。驯鹿鄂温克人是 2003 年从制度和法律层面停止游猎的。同为游猎的群体，与鄂伦春和索伦不同，驯鹿鄂温克人在放弃游猎时，不是转向农耕而是牧放驯鹿。驯鹿过去仅仅是驯鹿鄂温克人的交通和运输工具，现在成了他们主要甚至唯一的经济来源。最初他们是靠出售驯鹿茸生活，现在一部分人靠旅游业为生，夏季他们靠驯鹿吸引游客。

通古斯和游牧的索伦在经历了集体化之后，1995 年，政府把原来公共的牧场按户分割成小块，不久他们就在属于自己的草场内建起了砖房。不过在分割牧场的同时，地方政府（旗）还保留了一大片公共的夏牧场，通古斯人在的莫勒格尔河地区拥有呼伦贝尔草原最大的夏牧场。

除此之外，农耕和游猎的群体在 1949 年之后与外界交往增多，普遍与汉族通婚，日常交际语言普遍使用汉语，其民族语言和文化存在不同程度的衰落，而游牧的群体与外界交往较少，其民族语言被较好地保留下来。

总之，中国境内的北方通古斯人自清朝建立以来，其文化变迁大体可以概括为两种类型：来自官方的指导性变迁和因与主体民族接触而产生的涵化（acculturation）。清朝政府对北方通古斯人的指导性变迁主要是出于管理的需要而施行的一套行政组织。这套行政组织在很大程度上是建立在北方通古斯人原有社会组织基础之上的，因此对其文化的改变不是很大。另外，驯鹿鄂温克人在俄国十月革命之前，除了向俄国纳税，即每个成年男子（20～50 岁）每年交 3 卢布的人头税，俄国官方并没有对其实施太多的指导性的变迁。

1949 年之后，来自官方的指导性变迁对游猎群体改变可谓根本性的巨变。先是 20 世纪 50 年代的“定居”，继之以 20 世纪 90 年代中期到 21 世纪初的“禁猎”，北方通古斯人的传统被彻底改变。只有驯鹿鄂温克这个小集群在与政府反复讨论协商之后，从原来的“一元论”游猎变为现在的“二元论”，即定居与森林游牧的交替进行。单就游动而言，过去和现在也很不一样，过去是游猎，游动的频率相当大，现在是游牧—牧放驯鹿，一年只搬几次家。可以这样说，只有这个小集群在某种程度上还保有北方通古斯人原生文化：生活在泰加林里，饲养驯鹿，住帐篷，每隔一段时间搬一次家。但由于他们自 20 世纪 70 年代开始与外界频繁交流互动，以至于北方通古斯语虽然存在于他们中间，但使用者越来越少，成了一种濒危语言。

Subarctic ethnic groups in China - the cultural change of the Northern Tungus

Tang Ge

Abstract: China's Northern Tungus consists of two groups officially - recognized as national minorities: the Evenki and the Oroqen. The internal variation of Oroqen is little while the one of Evenki is large. Evenki are grouped for administrative purposes in China into three separate groupings of Solon, Tungus and Yakuts. The history of Northern Tungus' cultural change can be divided into two stages: before and after the year of 1949 when the People's Republic of China was founded. From the time when Qing Dynasty was founded till now, the Northern Tungus' cultural change can be summarized as of two types, namely, the governmentally mandated change and the acculturation as a result of contact with other groups. The governmentally mandated change from Qing government for the Northern Tungus was the administrative organization. After 1949, the Northern Tungus' tradition has been completely changed by the settlement policy in the 1950s and the game-hunting prohibition policy in the mid-1990s.

Keywords: Subarctic ethnic group; Tungus; cultural change.

边缘社区与多面认同：敖鲁古雅鄂温克族乡族群及文化认同研究*

马惠娟

摘要： 中国是个多民族国家，政府通过民族识别确立了56个民族的格局。中华人民共和国成立以来，中国社会发生了巨大变迁。本研究关注少数民族尤其是人口较少民族，在这一过程中的自我调适及认同变化。本研究以敖鲁古雅鄂温克族为个案，把当今小民族的生存状况置于宏大的政治经济语境中进行考察。本研究认为，部分鄂温克的认同呈现出多面的样态，而这一样态的产生同生境变迁、政策引导、传媒以及学术介入等多方面因素密切相关，是族群精英与上述各方因素共同磋商卷入的过程与结果。

关键词： 鄂温克　族群认同　文化变迁　人口较少民族

作者简介： 马惠娟，南京理工大学讲师。

一　研究缘起

中国是一个多民族国家，政府通过民族识别确立了56个民族。中华人民共和国成立以来的民族社会经济文化政策发展，形成56个民族“多元一体”的格局。近年来，随着日益卷入全球化浪潮，中国社会发生了巨大变迁。在这一过程中，少数民族特别是人口较少民族如何进行自我调适，他们

* 中央高校基本科研业务费专项资金资助，No. 30919013210。

的认同感发生怎样的转变，对此中国学术界缺乏足够的关注。本研究以使鹿鄂温克人为个案，把当今小民族的生存状况置于宏大的政治经济语境中进行考察，以期能回答上述问题。

使鹿鄂温克是鄂温克族的一部分，人口始终在一二百人上下。他们在大兴安岭深处以狩猎和放养驯鹿为生。中华人民共和国成立之后，政府始终保持对这一群体的关注和扶持。2003 年，使鹿鄂温克的生态移民将这支不足两百人的族群带到了镜头前，使他们成为社会关注的焦点。应该说，政府对使鹿鄂温克的几次定居努力，也是这一族群逐渐增多与外界接触和交流的过程；2003 年的生态移民可以算作一次加速，其居住地由森林深处迁至城市边缘，互动范围由社区内部扩大到与城市居民、更多族群、研究者和旅游者等之间的频繁互动。在文化交流和利益冲突当中，使鹿鄂温克的族群意识逐步强化，血缘关系更加被强调，地域认同意识发生了拆解、重组等一系列演化，民族认同、国家认同在矛盾与融合中发展。使鹿鄂温克拥有多重身份认同，在特定的时间和情境下，一种身份被强调；而在另一时间和情境当中，这种身份却可能被有选择地忽视，展示出对另一身份的认同。这些身份认同并不是对立和割裂的，而是像棱镜的多个侧面，组成一个相互联系的整体；族群认同不再是平面的界限划分，而呈现出多面的立体的样态。对不同情境下的多面认同进行分析，有助于我们了解小族群在社会变迁和多族群交流情境下的能动性和自我定位，也可以深入探知多方面外在因素对小族群自我认同产生的影响。

二 历史记忆中的“我”与“他者”

“族群认同”（Ethnic Identity），在当今的人文社会科学讨论中被视为族群性的核心问题，主要被用来讨论族群认同及辨异情感的产生和演化过程。关于族群认同的理论主要分为两部分：一是以格尔茨（Clifford Geertz）、范·登·伯格（Pierre L. Van den Berghe）为代表的原生论（Primordialism），二是以库恩（Abner Cohen）、巴拉斯（Paul Brass）等人为代表的工具论（Instrumentalism）。原生论“就是研究主体的认同表达”[①]，关注族群成员主观的认同因素和对文化特征的解释，认为族群的文化特征是先天的，由血

① 范可：《文化多样性及其挑战》，《中国农业大学学报》（社会科学版）2008 年第 4 期。

缘、语言、宗教等先在的内部特质决定。工具论者更为关注的是族群认同产生的社会动因，认为认同是族群成员根据场景变迁做出的理性选择，族群认同源于对稀缺资源的追求，为获取切实的经济、政治或社会利益服务。原生论和工具论之间并非对立，二者强调的是族群认同的不同侧面，原生论侧重于族群内部文化传承，工具论侧重于族群认同动态的维系与变迁。凯斯（Charles Keyes）将原生论和工具论进行了统合，认为族群认同与共同祖先等原生性因素有密切关系，但这些因素只为认同提供了可能性，群体成员想获得特定工具性利益时，对原生性因素做出选择性阐释，这时族群认同才会产生；族群认同不是一成不变的，在社会环境变迁的条件下，特别是发生移民等激烈的政治—经济变动时，会产生新的认同，或者人们会赋予旧有认同以新意义。

以上人类学家的族群认同理论为笔者的资料梳理与理论讨论提供了洞见。为了明确鄂温克人群体认同与周遭自然与社会环境和国家政治语境的关系，我们有必要对他们的文化和社会历史做一简要的梳理，然后再进一步考察他们的认同表达是如何在特定的文化、社会与政治语境里得到体现与变化。

根据2010年第六次人口普查资料，中国现有鄂温克30875人，由于历史、分布地域、自然环境等因素影响，他们有着不同的生产和生活方式。鄂温克人可以分为三个支系：被称为“索伦”的鄂温克，主要分布在内蒙古自治区鄂温克族自治旗、莫力达瓦达斡尔族自治旗、扎兰屯市以及黑龙江讷河市等地，从事游牧业和定居狩猎及农业；被称为“通古斯”的鄂温克，主要分布在内蒙古自治区鄂温克自治旗锡尼河流域、陈巴尔虎旗等地，从事畜牧业；被称为“雅库特”的鄂温克，主要居住在内蒙古自治区呼伦贝尔市根河市敖鲁古雅鄂温克民族乡，从事游猎和驯鹿放养。“雅库特”鄂温克便是本次调查的主要对象，本文采用该族群认可的族称“使鹿鄂温克”。

使鹿鄂温克人的传说认为，人类起源于勒拿河一带的拉马湖。列那河时代的鄂温克人一共有十二个氏族、十二个萨满。根据吕光天等人在1957年进行的民族调查：从列那河迁来中国的使鹿鄂温克是一个大部落，有一个最高的部落酋长（基那斯）；大部落下包括四个大氏族，每一氏族有自己的氏族长（基那斯）；而每一氏族下面又分成若干“乌力楞”，每个“乌力楞”有自己的族长（新玛玛楞）。“乌力楞”是最基层的社会组织单位，一个“乌力楞”由五六个到十一二个数量不等的撮罗子（鄂温克人居住的房子）

组成。使鹿鄂温克最后一位基那斯于1761年去世，从此部落解体，各氏族成为独立的社会单位和生产单位：每一氏族占据一条大河游猎，氏族所属的不同"乌力楞"占据大河之间的不同支流；在通婚上实行氏族外婚制，氏族内部禁止通婚。长久以来，通婚造成的人员流动使得氏族逐渐解体，"乌力楞"演生为独立的社会单元。到1957年民族调查前后，使鹿鄂温克共有五个"乌力楞"，每个"乌力楞"在专属范围内游猎；"乌力楞"成为通婚的独立单位，血缘关系很远的氏族分支之间可以通婚。[①]

由部落到氏族再到"乌力楞"的解体组合过程中，始终贯穿着这样的决定因素——血缘、亲缘和地缘。氏族由具有共同世系的成员组成，"乌力楞"是由血缘和亲缘关系结成的家族公社，而不同氏族或者"乌力楞"之间又以游猎区域，即"千"，作为区别标识。

不同游猎区域的群体间并非相互隔绝，他们定期聚会和相互拜访，除了探亲和互赠礼物之外，也为了促成青年男女结成婚姻。这一时期使鹿鄂温克的血缘、亲缘与地缘认同，是静态的、命定的、非选择性的，强调群体内部在共同生活或共同经济利益基础上的亲密无间的人际关系和群体凝聚力，群体成员的身份认同主要基于直接的血缘、亲缘关系。

三 认同与国家政治语境

（一）族群认同

族群认同产生于同"非我族类"的他族接触、互动之时，生产、生活迥异的异族，为建构和巩固"本族"提供了参考，也是维系本族内部凝聚的重要动力。使鹿鄂温克并非生活在文化孤岛之上，与他族的交往一直存在，其族群意识伴随同外界交往的广度和深度增加而有一个由弱变强的过程。

17世纪之前，贝加尔湖地区一直在中国统辖范围内，使鹿鄂温克的先祖便生活在此。唐朝时，这一族群被称作"鞠"，鞠部落在贞观至永徽年间（627～655）曾一再"奉貂马入朝"[②]。后来的辽、金、元、明、清政府也都

① 内蒙古自治区编辑组：《鄂温克族社会历史调查》，内蒙古人民出版社，1986，第187～190，208～222，522页。

② 吕光天、古清尧：《贝加尔湖地区和黑龙江流域各族与中原的关系史》，黑龙江教育出版社，1998，第102页。

与其存有贡赋关系。至17世纪40年代，因受沙俄侵扰，使鹿鄂温克迁离贝加尔湖地区，迁入额尔古纳河流域。1689年，中俄《尼布楚条约》以额尔古纳河为两国东段边境分界线，清政府于1908年始派赵春芳对使鹿部进行调查并对其进行管理。在这之间二百多年的时间里，使鹿鄂温克受俄国影响较大，他们中的很多人会讲俄语，取俄语名字，烤制俄式“列巴”（面包），其婚丧仪式中也有东正教的影子。国界不严格时，很多俄国商人深入到使鹿鄂温克生活地区，用一些生活生产必需品交换猎民获取的皮张、药材。但那时使鹿鄂温克并没有强烈的国属意识：“鄂伦春人[①]向未知属于中国。亦不能使之深解。”“问以何时归化俄国，是否长住此处，则以不知对，亦谓不日移居他处。”[②]

鄂伦春人与使鹿鄂温克人同是大兴安岭的狩猎者，在生产生活、社会习俗和文化传统等很多方面十分相似。史料里两者分别被称为使马鄂伦春和使鹿鄂伦春，或者统称为鄂伦春。俄国人类学者史禄国（Sergei Mikhailovich Shirokogorov）于20世纪初对这两个族群做过深入的调查研究，把两者归为北方通古斯的不同集团，两个集团间是相互贬斥的关系：鄂伦春认为使鹿鄂温克是不值得相信的，是低劣的族群；使鹿鄂温克自认为优越于其他以“鄂温克”自称的族群，并认为鄂伦春是低劣的，鄙弃其偷马行为和“粗野的举止”[③]。史禄国也指出，双方虽言语上相互排斥，但并不一定带来紧张关系，他们对对方的贬斥中有夸张成分，两者在中立地域相遇时也往往不发生冲突。在使鹿鄂温克老人的记忆里，如果在狩猎途中与鄂伦春人相遇，他们相互会分给对方自己打到的猎物。

该阶段使鹿鄂温克的认同主要表现为原生性族群认同，是在族群互动过程当中，通过对祖源和文化特征的阐释，实现给自己和他人分类的目的。族群理论认为族群认同表达在现代社会主要是一种政治现象，民族国家的叙述话语直接影响族群的认同与阐释。民族识别政策对中国各民族的民族认同，及各个民族之下各族群的认同产生了深刻的影响。

---

① 使鹿鄂温克在史料记载中，往往被与鄂伦春混淆，此处的“鄂伦春”便是对使鹿鄂温克的误称。

② 中东铁路局编《黑龙江》，商务印书馆，1933，第746～753页。

③ 〔俄〕史禄国：《北方通古斯的社会组织》，吴有刚、赵复兴、孟克译，内蒙古人民出版社，1985，第154～161页。

（二）民族识别与鄂温克认同

费孝通认为，族群或者民族称谓，有一个从“他称”转为“自称”，从“民间”称谓到“官方”正式命名的演变过程。[①] 中国在20世纪50年代开展的民族识别工作，就是一次民间与官方就族称问题而进行的大规模互动，由此在中国重新建立起了一个“民族身份”与族群关系制度性的整体框架。

“民族意愿”是鄂温克族命名的主要原则。鄂温克族三个支系在历代官方记载中分别有过多个不同的族称，但他们对自己族群的自称是“鄂温克”。1955年，呼伦贝尔盟召开鄂温克三部分代表座谈会，对统一族称问题进行讨论。1957年《内蒙古自治区党委关于索伦、通古斯、雅库特民族统一名称和推行区域自治问题的决定》中做出这样的决定：“索伦、通古斯、雅库特民族统一为鄂温克民族问题，是这几个民族内部的事，无须政府批准。只要这几个民族绝大多数人民及其领袖人物同意，不致因统一名称而引起民族间不团结，可由这几个民族的代表性人物的座谈会讨论决定。”[②] 根据这一决定，呼伦贝尔盟再次召开座谈会，有9名“索伦族”、3名“雅库特族”、2名“通古斯族”、4名鄂伦春族代表参加，统一协商之后，将“索伦”“通古斯”“雅库特”三个部分统一成为“鄂温克族”。内蒙东北少数民族社会历史调查组鄂温克分组分别于1956年5~7月和1960年8~9月深入奇乾地区对使鹿鄂温克进行了社会历史调查。这两次调查为鄂温克族统一提供了重要参考，也成为后期鄂温克族研究必不可少的参考资料。

民间意愿表达成为官方民族社会历史调查的重要依据，而官方的民族志材料又反过来巩固了这一民族认同。民族史志与口头传承相互调适共同构建并巩固了鄂温克民族认同。民族识别工作帮助少数族群将原本模糊的族群边界明晰化，在民族认同的框架下，特定文化要素被选择出来，作为我群认同及区分他族的标准。对于自身文化与鄂伦春族文化之间的相似性，使鹿鄂温克持强烈否定态度，经常会听到这样的回答：“我们跟鄂伦春完全不一样，他们是养马的，我们是养鹿的”，“我们是从俄罗斯那边过来的，鄂伦春不是”。而鄂温克族的另外两个分支，使鹿鄂温克则持有比较强的认同感，认

① 费孝通：《中华民族的多元一体格局》，《北京大学学报》（哲学社会科学版）1989年第4期。

② 内蒙古自治区党委：《内蒙古党委关于索伦、通古斯、雅库特民族统一名称和推行区域自治问题的决定》，1957年3月8日。

为三分支间虽存在较大的文化差异，但这是历史上多种因素造成的，他们都是“鄂温克族”这一点不容怀疑。一个热衷研究本民族历史文化的使鹿鄂温克长者告诉我：“我们原来都是生活在西伯利亚地区，他们比我们更早迁到这边来，跟当地的汉族、蒙古族接触时间比较长，受他们（汉族、蒙古族）影响比较大，慢慢地就被同化，生活方式跟他们（汉族、蒙古族）很像了……我们（使鹿鄂温克）是三百年前才迁到大兴安岭地区，驯鹿一直没有丢。”

“原生论”认为族群性建立在确信具有共同来源的基础之上。这里所指的共同来源，是在主观上共同认定具有同一祖源，此祖源并非要求客观的共同血缘，可以是社会建构的存在。在同宗同源认同的前提下，语言、宗教、地域、仪式等方面的差异再被有选择地拿来作为族际区分的进一步标识。

（三）“发展”/生态移民/认同

促进各民族共同发展与进步是我们党和政府民族政策的指导方针。中国的少数民族大多分布在偏远边远地区，扶持少数民族进步发展，就成为民族工作的重中之重。对鄂温克族的发展，政府同样做了安排，这是一种如费孝通所谓的“有计划的社会变迁”，这种变迁影响了鄂温克人日后的认同建构与表达。

1. 定居与发展

按照社会进化图式，游猎部落是最为原始的社会形态。中华人民共和国成立之初的使鹿鄂温克正是处于这样的原始社会末期。狩猎采集、居无定所的原始生产生活方式需要在有计划的引导下逐步发展。定居是第一步，现代化是第二步。

1949 年 10 月，就在使鹿鄂温克的主要游猎区域额尔古纳旗建立了奇乾供销社；此后逐步为使鹿鄂温克购买住房，并于 1957 年成立了奇乾鄂温克民族乡。只是当时下山定居的猎民很少，主要是政府工作人员。到了 60 年代，由于地理环境问题及中苏关系问题，使鹿鄂温克的游猎范围逐渐向东迁移。至 1965 年，奇乾鄂温克民族乡迁至满归，成立满归鄂温克民族乡（1973 年改为敖鲁古雅鄂温克族乡）。政府在密林深处的敖鲁古雅为使鹿鄂温克新建 35 户“木刻楞”住房，使鹿鄂温克 35 户、113 人入住新居，实现了全部定居。第三次定居实践发生在 2003 年 8 月，使鹿鄂温克进行了整体生态移民，集体搬迁到根河西郊三车间处的新乡址。新的敖鲁古雅鄂温克民族乡共 31 栋、62 套住房，有 162 人入住。

借用乌热尔图的说法，使鹿鄂温克经历的这三次变迁，是促使其发生一系列变迁的“引擎”。奇乾的第一次定居是引子，开始出现山下有房，山上游猎的生活。第二次定居，即定居满归，后改为敖鲁古雅鄂温克族乡（以下简称“老敖乡”①），使鹿鄂温克实现全面定居。虽然有驯鹿的猎民依然过着山上—山下游走的半定居生活，但在人们的观念里，山上的帐篷和山下的木刻楞都是自己的家，由此就同时拥有了对山上猎民点和山下老敖乡的双重归属感。第三次定居，就是 2003 年的生态移民工程，其目标是放弃狩猎、圈养驯鹿，实现完全定居，开拓驯鹿商品化发展道路。三次定居遵循着逐步推进发展与现代化的思路。

2. 老敖乡与文化交融

定居老敖乡之后，各项基础设施建设随之展开。老敖乡于 1967 年成立了猎业生产队，协助猎民生产生活；并先后建立了民族小学、木材综合加工厂、银行营业所、商店、卫生院、招待所、兽医站、文化站、敬老院等。老敖乡的木材综合加工厂享有每年 1000 立方米的自采木材指标，并每年无偿为猎业生产队提供 4 万元资金，以解决猎民日常生活及搬家的开销。猎业生产队的生产方针在改革开放后发生了很大改变：由 1967 年的“以护林防火为中心，以猎业为主，护养猎并举，适当发展一些副业，以及一部分转向林业”转向 1980 年的“以驯鹿业为主，发展多种经营”；再到 1984 年伴随驯鹿承包到户责任制提出“以饲养驯鹿为主，护养猎并举，积极发展多种经营”。生产方针侧重点由猎业向驯鹿业的转变，也为此后使鹿鄂温克的文化建构提供了至关重要的基础。

使鹿鄂温克在回忆起老敖乡时，评价大多是正面的。认为敖鲁古雅周围本身便是好猎场，也非常适合驯鹿生存，猎民点跟老敖乡隔得不会太远，政府派车也很频繁，山上山下生活很方便。并且政府对使鹿鄂温克的照顾非常周全，有人回忆说在三年困难时期，政府分粮食给其他民族每人只有 27 斤，而鄂温克每人就能够分得 40 斤粮，此外还有大米和豆油。那时不管乡里还是上面来的干部，都能跟着在猎民点那么艰苦的环境里同吃同住，都能挨家挨户、没有隔阂地听取他们的心声。民族扶持政策给使鹿鄂温克带来满足的

① 当地人习惯把满归附近的敖鲁古雅鄂温克族乡称为“老敖乡”，以与根河市郊的新乡址进行区分，人们称呼现在的敖鲁古雅鄂温克族乡为“敖乡”。

不仅是物质利益上的，还有心理层面上的。他们认为那个时候活得“很带劲”，很有尊严。

老敖乡成立之初，除了16名工作人员，全部都是使鹿鄂温克猎民及其子女。随着各项基础设施建设，大量工程建设者及工作人员被调入老敖乡，他们中的一些人与使鹿鄂温克人通婚，留在了老敖乡。有些又把自己的亲戚带到这里定居、通婚。老敖乡逐渐成为一个具有外在吸引力和凝聚力的多族群混居社区。根据董联声的调查，1960年使鹿鄂温克异族通婚户还只占总户数的6.5%；从1965年到2006年8月，使鹿鄂温克共有114人与外族通婚，约占已婚人口的84%，其中与汉族通婚的有92人，占与异族通婚人口的80.7%。[①]

汉族是与使鹿鄂温克通婚的主要群体。他们的迁入是零散的、个体的、以联姻为基础的，因而并没有在老敖乡造成族群矛盾，而是产生了多族群互动基础上的“老敖乡认同”。汉族教会了使鹿鄂温克种植技术，老敖乡几乎每家房前屋后都种上了蔬菜；汉族的春节逐渐成为老敖乡各族群普遍参与的重要节日；90年代后，使鹿鄂温克的婚礼也基本都采用了当地汉族的婚宴形式；80年代，使鹿鄂温克猎民中有40%以上的人能用汉字书写，90%以上能用汉语交流思想，及至90年代，使鹿鄂温克青年已不太会讲鄂温克语，儿童更是清一色的汉语。[②] 迁入老敖乡时间较久的外族也能听懂或者会说一些基本的鄂温克话。

在山上，外来族群向使鹿鄂温克猎民学习放养驯鹿、狩猎以及日常生活的一切常识和技能，也了解并遵守山上生活的禁忌习惯。狩猎文化成为老敖乡认同当中尤为重要的一个因素，人们普遍对“老猎”极为尊重。一位汉族男青年兴致勃勃地回味在老敖乡打猎的情形：“那会儿多威风！背着枪，谁敢惹我们（老敖乡人）！”另一位憨实的汉族老人也告诉我，那会多多少少都能打点猎，不能打到犴和狍子，小小的飞龙、棒鸡和兔子都还是能打到些的，虽然那会这些东西都卖得便宜，但多少算是一份收入。对老敖乡充满了感情的一位满族妇女回忆老敖乡生活时说：“谁打到东西都是挨家分，我那时候差不多天天都能吃到肉。”她认为老敖乡人们之间的感情真诚亲密，那是个“夜不闭户”的美好地方。

① 董联声：《中国最后的狩猎部落》，内蒙古人民出版社，2007，第95页。

② 孔繁志：《敖鲁古雅鄂温克人的文化变迁》，天津古籍出版社，2002，第46页。

在老敖乡这个相对封闭的环境中，使鹿鄂温克这一不足两百人的小族群占据了主体地位：政府工作围绕该族群展开，外来族群对家庭中的使鹿鄂温克大多处于依赖状态。老敖乡存在这样一个不成文的规矩，外族与鄂温克族通婚的后代，民族成分必然选择鄂温克。究其缘由，我国在保障各少数民族的合法权利和利益，促进各民族共同发展的政策指导下，对鄂温克人的教育、住房等都有优惠措施。这种制度化的以特定族群为对象的扶持照顾政策，使得族群身份本身就成为颇具价值且可资遗传的社会资本，巩固和强化了使鹿鄂温克的族群意识。在判断“我群”价值的同时，也使其明确了国家认同，“有事找政府”的观念从一个侧面反映出民间与官方的良性互动。

3. 生态移民与族群认同

2003 年使鹿鄂温克进行的生态移民，居住地由深山迁到城郊，似乎隐喻着从封闭环境里的主体地位向更广阔社会背景下边缘族群的身份过渡。与照顾政策有关的对族群身份的强调、对优惠权利的依赖，以及面临强势族群竞争时的惶惑，都在这一过渡过程中凸显出来。

（1）生态移民原因及过程

使鹿鄂温克 2003 年经历的这次移民，是在国家西部大开发和 10 万人口以下较少民族整体脱贫的整体环境下实施的，兼有强烈的生存色彩。根据政府文件，此次生态移民主要有五方面原因：一是野生动物减少，加上国家相关的动植物保护政策，传统狩猎生活难以为继；二是老敖乡生态环境恶化，山上猎民点条件恶劣；三是老敖乡公共服务设施在市场经济冲击下萎缩，人们生活不够便利；四是基础设施老化，其修缮将耗资巨大；五是使鹿鄂温克与外族通婚困难，短期内面临消亡危险。① 这次生态移民彻底改变了使鹿鄂温克的生产生活方式，使其实行完全意义上的定居。

移民工程于 2001 年获得批复并进行选址，2002 年 7 月开工建设，2003 年 7 月竣工，总投资 1600 万元。建成 31 栋共 62 户住宅，每户 50 平方米；鹿舍 48 个，每个 350 平方米；此外还有政府办公楼、博物馆和鹿产品加工厂等。2003 年移民之前老敖乡共有人口 498 人、179 户，其中鄂温克族 232 人（包括外地鄂温克）。受资金等多方面因素限制，此次移民的分房对象限定在“鄂温克猎民”，即鄂温克族当中的无业家庭，因而只有 62 户、162 人符合分房条件。其他居民一部分领取了每人 4500 元的搬迁费，在根河买房

① 根据根河市民族宗教事务局提供的《敖乡生态移民情况总结》。

子或者租房子定居，一部分则迁出到外地打工自谋生路。

2003 年 8 月 10 日，生态移民开始。至 9 月 28 日在老敖乡举行了搬迁庆典活动，搬迁工作完成。使鹿鄂温克的生态移民吸引了大量媒体和学者的关注，如中央电视台就在移民前后一年内做了至少九次与使鹿鄂温克相关的节目，并于 8 月移民正式实施过程中，进行了连续五天的跟踪报道。但随后猎民返山行动引发了人们的争议。生态移民拟引导使鹿鄂温克完全走出山林，抛弃狩猎、圈养驯鹿。但驯鹿下山后，马上出现了因不适应而死亡的现象，有驯鹿的猎民家庭遂纷纷带着驯鹿重返回山林。

（2）生态移民后的发展

为放养驯鹿，山上重新建起猎民点，但狩猎生活随着生态移民终结。缺少了木材加工厂的补贴和狩猎业收入，政府开始实行新的扶持政策和发展策略。“四少”民族低保由之前的 30 ~ 90 元不等涨到每人每月 100 元；2006 年 7 月，敖乡全部无业鄂温克族被纳入医疗保险范围。向上级财政争取到“千村扶贫工程”和“10 万人口以下较少民族脱贫工程”的款项，落实为“千村扶贫养殖北极狐项目”“人口较少民族扶贫开发呼伦贝尔肉羊养殖项目”和“人口较少民族扶贫开发驯鹿养殖项目”，这三个项目惠及敖乡 62 户居民。使使鹿鄂温克的人均收入由 2003 年的 2892.46 元提高到 2008 年的 6954.35 元。

敖乡还规划开发旅游业提高收入。2004 年提出筹建鄂温克民俗村的构想。2005 年提出兴建“敖鲁古雅部落”和发展家庭旅游的思路。2006 年聘请欧洲某咨询公司做出《敖鲁古雅旅游区开发总体规划》，并开始组织考察团出外考察学习民族旅游。2008 年开始按照该规划把敖乡 62 栋住房翻新成北欧风格二层楼房，至 2009 年完工。2010 年敖鲁古雅乡被评为国家级环境优美乡镇。2013 年敖鲁古雅乡被评为呼伦贝尔市级“花园式单位”。2014 年被国家民委命名为“中国少数民族特色村寨”。2015 年成为“全国特色景观旅游名镇名村”。经济结构进一步优化，驯鹿畜牧业脱颖而出，成为使鹿鄂温克人新的生产方式。不断调整使鹿鄂温克人队伍结构，走出单一的饲养驯鹿就业渠道，不断拓宽就业方式，出现文化旅游、家庭旅游、商服行业、养殖业等一批新兴产业，带动了鹿产品开发公司、滋补酒厂、鹿肉干制品厂、林海源饮料厂等多家企业发展壮大。

（3）敖乡内部族群互动

生态移民后使鹿鄂温克的猎枪被收，没有了狩猎收入，因此政府在这一过渡阶段必须给予使鹿鄂温克越来越多的扶助，但这让使鹿鄂温克与其他族群身份的象征价值差距被拉大，无形中明晰了“他”“我”的边界。

政府扶持的对象是使鹿鄂温克猎民。所谓“猎民”，在政策推行过程中被限定为现无公职的鄂温克族人，他们享有最多的扶持政策。敖乡现在[①]的62户居民中，有11户属于鄂温克族的通古斯支系，被称为“草地鄂温克”，他们迁入老敖乡的主要原因是工作调入，或者与当地人有亲戚关系。“草地鄂温克”从词面看是做出地域性区分，但在敖乡，这是个多少带有贬义色彩的名词。之所以如此，与“沾光”不无关系。政策执行中鄂温克族是一个不可分割的整体，使鹿鄂温克和通古斯鄂温克在敖乡都享有同样的权利，但作为土著的使鹿鄂温克有被通古斯鄂温克“分一杯羹”的疑虑。

另一主要“沾光”群体是与鄂温克通婚的汉族人。生活在敖乡的汉族很多处于无业状态，而生态移民分房，以及扶贫养羊、扶贫养北极狐等项目都是以家庭中鄂温克族成员的名义申请享受，汉族家庭成员只能间接地分享这些扶持政策。

一般认为，族际通婚是族际关系友好的标志之一。只有当两族群之间在文化、语言、社会交往都趋同，且两族群之间不存在整体性偏见等条件下，族际通婚才有可能普遍发生。异族通婚是使鹿鄂温克现在婚姻的主要形式，在老敖乡时期就已经实现了上述族际通婚的条件。但以血缘族群为主体的扶持政策，无形中强化了人们族群的界限。

结　语

由使鹿鄂温克的历史，尤其是中华人民共和国成立以来的发展过程来看，在族群间缓慢、自然接触时，族群身份的判定更倚重血缘、文化等原生性要素，族群边界不成为人们生活中的关注焦点；当大规模、高频度的族群融合、交流发生，且伴随政府政策和各界关注等外在因素出现时，族群身份和边界就成为人们生活中不可忽视的关注点，对它们的限定也呈现模糊多面的状态。这种多面性，源于生境的急剧变迁。原有的“传统”从日常生活中消失，或者发生了意义转变，此时需要对族群文化、族群传统重新进行审视和阐释，以找到可以继续作为族群标识的象征符号。面对不同社会情境，

① 本研究田野调查进行的2009～2010年。

各文化要素交错整合，使族群认同出现多面立体样态。

族群边界产生于“我”与“他者”对话过程中，是双方协商一致的结果。敖鲁古雅使鹿鄂温克的族群认同，同时还是族群自我想象、旅游开发展示性需要、媒体学者话语等多方互动中进行的“文化生产”。外界力量在其族群认同中占据了至关重要的导向作用，极大地形塑了其族群的自我想象。这种多方话语的交织，是使鹿鄂温克呈现出多面认同的又一关键因由。

Marginal community and multi-faced identity: Research on Aoluguya Ewenki's ethnic and cultural identity

Ma Huijuan

Abstract: As a multi-ethnic state, China has shaped a 56 *minzu* framework through *minzu* identification project. Chinese society has experienced great transformation through the past sixty years. This research focuses on Chinese ethnic minorities and their self-identification and self-adjustment during this transformation process. It takes the case of Aoluguya Ewenki and discusses the living conditions of ethnic minorities in broad political-economic background. The author concludes that Aoluguya Ewenki's cultural identity has multiple facets which are closely related to environmental change, policy, media, as well as academic involvements. The multi-faced identification is the result of the negotiation among all the above-mentioned elements and local ethic elites.

Keywords: Ewenki; ethnic identification; cultural transformation.

改革开放40年达斡尔语语言资源的积累与利用

金　洁

摘要： 本文总结归纳了改革开放40年达斡尔语语言资源积累状况，并探讨进一步有效积累、合理利用达斡尔语语言资源的途径，以期为达斡尔语语言资源和其他少数民族濒危语言资源的保护建设与开发利用提供参考。

关键词： 达斡尔语　语言资源　积累　利用

作者简介： 金洁，内蒙古社会科学院民族研究所副研究员。

语言资源是在民族历史发展中形成和发展起来的，是一个民族历史文化发展的记忆和积淀。“语言以它的物质结构系统，承载着丰富、厚重的社会文化信息，为社会所利用，能够产生社会效益和政治、经济、文化、科技等效益，所以是一种有价值、可利用、出效益、多变化、能发展的特殊的社会资源。”[①] 达斡尔语是达斡尔族社会生活中重要的交际工具，是达斡尔族历史文化的载体和民族认同的标志，同时也是达斡尔族发展不可缺少的语言资源。随着经济社会的快速发展，城市化进程的加速，以及来自民族以外社会文化的影响，达斡尔族的语言生活发生了很大的变化。据对中国130多种少数民族语言活力的研究，达斡尔语被认为“语言活力降低，是已经显露濒

① 张晋、王铁昆主编《中国语言资源论丛》，商务印书馆，2009，第8页。

危特征的语言”[①]。因此，开展达斡尔语语言资源的有效保护，并进行合理开发和利用，是很迫切和必要的。

改革开放40年来，在党的民族政策的指引下，达斡尔语语言资源积累取得了新的成就，以语言的调查研究、出版词典、语言文本资料等方式，实现了达斡尔语语言资源积累取得的显著成就。本文总结归纳了改革开放40年来达斡尔语语言资源积累状况，并探讨进一步有效积累、合理利用达斡尔语语言资源的途径，以期为达斡尔语语言资源和其他少数民族濒危语言资源的保护建设与开发利用提供参考。

一　改革开放40年达斡尔语语言资源积累取得的成就

达斡尔语语言资源是达斡尔族历史形成的，是千百年来达斡尔族政治、经济、文化在语言上的体现。改革开放40年间，达斡尔族经济社会发生了重大变迁，传统的渔业、狩猎、烟草业、采集业等生产方式和生活方式已发生巨大改变，适应传统生产生活而形成的达斡尔语也随之远离今天达斡尔人的生活。而这些反映民族独特历史文化、富含民族特点的达斡尔族语言越来越显得珍贵，专家学者和许多达斡尔人逐渐重视对达斡尔语的保护，注重对达斡尔语语言资源的积累，关于达斡尔语的研究逐步深入。

改革开放40年来的达斡尔语语言资源积累取得了重要成就，主要表现在语言调查研究、语言词典、语音文字资料、语音作品、语言本体研究等几个方面。

（一）达斡尔语调查研究

为了保护、发展达斡尔语语言资源，一些学者们在达斡尔族聚居区、散杂居区进行了达斡尔语的语言调查。一是搜集、录入各地达斡尔语语音资料，建立达斡尔语语料库。2005年3月，内蒙古社会科学院组织实施了“蒙古语语料库”建设工程，计划用20年时间建成我国第一个2亿词级的蒙古语、达斡尔语、鄂温克语、鄂伦春语大型综合性语料库。截止到2019年，课题组共搜集了80多小时的达斡尔语自然口语语料。二是从社会语言

① 孙宏开：《中国少数民族语言活力排序研究》，《广西民族大学学报》（哲学社会科学版）2006年第5期。

学出发，对各地达斡尔语使用情况进行调查研究。恩和巴图的调查报告《内蒙古自治区达斡尔族转用汉语普通话现状调查报告》（2000）对内蒙古自治区各地达斡尔族转用、基本转用汉语的情况进行调查。丁石庆的研究著作《双语族群语言文化的调适与重构——达斡尔族个案研究》（2006）、《莫旗达斡尔族语言使用现状与发展趋势》（2009）、《新疆达斡尔族语言现状与发展趋势》（2015）全面论述了内蒙古莫旗、新疆等地达斡尔语的使用情况及发展趋势。除此之外，很多年轻学者也在近些年对达斡尔族语言使用情况开展了不同程度的调查，调查成果颇丰。

（二）编写出版达斡尔语词典

达斡尔语词典是达斡尔族和其他民族学习、使用达斡尔语的重要工具，也是达斡尔语语言资源积累的重要成果。“少数民族濒危语言词典的编纂除具有普通词典编纂的功能外，更具有保护语言和延缓语言消亡的重要作用。”①

改革开放40年间，编纂出版的达斡尔语词典已有14部。对照词典有开英编《达斡尔、哈萨克、汉语对照词典》（1982），收词约13000条；恩和巴图著《达汉小词典》（1983），收词约10000条；恩和巴图的《达斡尔语词汇》（1984），收词约7000条；艾群、赛吉尔、德格吉玛编纂《达蒙汉词汇对照》（打印本）（1986）；孙竹主编《蒙古语族语言词典》（1990），收达斡尔语词约6000条；那顺达来著《汉达词典》（2001），收词约10000条；栗林的《〈达斡尔语词汇〉蒙古语索引》（2011），收词约7000条等。分类词典包括钱木尔·达瓦买提主编《蒙达汉亲属称谓词词典》（1988），收词约7000条；苏都尔·图木热的《达斡尔分类词汇》（2009），收词约1800条；刚苏和编著《达斡尔语分类词汇集》（2011），收词约14000条；彭建新、任少武主编《新疆-齐齐哈尔达斡尔语方言-汉语对照》（2011），收词约11000条；乌云高娃主编的《达斡尔语图解词典》（2011）；杨优臣、何继春主编的《达斡尔语词典》（修订本，2017），收词10790条。2018年，“爱达斡尔词典”微信小程序被达斡尔人在手机微信中使用，输入要查询的汉语词汇，能够查询到相应的汉语拼音标注的达斡尔语读音。

---

① 陈丛梅：《论少数民族濒危语言词典编纂的作用及方法》，《西南科技大学学报》（哲学社会科学版）2010第4期。

达斡尔语词典主要用达斡尔语记音符号、国际音标等记录达斡尔语词汇，内容涵盖了大量反映达斡尔族经济生活、文化生活以及风俗习惯、宗教信仰等方面丰富独特的词汇，体现了达斡尔语在发展过程中形成的布特哈方言、齐齐哈尔方言、海拉尔方言、新疆方言等达斡尔语的4种方言，是达斡尔语资源积累中最为重要的领域。

（三）记录达斡尔语的文本资料

记录达斡尔语的文本资料是主要以达斡尔语记音符号、达斡尔语标音符号、国际音标、满文字母、拉丁字母等几种标音方式记录的达斡尔语文本资料。从19世纪中叶开始，达斡尔族文人就有用满文字母拼写达斡尔语记录了达斡尔族诗歌等达斡尔语文本资料。20世纪80年代初，为适应时代的发展和更好地记录达斡尔语文本资料，恩和巴图以《汉语拼音方案》为基础，创制了字母形式及字母读音基本上同《汉语拼音方案》一致、力求简便易行的达斡尔语记音符号。

改革开放以来，出现了很多以达斡尔族历史、英雄史诗、叙事诗（乌春）、民歌、谜语、谚语等为内容的达斡尔语文本资料。何今声选编的《达斡尔族传统民歌选》（1987）包括达斡尔族传统民歌130首、佚名词曲26首，其中的108首民歌歌词用国际音标标注了达斡尔语歌词。额尔很巴雅尔、恩和巴图的《达斡尔语读本》（1988年）用达斡尔语记音符号编写、记录了达斡尔语学习教材，达斡尔族乌春、民间故事等内容。恩和巴图的《清代使用的达呼尔文》（1996）是用达斡尔语记音符号撰写的第一篇学术论文，该文后来收入于2002年由呼伦贝尔达斡尔学会编辑的《达斡尔文集》中。恩和巴图的论文《关于达斡尔族英雄史诗〈阿勒坦嘎勒布日特〉》（1998），专门比较了30年代鲍培本用国际音标记录的达斡尔语史诗与他本人用达斡尔语记音符号记录的达斡尔语史诗在文本上的区别，分析了英雄史诗中的语言特点和写作手法。20世纪90年代，巴达荣嘎、恩和巴图尝试用达斡尔语记音符号翻译了古典名著《三国演义》。1994年，在纪念郭道甫先生诞生一百周年研讨会上，巴达荣嘎用达斡尔语记音符号创作了达斡尔语诗歌《英名永垂史册》，还有色热、乔文胜、吴智用达斡尔语记音符号创作的达斡尔语诗歌《缅怀郭道甫先生》。[①] 恩和巴图出版的著作《清代达呼尔文

① 内蒙古自治区达斡尔学会：《达斡尔族研究》（第五辑），1996，第148～157页。

文献研究》(2001),用国际音标记录达斡尔语文本、蒙文翻译,收入了51篇达斡尔语文本文献。孟志东编著的《中国达斡尔语韵文体文学作品选集》(上)(下)(2007)用达斡尔语记音符号记录了传统与创作的达斡尔族乌春、扎恩达勒、谚语、谜语和其他方面的内容。毕力格的《达斡尔午春集》用国际音标记录、用蒙文翻译了《在齐齐哈尔城看戏时见到美丽的水花姑娘》《娇鸾乌春》《士兵乌春》《孔子和七岁的孩子》等21首乌春。黑龙江省民族研究学会达斡尔族分会编辑的《色热乌钦集》(2008)当中,巴图宝音用达斡尔语标音符号记录了色热创作的歌颂祖国、家乡、民族英雄等内容的49首乌春和色热用达斡尔语翻译的12首歌曲。苏都热·图木热的《达斡尔乌春》(2011)将1952年孟希舜等人用满文记录的42首达斡尔乌春本重新手抄整理,该书为手抄复印本。吴刚、孟志东、那音太搜集、整理、译注的《达斡尔族英雄叙事》(2013)用达斡尔语记音符号记录了《阿勒坦嘎乐布日特》《绰凯莫日根》《少郎和岱夫》等三部英雄史诗。吴刚主编的《汉族题材少数民族叙事诗译注(达斡尔族 锡伯族 满族卷)》(2014)收录了用达斡尔语记音符号记录的《赵云赞》《莺莺传》《百年长恨》等三篇叙事诗。沃秀芝编著的《达斡尔语传唱传统民歌选》(附有录音光盘)(2015)收入了50首达斡尔族的扎恩达勒(17首)、哈库麦勒(30首)、乌春(6首),该书用达斡尔语记音符号记录达斡尔语歌词文本,用汉语翻译歌词,还用汉语标注了达斡尔语歌词文本的发音。

改革开放40年来,达斡尔族地区开始重视达斡尔语传承教育,一些达斡尔族中小学校陆续开设了达斡尔语选修课,开始编写、出版以国际音标、达斡尔语记音符号、达斡尔语标音符号记录达斡尔语的达斡尔语教程、会话读本。额尔很巴雅尔、恩和巴图编写出版了《达斡尔语读本》(1988),是用达斡尔语记音符号编写教材内容,有30节课的教学内容。乌珠尔著的《达斡尔语标音读本》(1999)用达斡尔语标音符号编写达斡尔语学习教材,分语音、语法教学两部分内容。内蒙古教育出版社还出版了供中小学达斡尔语教学课程使用的《达斡尔语汉译教程》(2008),书中有47节课的教学内容,莫力达瓦达斡尔族自治旗尼尔基第二小学等学校使用该教材教学。苏都热·图木热编著了《达斡尔语会话本》(2012),书中有56节课的教学内容,用达斡尔语记音符号编写教学内容。锡莉、布日古德著有《达斡尔语366句会话句(少数民族语汉英日俄对照)》(2014),该书编写、选用了与人们现代生活较为密切的366个达斡尔语短句。

（四）达斡尔语语音作品

达斡尔语语音作品，包括通过录音磁带、CD、DVD 等形式发行的，以达斡尔语歌曲、民间故事、乌春、扎恩达勒、电影等为内容的音频、视频作品。莫力达瓦达斡尔族自治旗电视台开办了达斡尔语教学节目。2018 年，内蒙古自治区非物质文化遗产保护中心、“歌恩一兰”达斡尔族非物质文化遗产传承基地联合出品了《达斡尔乌春》专辑。该专辑是国内发行的第一张附有国际音标、蒙古文的达斡尔语乌春唱词和汉语唱词翻译内容的 DVD、CD 专辑，共收录了莫力达瓦达斡尔族自治旗 13 位达斡尔族乌春传承人说唱的 39 首乌春。

（五）达斡尔语本体研究

语言本体包括语音系统、词汇系统、语法系统和语义系统，是语言资源的物质基础。改革开放以来，对达斡尔语本体研究，分为对达斡尔语的语音、词汇、句法、语法研究，成果较为显著。

达斡尔语语音研究是对达斡尔语元音、辅音、语音变化、语音研究方法等内容的研究。恩和巴图（1988）、呼格勒图（2004）、喻世长（1981）、仲素纯（1980）、欧南·乌珠尔（2004）等学者对达斡尔语元音研究做出了贡献。达斡尔语辅音研究内容多为蒙古文写作，研究相关内容的学者有达扎布（1994）、山田洋平（2012）、其布尔哈斯（2013）、乌云高娃（2008）等。仲素纯（1982）、恩和巴图（1988）、欧南·乌珠尔（2004）曾论述达斡尔语语音变化的方式、变化现象等内容。梅花（2009）、其布尔哈斯、呼和（2010）采用实验语音学、声学语音学等研究方法为达斡尔语语音研究开创了新路。达斡尔语词汇研究主要是对同源词和借词的研究。达斡尔语同源词研究以蒙古语为主要对象，恩和巴图（1988）、阿尔达扎布（1995，2003）、敖·碧力格（1989）、陈乃雄（1988）等学者在同源词研究中做出了贡献。达斡尔语借词研究方面，塔娜（1982）、丁石庆（1990，1993）、恩和巴图（1993）、朝克（1988）等学者探讨了达斡尔语借入其他语言词汇的规则、特点及演变规律。达斡尔语句法研究常见于专著中，拿木四来（1978）、仲素纯（1982）、恩和巴图（1988）、欧南·乌珠尔（2004）等学者对达斡尔语句法做了介绍，主要涉及句子成分、句型、结构等方面的内容。

除了上述研究外，还有进行达斡尔语方言之间，达斡尔语与其他民族语言比较研究的，包括达斡尔语语音比较、词汇比较、句法比较的研究。相关专著有哈堪楚伦、胡格金台合著的《达呼尔方言与满、蒙语之异同比较》（1978）、拿木四来的《达斡尔语和蒙古语比较研究》（1983）、孙竹的《蒙古语文集》（1985）、恩和巴图的《达斡尔语和蒙古语》（1988）、那顺达来的《达斡尔语与蒙古语、满语的异同比较》（2007）等。达斡尔语语音比较研究分为达斡尔语方言之间的内部比较和与邻近的蒙古语族、满通古斯语族语言的外部比较。对语音比较研究做出贡献的学者有巴达荣嘎（1982，1993）、刘照雄（1984）、恩和巴图（1988）、何日莫奇（1991）、丁石庆（1996）、其布尔哈斯（2004）、呼格勒图（2004）、希德夫（2004）、马银亮（2005）等。达斡尔语词汇比较研究主要集中于达斡尔语词义的研究，其布尔哈斯（2013）、阿尔达扎布（2003）等学者对达斡尔语和蒙古语的同源词词义、词义演变等内容进行了分析。达斡尔语的语法比较研究成果多集中于 20 世纪八九十年代，沃彩金（1984）、孙竹（1987）、巴达荣嘎（1988）、朝克（1990，1993，1997）、斯仁巴图（2001）等学者对达斡尔语与蒙古语族、满通古斯语族、突厥语族语言之间语法特征的共性和个性的研究较多。

1978 年党的十一届三中全会以后，党的民族政策得到了贯彻落实。为保护、利用达斡尔语语言资源，恩和巴图创制了《达斡尔语记音符号》，黑龙江省达斡尔族学会制定了达斡尔语标音方案。40 年来，一些文化教育工作者用掌握的达斡尔语记音符号、达斡尔语标音符号、国际音标从事达斡尔语语言研究、民族学研究、编著词典、记录民间文学作品、文艺创作、传播民间优秀文化遗产和其他研究工作。目前，这些记录形式已经起到了具有文字效应的辅助工具作用，为进一步积累达斡尔语语言资源打下了基础。[①]

二　关于进一步积累、利用达斡尔语语言资源的探讨

教育部国家语委提出："加强各民族语言文字的科学研究和资源开发利用。加强语言资源数字化建设，推动语言资源共享，充分挖掘、合理利用语言资源的文化价值和经济价值。建立和完善语言资源库，探索方言使用和保

① 毅松编著《中国达斡尔人》，内蒙古文化出版社，2017，第 9 页。

护的科学途径，用现代技术手段记录保存少数民族濒危语言。”① 该内容是今后一段时期内对科学保护各民族语言文字的发展规划，也为积累、利用达斡尔语语言资源提出了新时期的发展方向。在此，针对达斡尔语存在的语言活力减弱、语言流失、使用人口比例减少等现实问题，在达斡尔语语言资源积累取得重要成就的基础上，探讨进一步积累、利用达斡尔语资源的途径方法。

（一）加强语言资源数字化建设

适应新时代的发展，依靠现代科技手段，采取有效的保护和发展措施，使达斡尔语语言资源得到进一步的积累和利用。

一是建立和完善达斡尔语语料库。语料库的建设和发展为积累和利用语言资源提供了一个新的途径。语料库的优势在于，搜集语料规模大，处理方法和操作手段更科学、更有效。建立达斡尔语语料库，对于维护达斡尔语资源安全、保护达斡尔语资源、推进达斡尔语资源数字化建设、促进达斡尔语资源共享，具有重大的现实意义和学术价值。达斡尔语语料库的建立与完善，包括设计规范的整体规划，寻找熟练掌握达斡尔语的发音人，编制内容丰富的发音素材，拥有具备一定素质的专业技术人员，采用先进的录音设备，设置专业的录制语料环境，整理录音、记音材料，进行语音标注，科学管理语料库系统等一系列工作。现如今，语料模式为动态多样的、时间线形的多模态语料库正在逐渐取代传统的语料库，这为今后达斡尔语语料库的建立与完善指出了更新、更科学的路径。

二是建立达斡尔语语言资源网站。建立语言资源网站，可以将先进的互联网技术用于服务濒危语言的记录、保存和教学工作，打造一个便于用户分享语言资源，语言知识，保护实践和进行案例分析的平台。② 建立达斡尔语语言资源网站，有效地利用互联网技术，最大程度地调集到达斡尔语资源建设所需要的人力，短时间、大范围、低成本地获取丰富、翔实的达斡尔语语料，实现达斡尔语资源共享，从而推动达斡尔语资源建设的发展。

---

① 教育部国家语委：《国家中长期语言文字事业改革和发展规划纲要（2012～2020年）》，2012年12月。

② 何伟、陆叶、苏姗：《语言地标：互联网语言资源建设新方法》，《语言文字应用》2016第4期。

（二）提倡用达斡尔语记录、研究达斡尔族文化

早在20世纪90年代，达斡尔族学者恩和巴图就提出，“用达呼尔文写会标、会刊名、论文、前言、贺信、讲话稿，用规范文改写诗词、翻译和创作诗歌等。”[①] 他本人曾用达斡尔语记音符号撰写论文、翻译创作小说、在达斡尔族研讨会上用达斡尔语发言。在近几年的国际母语日活动中，达斡尔族、鄂温克族、鄂伦春族的学者们都使用母语宣读论文。熟练掌握达斡尔语、研究达斡尔族文化的专家学者，应尽量使用达斡尔语记音符号记录达斡尔族传统文化内容、撰写研究论文，进一步拓展达斡尔语的应用领域，丰富达斡尔语语言资源及其应用。

（三）创新、发展达斡尔语中的词汇、句式

清代嘉庆年间，就开始有用“达呼尔文”记录的达斡尔语诗词、歌赋、游记等文学作品，以及后来有了词典和教科书。最早使用满文进行达斡尔族文学创作的人是昌芝田（1809～1885）先生。在恩和巴图的论文中曾记述：“根据图木热先生说他们家就有过两本用达斡尔语翻译的小说。另据孟希舜先生说有过达呼尔文的《唐诗三百首》。”[②] 达斡尔人过去曾在创制达斡尔文字、创新达斡尔语方面作了很多努力。只有在不断地使用、积累达斡尔语语言资源的基础上，适应新的社会语言环境，给达斡尔语语言资源注入新鲜血液，才能使达斡尔语长久保持语言活力。一是尝试用达斡尔语记音符号翻译、创作已有作品。例如，巴达荣嘎、恩和巴图用了八年的时间创作了达斡尔族口译文学《三国演义》；还有人将中文的电视剧台词翻译成达斡尔语等。二是倡导用达斡尔语记音符号创作新的诗歌、小说、散文、歌曲等作品，包括创作一些新词。例如，《色热乌钦集》（2008）中，色热用达斡尔语创作了多首歌颂家乡、祖国、民族英雄的乌春。

（四）进一步加强达斡尔语传承教育

21世纪以来，莫力达瓦达斡尔族自治旗的几个达斡尔族中小学开设了

---

① 恩和巴图：《挖掘 继承 发展——谈达呼尔文和编辑出版〈达呼尔文文库〉》，《达斡尔族研究（第八辑）》，内蒙古大学出版社，2005，第341页。

② 恩和巴图：《挖掘 继承 发展——谈达呼尔文和编辑出版〈达呼尔文文库〉》，第335页。

达斡尔语教学课程，有了正式出版的达斡尔语教材。但达斡尔语传承教育尚处于发展初期，存在着达斡尔语教学课程被设置为选修课，达斡尔语教材数量少、种类单一、没有按语言掌握程度和年龄阶段分类编写、达斡尔语教师资源短缺等问题。许鲜明认为："双语教育在减缓少数民族语言衰退、扭转语言转用、保护少数民族语言及濒危语言保护中具有积极作用。"① 因此，在积累、利用达斡尔语资源的目标中，把进一步加强达斡尔语传承教育、培养下一代达斡尔语语言人才列为一项重要的工作。首先，针对不同年龄阶段、掌握达斡尔语的不同程度和不同地区使用不同方言的情况，重新编写出版供幼儿园、小学、初中、高中学生使用的多版本、多种类、多数量、多地区方言文化的达斡尔语教材。其次，在莫力达瓦达斡尔族自治旗的达斡尔族幼儿园、中小学设立达斡尔语教学实验班，将达斡尔语课程教学从选修课改为必修课，开展达—汉双语教学。再次，培养达斡尔族语言文化专职教师。最后，在大学里开设达斡尔族语言文化研究学科专业，培养出一些达斡尔族语言文化专业人才。

Accumulation and utilization of Daur language resources in the past 40 years of reform and opening-up

Jin Jie

Abstract: This paper describes the collection of Daur language materials in the past 40 years of reform and opening-up. It also explores ways to deal with these language resources.

Keywords: Reform and opening-up; Daur language; language resources; language accumulation; language utilization.

① 许鲜明：《双语教育对少数民族语言的保护作用》，《玉溪师范学院学报》2012 第 5 期。

旅游与地区发展学

加拿大北极地区可再生资源开发与利用研究*

潘 敏 李浩涵

摘要： 资源开发是全球气候变暖下的北极地区两大看点之一，此处的资源包括可再生资源和不可再生资源，前者包括旅游资源、渔业资源、可再生能源等，后者则指石油、天然气、铁矿石等矿产资源。一直以来人们关注较多的是北极航道、油气、铁矿石、稀土等资源的开发和利用，对旅游资源、渔业资源和可再生能源则问津不多。本文研究加拿大北极地区可再生资源的开发和利用现状及其特点，与环北极其他国家相比，加拿大北极地区可再生资源的开发与利用相对较低，在领域和地域上则分布不均，但由于各准省政府的战略和政策上的大力支持，未来发展前景光明。

关键词： 加拿大北极地区 可再生资源 旅游业 渔业

作者简介： 潘敏，同济大学政治与国际关系学院教授；李浩涵，同济大学政治与国际关系学院2017级硕士研究生。

一 引言：北极地区可再生资源的开发和利用

资源开发是全球气候变暖下的北极地区的两大看点之一（另一是航道

* 本文为上海市浦江人才计划资助项目“北极原住民地区资源开发与中国参与研究”（项目编号：17PJC104）的中期成果。

开通），当下成为探索北极地区的重要驱动力，也是北极利益攸关方参与北极地区事务、寻求北极地区合作的重要方面之一。此处的资源包括可再生资源和不可再生资源，前者包括旅游业、渔业（捕捞业）、可再生能源等，后者则指石油、天然气、铁矿石等矿产资源。学者对不可再生资源的开发和利用有一定的研究，但对旅游业、渔业（捕捞业）、可再生能源等则关注不多。[①] 如果说矿产资源更多的是建立在对全球气候持续变暖之预期的话（北极地区绝大多数矿产资源都处于勘探状态，正在开发的屈指可数），那么旅游、渔业（捕捞业）、可再生能源等则是北极地区一直开发和利用着的资源。

渔业 北极地区生活着 400 万名居民，其中大约有 50 万人口是原住民。[②] 渔业（捕捞业）长期以来是北极原住民的生计来源，如今在北极地区的经济发展和对外贸易中仍举足轻重。例如，捕猎业是格陵兰因纽特人所从事的主要职业和收入来源，2012 年以来捕猎出口占格陵兰出口总额的 85% 以上。[③] 其渔业产量全部来自海洋捕捞。2010 年以来，捕捞产量逐年增加，到 2014 年达到 29.2 万多吨，但 2015 年有所下降，为 26.8 万吨[④]，这主要

---

① 中国学者有关北极旅游业研究著述不多。国关和国政学者的北极旅游业研究集中于地缘政治及行为体参与研究：其中，李振福认为北极旅游资源开发是北极在全球地缘政治中“大脑”地位确立的驱动要素之一，尽管“旅游是与北极地区进行民间互动的最好方式”，但“北极旅游具有低敏感性”，北极旅游输出国能通过旅游过程输出国家意志，于“无形中强化本国的北极存在”，“是进行地缘政治角逐的无形工具”，其在预先界定北极旅游政治的内涵与分析框架的基础上，对北极旅游与政治间关系进行探究后，提出中国应以北极旅游为突破口参与北极事务（李振福：《世界的大脑：北极地缘政治新定位》，《通化师范学院学报（人文社会科学）》2017 年第 5 期，第 69 页；李振福、彭琰：《北极旅游政治研究》，《南京政治学院学报》2016 年第 5 期，第 63 ~ 70 页）；孙凯、张佳佳对北极资源（包括旅游资源）开发的企业参与进行研究，对中国企业的北极资源开发提出兼顾经济效益和公共外交功能、社会责任的学界新要求（孙凯、张佳佳：《北极“开发时代”的企业参与及对中国的启示》，《中国海洋大学学报（社会科学版）》2017 年第 2 期，第 71 ~ 77 页）。国内学者关于北极渔业方面的研究主要从地缘政治和渔业治理、北极地区渔业管理机制以及北极渔业法律问题等三个方面进行，近年来，也有几位学者开始关注北冰洋公海渔业的治理问题（赵隆：《从渔业问题看北极治理的困境与路径》，《国际问题研究》2013 年第 4 期；邹磊磊、密晨曦：《北极渔业及渔业管理之现状及展望》，《太平洋学报》2016 年第 3 期；邹磊磊、黄硕琳：《试论北冰洋公海渔业管理中北极五国的“领导”地位》，《中国海洋大学学报》2016 年第 3 期等）

② “Permanent Participants”，北极理事会网站，网址：http：//www. arctic - council. org/index. php/ en/about - us/permanent - participants。

③ “Greenland in Figures 2017”, p. 20, Statistics Greenland, http: //www. stat. gl/publ/en/GF/2017/pdf/Greenland% 20in% 20Figures% 202017. pdf.

④ “Food and Agriculture Organization of the United Nations”, Fishery and Aquaculture statistics 2015. p. 9.

跟海豹捕获量大幅度下降有关（从2014年的13万多头下降到8.8万多头，下降了32%）。[①] 尽管2010年以来对海豹产品交易采取的限制措施，但格陵兰在总体捕捞业方面并没有受到太大的影响，这也是由于自治政府采取了新的贸易策略，拓展新的市场。[②] 在冰岛，渔业部门为该国经济发展做出了重大贡献。[③]

再如挪威，近年来海洋捕捞业产量位居世界第11位，2014年、2015年达到230万吨左右[④]，其中95%左右来源于联合国粮农组织划分的27渔区（主要包括巴伦支海、挪威海、格陵兰海、冰岛周围等的北极海域）。[⑤] 挪威的渔业出口量占世界第二位，仅次于中国。[⑥] 与此同时，挪威的养殖业也在稳步增长，从2006年的71万多吨增长到2015年的138万吨，10年增长了92%；2015年挪威从事渔业捕捞的渔民达11130人。[⑦]

但北冰洋沿岸国的海洋捕捞活动主要是在北冰洋周边海域进行，北冰洋中心海域目前还没有捕捞活动。联合国粮农组织统计的渔业年产量数据，涉及北冰洋海域的18渔区捕捞量为未知，我们也可以理解为没有捕捞活动。[⑧] 随着气候变化加剧，一些北冰洋周边海域的鱼类向北迁移，进入了北冰洋。这增加了未来北冰洋公海商业性捕捞的可能性。而有些地区比如美国和俄罗斯交界处的海域（水深不足2000米，适合展开海洋捕捞的深度）夏季已经适合捕捞。美国已于2009年颁布了在其北冰洋200海里专属经济区禁止捕捞的决议。[⑨] 2014年，加拿大联邦政府也颁布了同样的决议。[⑩] 2017年11

① "Greenland in Figures 2017", p. 14, Statistics Greenland, http://www.stat.gl/publ/en/GF/2017/pdf/Greenland%20in%20Figures%202017.pdf.

② "世贸组织裁决欧盟禁止海豹产品交易未违反全球贸易规则"，国际在线：http://gb.cri.cn/42071/2014/05/23/6071s4552125.htm。

③ 江时学：《冰岛危机刍议》，《欧洲研究》2009年第3期，第138页。

④ "Food and Agriculture Organization of the United Nations", Fishery and Aquaculture statistics 2015. p. 9.

⑤ 邹磊磊：《北极渔业及渔业管理与中国应对》，中国海洋大学出版社，2017，第48页。

⑥ Food and Agriculture Organization of the United Nations, "Fishery and Aquaculture statistics 2015", p. xvii.

⑦ Food and Agriculture Organization of the United Nations, "Fishery and Aquaculture statistics 2015", pp. 28, 17.

⑧ 邹磊磊：《北极渔业及渔业管理与中国应对》，中国海洋大学出版社，2017年8月版，第44页。

⑨ Min Pan, Henry P. Huntington, "A precautionary approach to fisheries in the Central Arctic Ocean", *Policy, Science, and China Marine Policy*, 63 (2016) pp. 153-157.

⑩ Bob Weber, "Ottawa restricts possible Arctic fisheries", *The Canadian Press*, October 17, 2014.

月 30 日，北冰洋沿岸五国和中国、日本、韩国、欧盟、冰岛十方就《防止北冰洋公海无规则捕捞协议》文本达成一致意见，即在获得充足科学信息以及建立渔业管理机制之前，应禁止北冰洋公海商业捕捞活动。

旅游业　18、19 世纪以来，伴随着外来文明进入北极地区，越来越多的人对这里独特的极地风光和北极原住民顽强的生存能力感兴趣，旅游资源逐步得到开发并成为当地人的重要收入来源。随着交通工具的改进，那些人烟稀少但经济发展较好的地区也渐渐迎来了远方的游客，并形成了重要的季节性经济。[①]

一百多年前，探险家们沿着挪威海峡及斯堪的纳维亚北部山地开始了极地探险。自此之后，欧洲北极地区游客人数尽管与现在相比维持在较低水平，但持续的交通革新也为其源源不断输送了观光客。而北美北极地区，由于居民数量稀少，尽管拥有覆盖面广泛的基础设施建设，旅游业发展则相对滞后。但 20 世纪初以来，以游轮为交通载体的旅游活动也为美国阿拉斯加地区带来了可观的游客数量和收入，使之成为世界四个游轮观光地之一。[②]其他地区如芬兰拉普兰地区、挪威北博滕地区，则以其圣诞公园、罗瓦涅米及冰酒店等极地旅游品牌的成功营销，跃居欧洲北极地区的首要之地。冰岛以年均接待游客 270 万人，仅排在芬兰和挪威之后。而诸如加拿大育空地区与努纳武特地区、丹麦格陵兰岛及挪威斯瓦尔巴特群岛等，与上述旅游地相比，则处于次要地位。[③] 此外，尽管俄罗斯占据了北极地区将近三分之二的领土面积[④]，但除了科拉半岛之外，游客数量数据获取困难，但估测数量也相当少，[⑤] 有较大发展空间，以至于有研究者得出这样的结论：之于俄罗斯，“在公共战略规划、研究和商业活动领域，北极旅游业发展都是新话题”[⑥]。

可再生能源　随着人类科学技术的进步，北极地区的可再生能源如地热和水力发电的开发也成为可能，且已经成为一些北极国家的主要能源来源，

---

① Charles Emmerson and Glada Lahn, *Arctic Opening*: *Opportunity and Risk in the High North*. p. 31, http: //www. chathamhouse. org/publications/papers/view/182839.

② Dieter K. Müller, *Issues in Arctic Tourism*, The New Arctic, 2015, p. 149.

③ Dieter K. Müller, *Issues in Arctic Tourism*, The New Arctic, 2015, p. 150.

④ Svetlana Usenyuk and Maria Gostyaeva, *Arctic Tourism*: *The Design Approach with Reference to the Russian North*, The Interconnected Arctic-UArctic Congress 2016, p. 231.

⑤ Dieter K. Müller, *Issues in Arctic Tourism*, The New Arctic, 2015, p. 150.

⑥ Svetlana Usenyuk and Maria Gostyaeva, *Arctic Tourism*: *The Design Approach with Reference to the Russian North*, The Interconnected Arctic-UArctic Congress 2016, p. 232.

并具有巨大的开采潜能。冰岛在利用可再生能源方面已成为世界领先者，其丰富的水电和地热资源现在提供了该国将近100%的发电量和85%的一次能源（primary energy）使用。[①] 目前格陵兰水力发电占该岛电力用量的70%，并力争到2030年达到90%；[②] 水力发电消费量一直稳居格陵兰岛能源消费总量的第二位，且近年来增长之势明显，2010～2015年分别占能源总消费量的比例为：9.82%、10.28%、13.27%、14.23%、16.39%、17.2%。[③] 一位挪威学者告诉笔者，一旦技术上有突破（比如在寒冷地带远距离传输电力），格陵兰可开采的水电资源可以源源不断供应北美大陆。[④] 阿拉斯加拥有巨大的可再生能源，这不仅包括水力发电，还有风能、地热能、潮汐和波浪能等，美国近90%的水力资源在阿拉斯加。目前阿拉斯加将近四分之一的电力来自水力发电，州政府制定了目标，到2025年，从可再生能源获得50%的电能。在一些社区，比如考迪亚克（Kodiak），其目标是到2020年，从风能和水力发电中获得95%的电能。[⑤]

从上文的数据中可以看出，北极地区可再生资源利用历史悠久，且近十年来呈现稳步增长的趋势。与此同时，北极地区各国中央政府和地方政府也制订了促进可再生资源开发的战略和政策，有些地区还积极寻求域外国家的技术合作，加快可再生资源开发和利用。下文将以加拿大为例，探讨该国北极地区可再生资源开发战略、政策及管理问题。之所以选择加拿大北极地区，基于以下三点考虑：一是该国在北极地区拥有广袤的领土和漫长的海岸线，扼守西北航道，战略地位重要；二是北极原住民因纽特民族在这一地区生活了数千年，积累了丰富的可再生资源利用和管理的经验；三是可再生资源（尤其是可再生能源）开发利用与北欧北极地区相比相对较低，正因为较低，才具有合作开发的前景。

---

① Orkustofnun, 2014, "Energy statistics in Iceland 2013", http://os.is/gogn/os-onnur-rit/orkutolur_2013-enska.pdf.

② 《丹麦格陵兰国有能源公司一行到访中国电科院》，2017年11月1日，中国电力电子产业网，http://www.p-e-china.com/neir.asp?newsid=102857。

③ 第一位是柴油能源，2017年占能源消费总量的59.27%，尽管比例高，但近几年来一直在下降，2010年占72.85%。"Greenland in Figures 2017", p.24, Statistics Greenland, http://www.stat.gl/publ/en/GF/2017/pdf/Greenland%20in%20Figures%202017.pdf。

④ 2017年6月22日，笔者就美国格陵兰关系访谈特罗姆瑟大学-挪威北极大学"巴伦支政治学"讲席教授贝特尔森（Rasmus Gjedssø Bertelsen，丹麦人）。

⑤ Report to AFN Board, "Challenges & Opportunities for Renewable Energy in Alaska", May 24, 2012, p.3.

二 加拿大北极地区概况

关于加拿大北极地区的范围，学者们根据物理、地理、政治和行政管理等特征有多种划分，[①] 但习惯上加拿大国民和联邦政府将北纬 60 度以北地区称为加拿大北极地区，包括育空、西北、努纳武特三个准省，以及魁北克省北部的努纳维克地区（因纽特人聚居区）和拉布拉多 - 纽芬兰省的努纳茨伊武特地区（因纽特人聚居区）。三省两地区的总面积近 440 多万平方公里，大约占加拿大国土总面积的 45%，[②] 若加上三省两地区的海洋部分，则占加拿大陆海总面积的 30%[③]。北纬 70 度以北地区由星罗棋布的小岛组成，向北一直延伸到北极点。一年大多时间里，高纬度海域被北极冰所覆盖，在夏季大约一个多月的时间里，海冰融化，可以乘船到达这些小岛。近年来全球气候变暖，大型船只也可以从西北航道通行，2017 年 9 月，中国第八次北极科学考察队搭乘“雪龙”号科考船成功穿越北极西北航道，“为我国开辟了北美经济圈至东北亚经济圈的海上新通道”[④]。

2016 年北方三个准省的人口情况是：育空 35874 人，西北 41786 人，努纳武特 35944 人，三省人口总数占加拿大全国总人口的 0.32%，区区 11 万多人口生活在 400 多万平方公里的土地上，是名副其实的地广人稀地区。但三个准省中的二个人口增长迅猛，尤其是努纳武特准省比 2011 年统计时增长了 12.7%，其次是育空，增长了 5.8%。[⑤] 三个准省的原住民人口比例较高，努纳武特 85.9% 的人口是原住民，西北为 50.7%，育空为 23.3%，

① 彼得·哈里森：《加拿大北极地区：挑战与机遇》，钱浩 译，《国际观察》2014 年第 1 期。

② 笔者根据三省官方网站资料统计，网址：http：//en. wikipedia. org/wiki/Nunavut，http：//en. wikipedia. org/wiki/Northwest_ Territories，http：//en. wikipedia. org/wiki/Yukon。

③ 彼得·哈里森：《加拿大北极地区：挑战与机遇》。

④ 《雪龙号成功穿越北极西北航道》，2017 年 9 月 8 日，国家海洋局极地考察办公室官网，http：//www. chinare. gov. cn/caa/gb_ news. php？ id = 2035&modid = 09013。

⑤ “Census Profile，2016 Census”，Statistics Canada，http：//www12. statcan. gc. ca/census - recensement/2016/dp - pd/prof/index. cfm？ Lang = E. 努纳武特地区是北极地区人口增长最快的地区，2000 ~ 2010 年人口增长了 20%，参见 Joan Nymand Larsen and Gall Fondahl（eds.），“Arctic Human Development Report：Regional Processes and Global Linkages”，Copenhagen：Nordic Council of Ministers 2014，p. 55。

其中努纳武特的原住民以因纽特民族为主。[①]

加拿大北极地区的三个准省由于地理位置偏远、地广人稀、加入加拿大联邦较晚等原因[②]，在行政建制上还没达到 Province（省）的资格，被称为 Territory，有些学者将其译成“领地”“领区”[③]，笔者译成“准省”。准省和省最大的区别是属于省政府的矿产资源管理权被联邦政府代为管理，直到准省政府有能力管理为止。在 2003 年前，三个准省的矿业活动由联邦政府通过派驻观察员或直接管理的方式行使管理权。经过与联邦政府多年协商谈判，育空于 2003 年、西北于 2014 年分别获得了土地和资源管理权，但西北和育空仍然称 Territory，在建制上改为 Province 还需一段时间。[④] 目前加拿大联邦只有努纳武特准省没有获得完全的矿产资源管理权力，但从 2005 年起权力下放的协商已经开始[⑤]，这可能是一个漫长的历史过程。[⑥]

三　加拿大北极地区可再生资源的开发与利用现状

加拿大北极地区可再生资源利用包括农业、林业、旅游、捕猎、可再生能源以及对一些植物的采集，如蘑菇、浆果、药用草本植物等。三个准省的农业主要是应高物价而产生的新兴产业，包括家禽饲养、温室大棚等，规模小，但近十年来却得到了较大的发展，例如 2014 年西北准省的农业年收入超过 800 万 ~ 1000 万加元；[⑦] 为了改变高度依赖进口石化燃料的局面，减轻高昂的能源价格的压力以及减缓石化燃料对环境的影响，三准省政府近几年

---

① “Aboriginal Peoples Highlight Tables, 2016 Census”, Statistics Canada, http://www12.statcan.gc.ca/census-recensement/index-eng.cfm.

② 育空、西北三个准省分别于 1898 年、1967 年加入联邦。努纳武特准省成立于 1999 年 4 月 1 日，是从原西北准省分离出来。

③ 钱浩翻译的彼得·哈里森的论文《加拿大北极地区：挑战与机遇》（《国际观察》2014 年第 1 期）就用“领区”这个词。大多数学者用“领地”。

④ 西北准省几块特定土地的管理权仍然属于联邦政府。权力下放后，联邦政府仍然在育空地区、西北地区保留一定的权力和责任，跟在其他省份一样。这些权力和责任包括土地申明的执行、税收、基础建设、经济发展、交通以及对一些项目的支持和融资等。

⑤ Paul Mayer, “Mayer Report on Nunavut Devolution”, June 2007, pp. 5-6, http://www.fasken.com/files/Publication/18ea17f5-adb6-4202-a5c1-179101b35017/Presentation/PublicationAttachment/22d7846c-60dc-4885-85ff-18d948f717f6/MayerReportonNunavutDevolution.Eng.pdf.

⑥ 至于具体要多长时间能完成权力移交？笔者于 2014 年 6 月在伊魁特调研时，问了很多人，答案不相同，有的人很悲观，可能要 30 年；也有人说需要 10 ~ 15 年。

⑦ “Northwest Territories Economic Outlook 2014-15”, p. 27.

来制定可再生能源开发和利用战略和政策，但只处于研发阶段，还没有实质性的成就。因此本文重点分析加拿大北极地区的旅游业和捕捞业。

加拿大北极地区旅游资源主要有北极地区独特的荒野自然环境、绚丽梦幻的北极光以及充满神秘感的原住民。例如，“荒野旅游业是育空地区经济的强劲贡献者”①，优质荒野环境（尤其野生公园区域）②、野生动植物观赏、历史景点体验成为游客到育空地区进行荒野旅游的主要消费内容③；另一方面，游客对“原住民文化旅游业”产品的“整体兴趣也很高”④，并且“那些已经参与国原住民文化游历的游客更有可能再次进行游历”，这无疑展现了育空地区文化旅游产品较高吸引游客回流能力。进入21世纪以来，加拿大北极地区的旅游业取得了长足的发展，表1统计了加拿大北极五个旅游地在21世纪前15年的大体增长情况。

表1　加拿大北极地区游客增长情况

地区	年份	游客数(人次)
育空准省	2004 2015	8049 255000
西北准省	2006～2007 2015～2016	62045 93910
努纳武特准省	2006 2015	9323 16750
努纳维克地区	— 2008	25000 1000
努纳茨伊武特地区	2008 2015	565 19840

资料来源：Maher P. T. , *Tourism Futures in the Arctic*, The Interconnected Arctic-UArctic Congress 2016, Springer International Publishing, 2017. pp. 213－215。

总体上看，21世纪前15年，加拿大北极地区的旅游地除努纳维克地区在数值上均有较大增长，涨幅均超过50%，部分地区如育空准省、努纳茨伊武特地区，甚至实现了约30倍的增幅，2014年，育空旅游业产值达9590

① Government of Yukon, “Yukon Wilderness Tourism Status Report 2008”, p. 5.

② Government of Yukon, “Yukon Wilderness Tourism Status Report 2008”, p. 6.

③ Government of Yukon, “Yukon Wilderness Tourism Status Report 2008”, p. 6.

④ Government of Yukon, “Demand for Aboriginal Cultural Tourism in Yukon”, January 2009, p. 6.

万元，占育空 GDP 的近 4%。[1] 这既能显示这期间加拿大北极地区旅游业发展速度较快且发展状况向好，又能直接说明加拿大北极地区旅游业发展势头不可阻挡。下面以发展最快的育空准省为例，来说明加拿大北极地区旅游业快速发展的现状及原因。

育空地区旅游资源开发状况，从《育空旅游业报告（2017 年 4 至 6 月）》中不难发现这样几个变化：首先，与五年同期相比，国际游客过夜客增长 21%，白马国际机场航班抵达量增长 17%，国际边境跨界量上升 5%，而同日边境跨界量则减少 7%。其次，在零售交易方面，零售总额上升 13%，货币交易率上英镑、澳币增长显著，分别增长 7% 和 5%；美元、欧元交易率有小幅增长，分别为 4% 和 1%，但人民币与日元交易率均为零，由此可见，2017 年上半年育空地区旅游业发展总体势头良好，但在日本、中国的营销策略可能并未产生足够影响。再次，人均每升标准自助汽油花费有 4% 的下降，对比航班抵达量的大幅增加，这可能既反映出加拿大国内或者北美洲洲内乘坐陆路交通工具至育空地区旅游的游客数变少，又反映出国际旅客的大幅增加。最后，消费者信心较两年前实现 14% 的提振，这说明育空地区提供的旅游质量较高，消费者满意程度高。[2]

育空准省旅游资源的开发离不开本地政府的政策扶持。育空准省政府辖下的文化与旅游部直接对口域内旅游业开发，在提供产业服务、营销团队、游客服务三方面直接或间接参与本地旅游资源的开发运作：在产业服务方面，文化与旅游部会组织专家针对本地区旅游业发展现状撰写报告、开展游客调查，同时也运营“产品开发伙伴项目”，提供相应资金引导非政府组织参与区域内旅游资源运作，还提供旅游业合作市场基金鼓励企业主、原住民团体等市场行为主体参与到区域内旅游资源的开发；在市场营销方面，组织专业营销团队为有需要的参与者进行旅游产品的境内外推广；在游客服务方面，成立游客信息中心，为游客提供高质量的信息服务，以期换来游客的高满意度与随之而来更可期的丰厚回报。[3]

值得一提的是，由专业团队撰写的报告不仅每年都会更新，在视野上也

---

① “Yukon Business Survey 2015”, Yukon Bureau of Statistics, http: //www. eco. gov. yk. ca/stats/pdf/2015_ Business_ Survey_ Report. pdf.

② Government of Yukon, “Yukon Tourism Visitation Report Jan – Jun 2017”, p. 1.

③ 参见育空旅游与文化部网（Department of Tourism and Culture, Government of Yukon）, http: //www. tc. gov. yk. ca/tourism. html。

紧跟时代发展趋势。在《2015～2016年度育空旅游营销规划》里，在对营销市场进行首要市场—次要市场—新兴市场—监控市场的分类基础上，将中国纳入进新兴市场的行列，并将“发展和开始实施中国市场的进入战略”列为该年度战略优先目标之一，足以展现出育空地区相关主管部门对于旅游资源开发运作理念上的开放性和进取心。①

与旅游业相比，加拿大北极地区的捕猎业历史悠久。加拿大拥有世界上最长的海岸线，达243792公里，占世界海岸线总长的25%，其中北冰洋海岸线超过16.2万公里，是大西洋和太平洋海岸总和的2倍；加拿大拥有世界最大的专属经济区，达370万平方公里；内陆河流湖泊众多，内陆水域总面积75.5万平方公里，占世界淡水总面积的16%，其中苏必利尔湖和休伦湖分列世界第一和第三位，发展渔业的资源和条件得天独厚。② 大体而言，加拿大北方三个准省，育空和西北以淡水捕捞为主，虽然这两个省濒临北冰洋，但加拿大已于2014年颁布了禁止在北冰洋200海里专属经济区捕捞；努纳武特以海洋捕捞为主，捕捞范围主要是西北大西洋的21渔区。

育空渔业以休闲渔业为主，水产休闲渔业约占85%。2010年公布的统计数据显示，育空的垂钓参与率居于全国前列，且呈不断上升的趋势，每年有近20%的育空居民参与休闲渔业。育空的商业淡水渔业仅限于六个水体，但商业渔业提供了就业，为当地经济做出了贡献。此外，淡水渔业对于那些过着自给自足生活方式的育空人而言非常重要，原住民每年大约捕捞4000条鱼，主要是生计之需。育空的水产养殖由少量坑洼湖泊养鱼场组成，每年出口大量的北极鲑鱼及其鱼子。③

西北准省因其丰富的淡水资源而闻名于世，渔业资源开发和利用有较大的发展的空间。目前西北准省的渔业主要是原住民的生计性捕捞，商业性捕捞以大奴湖为中心，耶洛奈夫和海河作为枢纽。西北准省的商业性捕捞经历了大起大落，从2004年的1039吨下降到2011年的385吨④，主要原因是超出其控制的市场环境重创大奴湖商业性捕捞，但所幸大奴湖的鱼类数量并无

① Government of Yukon, “Tourism Yukon: Marketing Plan 2015 - 2016”, pp. 8 - 9.

② 赴加渔业政策考察团：《加拿大渔业管理考察报告》，《中国渔业经济》2002年第2期。

③ Environment Yukon Fish and Wildlife Branch, “Status of Yukon Fisheries 2010”, pp. 11, ii, http://www.env.gov.yk.ca/publications-maps/documents/status_yukon_fisheries2010.pdf.

④ The Northwest Territories Economic Opportunities Strategy: Connecting Businesses and Communities to Economic Opportunities, 2013, p. 32.

下降。[①] 2011 年以来商业性捕捞有所恢复，2015 年为 524 吨，但也只有 2004 年的一半左右。2015 年商业性渔业产值接近 80 万美元。[②] 渔业就业人数增长也较为显著，2013 年为 75 人，2015 年达到 148 人。[③] 尽管近年来西北准省的渔业有较大的发展，但由于基数太小，对 GDP 的贡献可以忽略不计。

努纳武特准省的海岸线长达 10.4 万公里，约占加拿大总海岸线的 43%。因纽特民族在这漫长的海岸线上有着悠久的捕捞历史。他们以捕捞北极鲑鱼（Arctic char）[④]、海豹以及其他海洋哺乳动物为生，在这一地区生活了数百年，且这种生活模式一直持续至现在的沿海因纽特社区。努纳武特准省于 1999 年成立后，渔业为该地区经济的持续发展提供重要的机会。在过去的 20 年中，该准省的商业性捕捞业日益增长，捕捞活动集中在哈德逊和东北极戴维斯海峡的远海地区，主要鱼类有格陵兰的大比目鱼和北方大虾。近海捕捞的主要是大比目鱼和北极鲑鱼。其瓦里克（Kivalliq）和基蒂克美奥特（Kitikmeot）地区[⑤]的河湖捕捞和旅游活动与因纽特人的生存需求联系在一起。近年来，努纳武特准省得到了较多的大比目鱼和北极大虾的捕捞配额及新的捕捞执照，渔业取得了突飞猛进的发展，例如 2011 年大比目鱼的产值是 2001 的 2 倍多，北极大虾达到了 2.7 倍。历史上，由于缺少远洋船舶，因纽特人很少以捕鱼为业。近年来远洋捕捞船只有较大规模的增长，其中有一半为因纽特人所有，越来越多的因纽特人从事渔业。[⑥] 与此同时，努纳武特准省的淡水渔业也稳步发展，2013 年，淡水渔业产值超过 20 万加元。[⑦]

---

① "Minister's Statement 126 - 18（2）: Commercial Fishery Revitalization Strategy", February 9, 2017, https://hansard.opennwt.ca/debates/2017/2/9/wally - schumann - 1/.

② "Freshwater Landings", Fisheries and Oceans Canada, http://www.dfo - mpo.gc.ca/stats/commercial/land - debarq/freshwater - eaudouce/2015 - eng.htm.

③ "Employment | Fisheries and Oceans Canada", http://www.dfo - mpo.gc.ca/stats/cfs - spc/tab/cfs - spc - tab2 - eng.htm.

④ 鲑鱼，是所有三文鱼（Salmon）、鳟鱼（Trout）和鲑鱼（Char）三大类的统称。

⑤ 努纳武特准省分为三个地区：其瓦里克（Kivalliq）、基蒂克美奥特（Kitikmeot）地区。

⑥ "2013 Nunavut Economic Outlook: Nunavut's Next Challenge: Turning Growth into Prosperity". pp. 26 - 27.

⑦ "Fisheries and Oceans Canada", Freshwater Landings, http://www.dfompo.gc.ca/stats/commercial/fresh - yrlist - eng.htm.

四 加拿大北极地区可再生资源开发与利用的特点

根据上文的描述，加拿大北极地区可再生资源开发与利用大体有以下三个特点：

第一，与环北极其他国家相比，加拿大北极地区可再生资源的开发与利用相对较低。捕捞业方面，尽管加拿大北极地区的捕捞业由来已久，近年来，北方三个准省也制定了相应的发展战略，加大渔业方面的科学研究，但加拿大北极地区的渔业商业化程度不高，以休闲渔业和原住民生计性捕捞为主，育空和西北两个准省的渔业产值对 GDP 的贡献可以忽略不计；努纳武特准省商业性捕捞有一定的发展，但与格陵兰渔业占出口总额的 85%、挪威的海洋捕捞业产量位居世界第 11 位相比，仍然无足轻重。旅游业方面，尽管加拿大北极地区尤其育空准省近年来取得了较大幅度的增长，但与阿拉斯加每年近 200 万名游客和 1000 万名的过夜客（不包括 150 万名游轮和私人游艇的旅客）、罗瓦涅米 200 万名的过夜客不能相提并论。目前，格陵兰的经济基础主要是捕捞业和旅游业，分别占出口收入的 56% 和 37%，[①] 加拿大北极三个准省的捕捞业和旅游业对出口的贡献都没有达到这个水平。而在可再生能源方面，加拿大北极地区的可再生能源的开发与利用目前只处于研发阶段。[②]

第二，加拿大北极地区可再生资源开发和利用在领域和地域上分布不均。大体而言，近年来旅游业是加拿大北极地区发展最快的行业，其次是捕捞业，可再生能源几乎没有发展。加拿大北方三个准省在可再生资源开发和利用方面各有所长。育空准省在旅游业发展方面首屈一指；但其商业性渔业几乎没有发展。西北准省的主要经济来源是矿产开采[③]，

---

① Heininen, L., Exner - Pirot H. and Plouffe J. (eds.), (2014), Arctic Yearbook 2014. Akureyri, *Iceland*: *Northern Research Forum*. p. 231, http://www.arcticyearbook.com.

② Department of Industry, Tourism, and Investment, Government of the Northwest Territories, "Northwest Territories Economic Opportunities Strategy: connecting businesses and communities to economic opportunities", 2013, p. 53, http://link.lib.umanitoba.ca/portal/Northwest - Territories - economic - opportunities/XV4AkPcENtc/.

③ 西北准省 GDP 的主要来源是矿业和油气资源，仅仅钻石开采 2013 年就占了 16%，而且钻石开采方兴未艾，预计 2018 年将占该准省 GDP 的 31%。此外，2013 年油气开采带来的产值占 GDP 的 9%（"Northwest Territories Economic Outlook 2014 - 15", pp. 41 - 42.）

旅游业（尤其是极光观光）有一定的发展，游客从 2006～2007 年的约 6.2 万名增长到 2015～2016 年的约 9.3 万名，但旅游业在 2014 年西北准省 GDP 中所占比例少于 1% 而没有显示出来。[①] 努纳武特准省以近海捕捞见长，其旅游业尽管发展较慢，但在该准省 GDP 中所占的比重却不容忽视。2011 年乘飞机去努纳武特地区有 30525 人次，[②] 这个数据不包括因工作而往来的人数；旅游业收入占该省 GDP 的 3.2%[③]，达到 4160 万加元。比 2008 年增长约 28%；从业的因纽特人达到 1258 人，远远高于采矿业和建筑业。[④]

第三，加拿大北极地区可再生资源开发和利用前景光明。这种预判主要来自各准省政府的战略和政策支持。努纳武特准省政府于 2003 年制定的《努纳武特经济发展战略》中，采矿、旅游和渔业被认为该地区最具发展潜力的三大产业。[⑤] 之后联邦政府、努纳武特准省政府以及因纽特民族团结社一直积极投资旅游业和渔业。比如 2011～2012 年度旅游业共投资 2570 万加元，其中 1670 万加元是基本工程项目，如加拿大公园、努纳武特公园等。渔业方面，努纳武特准省政府的“努莉雅尤克”（The RV Nuliajuk）号考察船一直在从事海洋科学研究。2013 年制定了 4 年研究计划，投资 700 万加元，主要研究坎伯兰湾（Cumberland Sound）近海捕捞的疆界，减少对鲨鱼的误捕，探索在克莱德河（Clyde River）附近捕捞蛤蜊的可能性以及绘制浅海海底的地图和编制海洋物种的目录表。[⑥] 西北准省政府也不例外，于 2017 年 3 月制定了《振兴大奴湖商业性渔业的战略》，加强对大奴湖商业性渔业的可持续财政投资，致力于提供安全优质的鱼类和鱼类产品，加强渔民之间的合作，以最大限度地提高生产、加工和销售周期的效率，以实现生产、加

① The Government of Norhtwest Territories, “NWT Economic Outlook 2014”, p. 2.

② “Tunngasaiji: A Tourism Strategy for Nunavummiut”, 2013, p. 2.

③ Nunavut Economic Forum, “2013 Nunavut Economic Outlook”. December 2013, p. 29, http://neds2.ca/wp-content/uploads/2014/10/2013_Nunavut_Economic_FINAL_Jan_28_2014.pdf.

④ 就业问题一直是因纽特人的一大社会问题，英语水平差、受教育程度不高、技能培训不足，导致他们不能在现代工业部门就业。

⑤ The Sivummut Economic Development Strategy Group, “Nunavut Economic Development Strategy: Building a Foundation for the Future”, 2003.

⑥ Nunavut Economic Forum, “2013 Nunavut Economic Outlook”. December 2013, p. 28, http://neds2.ca/wp-content/uploads/2014/10/2013_Nunavut_Economic_FINAL_Jan_28_2014.pdf.

工和服务的专业化，并实现大奴湖渔业产量由 2013 年 420 吨增加到 2021 年的 1300 吨的目标。[①]

加拿大北极地区可再生资源的开发与利用呈现上述三个特征可能有如下几个原因造成的：首先，加拿大北极地区地广人稀，这可能使可再生能源开发利用不具有经济价值。其次，基础设施奇缺，与外界联系的交通方式基本上都是飞机，而且物价高昂，这无疑增加了旅游业的成本。例如，整个北极地区旅游业的发展速度远远超过该地区的基础设施投资和发展的速度[②]，加拿大也不例外。再如，努纳武特准省的捕鱼港口非常不足，尤其是小船港口，这限制了该地区的近海捕捞的发展。加拿大渔业和海洋部管理着全国将近 1000 个捕鱼港口，而努纳武特地区一个也没有，是加拿大唯一没有小船港口的地区，而这种港口在其他省份却是支撑商业性捕捞和其他海洋活动的基础。[③] 若要增强努纳武特地区的捕鱼业，提高捕鱼产量，与港口相关的基础设施建设迫在眉睫。最后，尽管北方三个准省政府对本地区的可再生资源开发和利用较为重视，但加拿大联邦政府对于开发和利用北极资源趋向于保护性政策。例如，2017 年 8 月加拿大将西北航道东段面积达 10.9 万平方公里的兰开斯特湾（Lancaster Sound）海域设为海洋保护区，加上毗邻地区的公园等，总保护区面积达 13.1 万平方公里[④]，这意味着在该海域从事资源开发、航运、渔业等经济活动将受到限制或需符合更为严苛的环境标准。再如 2016 年 12 月加拿大与美国达成联合声明，将管制北冰洋近海油气资源的开发，并“无期限地限制颁发在加拿大水域进行油气活动的许可证”[⑤]，限制油气开发从一定意义上说也就限制了这一地区的基础设施建设和人员流动。

---

① Government of Northwest Territories, “Strategy for Revitalizing the Great Slave Lake Commercial Fishery”, March 2017, pp. 5, 10.

② Arctic Council. “Arctic Marine Shipping Assessment 2009 Report. Protection of the Arctic Marine Environment (PAME) Working Group”, p. 172.

③ “Nunavut Marine Fisheries: Quotas and Harbours”, Report of the Standing Senate Committee on Fisheries and Oceans, June 2009. Foreword.

④ Parks Canada, “Tallurutiup Imanga: a final boundary for Canada's largest protected area at Lancaster Sound in Nunavut”, http://www.pc.gc.ca/en/amnc-nmca/cnamnc-cnnmca/lancaster.

⑤ “United States-Canada Joint Arctic Leaders' Statement”, December 20, 2016, https://pm.gc.ca/eng/news/2016/12/20/united-states-canada-joint-arctic-leaders-statement.

五　中国参与北极地区可再生资源开发的路径

2018 年 1 月中国政府发布《中国的北极政策》白皮书，将“尊重、合作、共赢、可持续”作为中国参与北极事务的基本原则，明确“支持与鼓励企业与北极国家合作开发北极旅游资源”，“愿加强与北冰洋沿岸国合作研究、养护和开发渔业资源”，“坚持保护北极生物多样性，倡导透明合理地勘探和使用北极遗传资源”。[①] 笔者将针对前述加拿大北极地区旅游业和渔业资源开发存在的问题，结合中国政府参与北极事务的态度与立场，对中国相关企业参与以加拿大为例的北极国家北极地区旅游业和渔业资源开发提出如下具体建议。

旅游资源　游客人数的地区分配不均是加拿大北极地区旅游业发展所存在的一大突出问题，而这一问题的产生主要受制于该地区内基础交通设施建设不充分、当地旅游产品稀缺、熟练技术工短缺及营销资源不丰富等原因。[②] 此外，尽管得益于气候变化影响下北极航道的日益畅通，加拿大北极地区的探险巡航游规模在不断成长，但与此同时也带来了以人类污染、海洋生物制成纪念品售卖及旅游目的地垃圾增长为主要形式的负面文化及环境影响。[③]

第一，开发国内北极相关文化产品出版市场，加深中国国民对北极概况的基础了解，为北极地区旅游业储备输送尊重旅游目的国社会规制与风土人情的高素质绿色国际旅客。旅游业发展应被看作一段由旅游目的国、游客、旅游输出国间相互作用而首尾衔接的完整链条，而作为直接连接旅游目的国与旅游输出国间的主体，游客质量与素质高低直接关系着旅游目的国经济文化社会的可持续发展与旅游输出国的国际形象。中国企业的北极地区参与往往是对外驱动的，惯性聚焦于旅游目的地的资源开发与建设，而惯常忽视我国庞大的潜在游客市场与对北极相关基础智识信息不甚明晰的出境游客现状。[④] 加强国内北极文化产品出版市场的开发，不仅能通过北极文化产品的

---

① 中华人民共和国国务院新闻办公室：《中国的北极政策》，《人民日报》2018 年 1 月 27 日，第 011 版。

② Patrick T. Maher, etc. , *Arctic Tourism: Realities & Possibilities*, Arctic Yearbook 2014, p. 293.

③ Patrick T. Maher, etc. , *Arctic Tourism: Realities & Possibilities*, Arctic Yearbook 2014, p. 294.

④ 例如在现实社会中，存在相当一部分民众认为企鹅和北极熊共同生活在北极，同时也并不知道北极地区除因纽特人外还有萨米人这一广大原住民社群。

宣传作用直接带动赴北极地区出境游客的数量增长，还会为出境游客补充基础必要的北极智识信息，以提高其质量与素质，在绿色旅游（杜绝人为环境污染、不消费海洋动物制品）与共情旅游（尊重旅游目的国社会规制与风土人情）的过程中维护旅行目的国的可持续发展，提高中国国际形象。

第二，加深中国企业与加拿大人力资源培育合作与产研合作，实现旅游服务行业发展、旅游产品研发与营销共赢。在北极旅游资源开发上，鉴于地缘劣势，中国的企业参与更应着眼于与加拿大企业及科研机构本身的合作，以实现可能的相互借鉴。除却直接投资与基础设施承建外，派遣中国国内专业人员至有需要的北极国家内部进行服务行业交流不失为一条合作新路，有利于在为北极国家旅游服务行业发展提供中国智慧的同时，学习目的国旅游服务行业的先进经验，而对技术工人的直接劳务派遣也在应目的地旅游业开发需求的同时，消解部分国内就业压力。而中国企业与目的国相关科研机构的商业合作，则有利于借助来自科研机构专业调研结果，明确北极旅游的目的国内外市场定位，尽可能制定出满足目的国内外不同游客消费需求的北极旅游产品，制定实施有针对性的营销策略，以吸引目的国内外不同市场更多游客前往北极地区旅游消费。

渔业资源 第一，中国可以发挥资金、劳动力和技术优势，加大投资，建立与北极地区各国的渔业合作。比如加拿大育空准省的休闲渔业和旅游业发展具有得天独厚的条件，中国企业可以根据当地的政府政策，整合休闲渔业和旅游业资源，开发出集休闲、疗养、旅游、游乐于一身的特色产业。针对西北准省基础设施奇缺等问题，中国企业一方面可以发挥中国的基础建设优势，助力当地的基础设施建设；另一方面可以发挥当地的劳动力优势，对当地的因纽特人进行技能培训并提供就业机会，既解决了当地的因纽特人的就业问题，又能够实现企业与当地社会的良性互动。努纳武特准省政府渔业和旅游业的发展有政策的支持，但经费多用于科学研究上，当地的渔业和旅游业产业发展尚有很大的开发空间，可以从完善渔业加工生产的产业链入手，发展鱼类产品的再加工，提升鱼类及鱼类产品的经济价值，再发挥中国的市场优势。

第二，鉴于加拿大北极地区可再生资源保护优先于开发的政策，企业在申请进驻加拿大北极地区将面临严格的资格审查。因此要加大科技投入，提升渔业资源开发能力和水平，提高装备和技术水平，遵守当地的法律法规，最大限度地避免不合理的资源开发利用和减少对环境的污染。

Research of development and utilization of renewable resources in the Arctic region of Canada

Pan Min & Li Haohan

Abstract: Renewable resource such as tourism, fishing etc. as well as the exploitation of non – renewable resources such as petroleum, natural gas and minerals resources in the Arctic region have come in the focus due to global warming. The public is always concerned about the exploitation of non – renewable resources in the Arctic but have little interest in the management of tourism, fishing and renewable energies. In the article the authors deal with the current status and characteristics of the development and utilization of the renewable resources in the Arctic region of Canada. Compared with those of the other countries around the Arctic, the renewable resources in that region are relatively underdeveloped and lowly utilized as well as not evenly distributed.

Keywords: Arctic Region of Canada; renewable resources; tourism; fishing.

Experiencing the Arctic: European and Chinese tourists in Greenland

Daniela Tommasini; Zhou Shenghan

Abstract: The Arctic, thanks to the fascinating allure of its landscapes, fauna, and rather unknown population, is considered as a mythical place in both Eastern and Western cultures. This paper, based on fieldwork done in Greenland, considers two different cultural groups of tourists: the Europeans and the Chinese. The aim is to compare the experience of Western and Eastern tourists to find out similarities and differences regarding cultural representations and interpretations of their extraordinary—physically and mentally—Arctic encounter in the context of a holiday. The data was collected in 2014 with European visitors and in 2016 with Chinese visitors. The results presented here look primarily into the tourist experiences; the persistence of icons and symbols and their new representations. Generally there is a growing interest for new destinations that can give the visitors remarkable memories of places and encounters, far away from their everyday life. There is an increasing number of tourists motivated to visit the Arctic due to public awareness about the fragile Arctic environment. The feeling of a "vanishing territory" brings the desire to travel to a vulnerable, threatened Arctic.

Keywords: Arctic tourism; Chinese tourists; Tourist experiences; Greenland

Author Profile: Daniela Tommasini , Arctic Studies Centre,

Liaocheng University, Shandong, China; Shenghan Zhou, Faculty of Social Sciences, University of Lapland, Rovaniemi, Finland.

Introduction

Experience is a life-long continuous, interactive process of actions and reflections meaningful to each individual. Perspectives on the world and/or oneself can be changed by an experience (Snel, 2011). The process of creating experience is how we can add meaning to our lives (Ahola, 2007). An individual's interests and mood play an important role in the experience creation. Primary experiences are the outcomes of what we sense and experience ourselves. Secondary experiences are the result of experiences we gain as we talk about them or when we share our thoughts and stories (Boswijk, Peelen & Olthof, 2012).

In today's tourism industry, the staging of tourism experiences has become a more important element. This relates to the notion of services becoming experiences that involve consumers being presented with memorable offerings which are achieved through the tourists' participation in the creation of such offerings (Buhalis & Darcy, 2011). In other words, a tourism experience is not formed beforehand but co-created by both experience stager and their guests. In such circumstances, experience is (re) produced within the consumption process of tourism products; consumers become an integral part of the (re) production process for their own experiences.

In an international context, tourists tend to choose a destination with different landscapes, cultures and lifestyles to experience something new (Kim & Ritchie, 2013). Touristic memory and its narration are fuelled by both actual and desired experience (Bendix, 2002). When tourists go to a new place or a new country, they want to learn about it—discover the history, visit interesting sites, eat something "local", and bring home something "typical". It makes them feel for a moment that they have witnessed and participated in something new and different from their everyday life, in a culture unlike their own (Laaksonen, 2010). When tourists come to new destinations, they rely on travel books, tourist information offices, tour guides, and friendly locals to help them move around, make them aware of interesting places and events, and to know and understand a destination (Ooi, 2002). Visiting, sightseeing, and communicating with local people as well as immersing in the unique cultural atmosphere are all parts of the tourism experience.

Since the experiences "are events to which the individual reacts and thereby creates a memory, it is personal and no two people can have the same one" (Pine II, B. J., Gilmore, 1999). The deeper the tourist can access the visit experience, the more value can be produced by the interaction between the tourist and other players. Two of the main principles of experience creation are based on customer participation, which can range from passive to active, and connection between the customer and the experience, ranging from absorption to immersion. Clearly, the most memorable experiences are those that engage the customer in active participation in an activity in which they are fully immersed (Smith, 2009).

An increasing number of tourists are seeking to visit remote regions of the Arctic in order to experience the extraordinary, and enjoy the astonishing natural beauties. The attraction moulded into a dream becomes the mythical Arctic, with its fascinating landscapes of tundra, icebergs, huge fjords, and its marvellous animals such as polar bears, seals and whales. The Arctic is a new frontier for tourists who wish to travel to new and not so known destinations. In this paper, we investigate how the cultural background of the tourists influences their experience of the Arctic. We will compare the experience of Western and Eastern tourists in Greenland to seek similarities and differences in cultural representations and interpretations of their Arctic encounter in the context of a holiday.

Arctic imaginary

The western imaginations of the Arctic can be traced back to ancient Greece. At that time, the Arctic was considered as a place of peace and happiness, a symbol of integrity, the probable seat of Paradise. In classical antiquity, the North was a geographical place beyond the last stretch of land, which although unknown, was at least denominated. Situated in the sea free of ice, the extreme North was a virginal land, uniformly white. The Arctic is described, celebrated in fables, as the lost Eden and the aspiration is to rediscover the state of grace with God (Navet, 1992). The interest in the Polar Regions intensified in Europe in the late 16th and early 17th century, stimulated by the wish to tap the passage to the Orient and the riches of Cathay, to exploit a direct route to the Far East via the Arctic. At the end of the 16th century, the Western imagination fixed the stereotype of the Arctic as a mysterious place (Loomis, 1977; Sugden, 1982; Osherenko & Young, 1989). The Arctic thus lured explorers seeking a challenge to the human spirit.

In contrast, the Eastern tradition had limited records of the Arctic. Ancient China had very colourful records of aurora as they had a special meaning in Chinese traditional beliefs. According to a research project organized by the Chinese Academy of Sciences, the Ministry of Education and the State Administration of Cultural Heritage in 1974, there are more than 300 records on the phenomenon of the Northern Lights in several Chinese ancient books (Wang, Liu, 2003). The "Han Shu - Tian Wen Zhi" (The History of Han Dynasty: Astronomical Treatise) recorded that the Northern Lights were observed on October 24, 32 BC, this is one of the oldest aurora observation records in the world (Zhang & Yu, 2013). Among the different forms of the Northern Lights, a snake-like band of lights is very common. They are often composed of numerous ever-changing rays, looking like ribbons (Liu, Chen, Zhou & Bao, 1984). This is similar with the image of the *loong* (Chinese dragon) in ancient China which for thousands of years, has been the totem of the Chinese nation. In the silk book *Er San Zi Wen* of the Mawangdui Mausoleum of Han dynasty, Confucius emphasized three characteristics of the loong: changes a lot, beautiful beyond any words, and with unexpected exquisite pattern (Lian, 2012). In the description of ancient Qin and Han dynasty, the loong also has the ability of acting in the dark. Additionally, the loong-related cultural relics are limited in the northern and central provinces (Shitoubu, 2015). The natures of the loong—luminous capacity, no fixed shape, and spectacular beauty—suggest that the loong is not a kind of animal, but more likely an astronomical incarnation of the Northern lights

(Zhang, 1986).

Indeed, places are chosen to be gazed upon because there is anticipation, especially through day-dreaming and fantasy (Urry, 1995). The mysterious character of the Arctic and of the North makes the Arctic region a highly attractive place to visit. Arctic places can offer both a sacred site and a sacred sight, for instance a view of something very special, the midnight sun, a phenomenon that seems to underline a cosmic impression of the site. Lynch (1960) suggests that a desirable image is one that celebrates and enlarges the present while making connections with past and future, and the feeling one gets from seeing the midnight sun seems to be stronger than that of a sunset (Jacobsen, 1997). The mystic symbolism of the polar environment allows contemplation about the wider universe (Sugden, 1989), this feeling of purity (Viken, 1995), is an important component of the tourist's Arctic image. Another motivation of visiting the Arctic has been associated with spirits of adventure on the edge of the world (Weber, 2001; Gyimóthy, S. & Mykletun, 2004; Lee, Weaver & Prebensen, 2017). Some travellers need farther distances, extreme sensations and to surpass their own previous achievements. To climb glaciers and hike where they hope other humans will not have left a mark. The unique nature-based experiences have now given way to a representation more suitable to the demands of its present user who is no longer an armchair traveller. It is a representation that belongs to an active user who participates in person, not just enjoying his journeys sitting in a room, his imagination inspired by books and summaries. His experience is enriched by going one phase farther. After having dreamed over books, films and the tales of friends, with a very precise image, he travels to the place and gives life to his myth, give substance to his dream, to his mental representation (Tommasini, 2011).

Nevertheless, Osherenko and Young (1989) argue that the myth of pristine wildernesses in the Arctic is rapidly vanishing as environmental interest groups focus attention on increasing pollution, habitat disturbance, and destruction of the wildlife in the Far North. Rapid change associated with a warming planet threatens tourism resources, yet pushing a "see it while you can" mentality among nature, cultural and adventure tourism markets (Lemelin, Dawson, Stewart, et al., 2010; Snyder & Stonehouse, 2007) while producing uncertain regional benefits

(Grenier & Müller, 2011; Grimwood, 2015). This "disappearing Arctic," attributable to global warming but also to increased development pressures, paradoxically contributes to an increasing number of tourists to that vulnerable region. For the eco-clientele, touristic activities in the Arctic must be environmentally-conscious while opening up the vulnerable region to the increasing number of tourists (Lee, et al., 2017).

Methodology

In August 2016, questionnaires were sent to the tour members of "The Arctic Low-Carbon Journey", by the Shanghai CTS Private Overseas Affairs Co., Ltd. All the 44 Chinese participants to the cruise ship to Greenland (Figure 1) anwered it. The questionnaire comprised 9 questions and was written in Mandarin to ensure that all respondents could clearly understand all questions. Information on motivation and first-hand tourist experiences were collected through the survey. The questions were based on previous field research carried out in July 2014 in Tasiilaq (Ammassalik) on the East Coast of Greenland (Tommasini, 2014, 2015). (Figure 2). In the 2014 fieldwork research, questionnaires were sent to tourists and some additional questions were asked during interviews. The sample included 80 interviews with visitors spending more than three days in a Greenlandic location. The questions aimed at looking into the authenticity of the tourist experiences, the knowledge of local culture, the reaction to promotional material, and the spatial perception of the place.

Findings

Demographic information of the respondents

Among the 44 Chinese respondents in the 2016 survey, 52% of them were men and 48% were women with a wide age range from 6 to 68 years old. In the 2014 study, 80 people participated, 45% of them were men and 55% were women. The majority of the visitors were from European countries, mainly Germany. As for non－European countries, visitors at the time of the survey came from Australia and United States followed by tourists from Israel. About the age of the visitors, the main cluster was from 60 onwards, retired people that very often were fulfilling a life dream. The 50－59 years old cluster was visitors that could afford a high-priced holiday to an Arctic place. Thirty-fivepercent were 30－39 years old, attracted by the sport activities that can be performed undertaken in the area.

Motivations

For both groups of tourists, their first motivation in choosing a Arctic nowadays is the wildness of the landscapes. Also, The Arctic is also attractive because of its relatively unknown native inhabitants (Tommasini, 2011). Another motivation is adventure. Figure 3 shows that unspoiled nature/environment (58%) and unique landscape (40%) motivates many Chinese to visit an Arctic place. Around half (48%) of the respondents are also pushed by the curiosity of the unknown place and 39% stated that this journey could enrich their knowledge and their personal experience. As for representation and conception of Arctic memories, the tourist photograph has already become an expert (Crouch & Lubbren, 2003) since 67% of the Chinese tourists came with the specific purpose of taking photographs.

In the 2014 study, the majority of the tourists travelled with friends or with relatives. For them, Greenland is a place where nature is one of the main attractions and is also perceived as a place where to perform sport-oriented activities (e. g., hiking, climbing, and kayaking) that may include camping outside inhabited areas with friends. To summarize, the main motivations for the western tourists are landscape and nature (60%), outdoor activities (20.5%) and local culture (19.5%).

Impressions before visit

Because of the increasing availability of information through various channels and the rapid development of social media, in the 2016 survey, Chinese tourists showed a better understanding of the Arctic region. 60% of the participants said they know the Arctic pretty good; there are even 25% of them stating they know

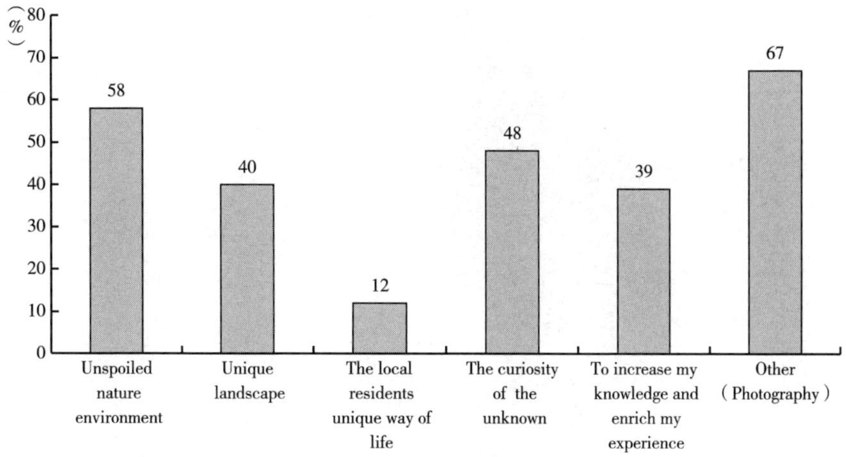

Fig. 1 Travel motivations of Chinese tourists

this region very well. Besides the iconic symbols such as Northern Lights and natural beauties, environmental considerations like the climate change, which accelerated melting of the ice sheet, or the polar bears and other species in danger, are mentioned by the Chinese visitors when they were asked about the impressions of the destination. Chinese respondents were also aware about plans to open an Arctic route through the ocean.

The European tourists had some pre-formed ideas about the Arctic before visiting. For the 38%, this should be a place with beautiful landscapes; 30% thought it has a cold and unpredictable weather; 24% that the place is remote and has very few inhabitants. 9% of the interviewees came to the destination without any idea about it since they wanted to be surprised. Nevertheless, 94% of the European participants had certain knowledge of the local culture. The typical information sources, such as books and travel guides were preferred by 45% of European participants (Figure 4). Nonetheless the use of the web was very relevant for 23% when gathering information and planning the holiday. The main internet sources are the official website of the National Tourist Board (http://www.greenland.com), followed by the local tourist organisation called Destination East Greenland (http://www.eastgreenland.com/). 15% stated that they got the idea of visiting the Arctic from school lectures and museum visits.

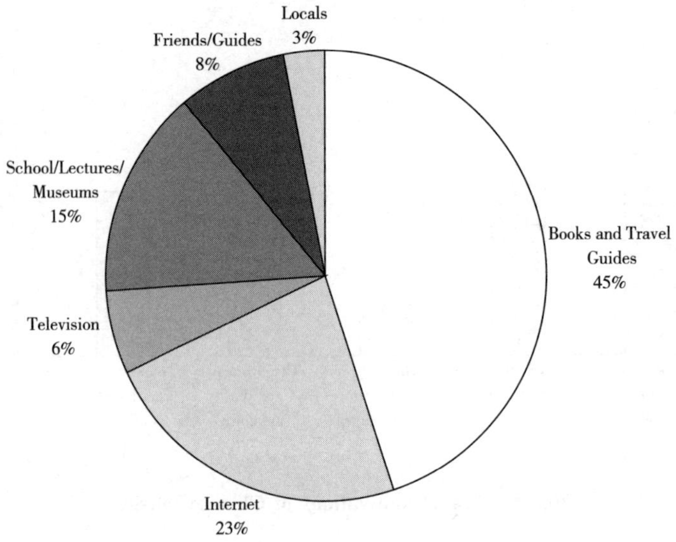

Fig. 2 Sources of information for European tourists

Tourists' experiences

For the Chinese tourists, the authentic experiences which can only be gathered in a real Arctic place are considered to be remarkable and memorable. When experiencing the rough sea during the navigation, some tourists felt how humans are so tiny and helpless in the nature (Respondents 14, 20, 23) . The Greenland wind with force 10 also impressed the tourists. One of the participants said "every time when I got down to the boat, we were sailing to the known scenery against the wind, this experience is the most peculiar and exciting; it doesn't matter what I'm going to see, because everything in my sight is a unique scenery in my life, the most memorable is the whole experience" (Respondent 36). To get close to the glacier by boat and walk on the ice sheet; to climb the rock on an small island and play in the hot spring among the glacier; as well as to meet and communicate with the local people are those precious once – in – a – life – time experiences for Chinese tourists (Respondents 6, 14, 18, 30).

As the 2016 survey was carried out with a group of tourists from a very specific eco-tour programme, some of their experiences are more related to the environment protection. According to the description of the tourists, they witnessed how global warming accelerates the melting of the ice sheet; as the capital Nuuk is hot and foggy; as the polar bears survive in a worse living environment due to less floating ice (Respondents 3, 15) . For the European tourists, the most important experiences during the holiday were the beauties of the landscape and its impressive views (35%) – 17% were deeply touched by the beautiful nature – as well as the culture and the people (35%); exciting activities that could be done during the holiday (10%); or the adventurous travel (4%).

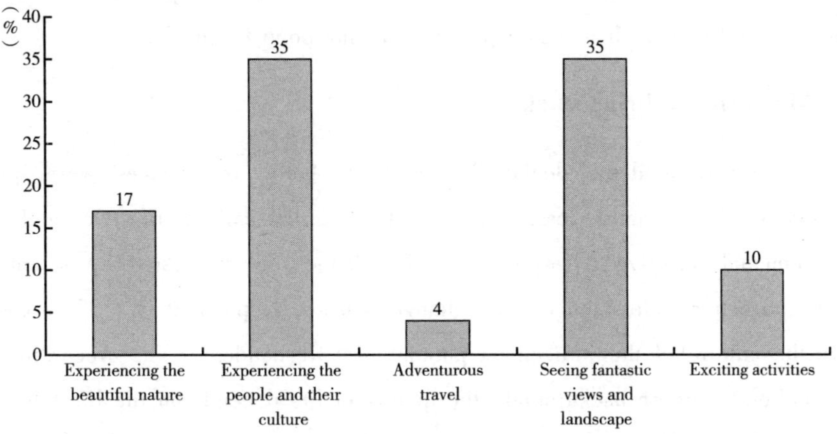

Fig. 3 The most important experiences for the European tourists

Regarding activities undertaken in the Ammassalik area, hiking was the favourite followed by boat tours, often arranged directly with the local hunters, and by guided tours. More than 53% of the activities were organised by the hotel, 40% by the tourists themselves and 7% by the cruise staff.

Tourists were interested to meet the local population as this was the case for 72%; the other 28% would have liked to but did not have the occasion. For 44%, the opportunity to meet local people was during an excursion; for the 37% the encounter was in the villages or in the streets. For the 15% of the interviewees, meeting the local people was during the stay at the hotel, and for the 4% the meeting was on the occasion of a cultural exhibition. About trying local food, 41% did and other 28% would have liked to but did not have the occasion;

10% who had the possibility to try did not like it and 20% did not have any interest about testing local specialities.

About cultural activities, 34% of the interviewees has not seen any; 30% did and it was a drum dance for 23% followed by song performance for 12% while 3% saw a games or sport demonstration. A visit to the local art and crafts and souvenir shop "Skaæven" was a must for the 75% of the visitors, the majority buying maps (27%), postcards (20%) and DVD (20%), followed by calendars (13%) and accessories (13%); and traditional art crafts made on sealskin, bones or narwhal tooth (7%). Almost all the visitors went once to the bookshop Neriusaaq during their stay in Tasiilaq. It is also a popular meeting point for locals.

Memories to bring back

Chinese respondents declared that these Arctic experiences were quite significant. They could learn how to live a low-carbon lifestyle and be environmental sensitive (Respondents 17, 40); were interested by scientists helping to better understand climate change issues (Respondent No. 37); could learn the culture of the indigenous population (Respondent 2). According to their cultural Chinese background, the quality of life depends on the lifestyle, so climate change will not only affect the future of our own generation, but also the future of further generations (Respondent 19). The noteworthy experience was emphasised by some respondents (Respondents 21, 34, 38) as "with my eyes, my body and my footsteps, I experienced the gifts of nature; I truly realized what the consequence of human's unfamiliarity with issues and the menace of global warming was the irreversible answer of nature. I learned how to contribute to environment protection; it starts with small actions" (Respondent 21). Many respondents observed the landscape of the Arctic and learned how tiny climate change will have a huge effect on many places.

As for memories to bring home, more than half (53%) of the European tourists will remember the beautiful landscape and the "views" or the scenic spots; for 27% it will be the interesting people; peace and calmness (7%); and mosquitoes (7%). Cold (2%), unpredictable weather (2%), and social problems (2%) are also part of the memories of their journey (Figure 4).

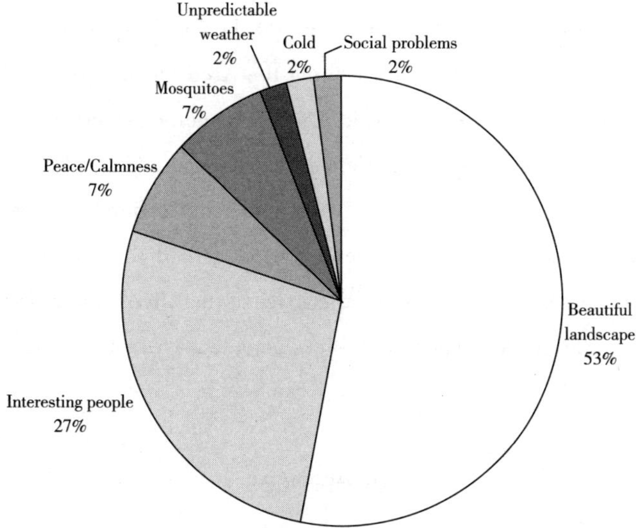

Fig. 4 Memories bring home for European tourists

Conclusions

This research was looking into the aspects of experience, image of the place, expectations, and memories of two groups of tourists who visited Greenland in 2014 (European) and 2016 (Chinese). As reported by our results and popularized by the media, the recent years have witnessed an increasing number of visitors to the Arctic regions. As a "hit" destination, the Arctic will receive growing flows of western and eastern tourists as individuals, groups, and on cruise ships. The Arctic, especially for people from central and southern regions of Europe, is a relatively new destination, very much popularised by the media and by tour operators as a new, relatively close last frontier. For Chinese tourists, currently in the process of becoming one of the world's largest source-markets, the Arctic destinations are attractive and thus affected by a growing trend.

In the case of Greenland, the reasons for this noteworthy and valuable interest are the unique nature, the different culture, the animal life, and the pristine environment. Pure, clean air and the huge vastness of empty spaces are desired, and sought by both Chinese and European visitors. This paper highlighted the similarities and differences in the approach and the lived experience of Greenland. Both eastern and western tourists are visiting the Arctic with the wish to witness the extraordinary natural beauties; to explore new and not so known places; and have a once – in – a – life – time experience. Perhaps due to cultural differences, Chinese tourists are more likely to have a pre – determined purpose when they travel and emphasize their personal achievement gained through the journey. For Europeans, the essential part of the experience is to "live" their dream, to meet another culture, to perform sport activities, and to have a personal experience of the Arctic.

References

Ahola, E – K. (2007). *Producing Experience in Marketplace Encounters: a Study of Consumption Experiences in Art Exhibitions and Trade Fairs.* PhD dissertation, Helsinki School of Economics.

Bendix, R. (2002). Capitalizing on memories past, present and future: Observations on the intertwining of tourism and narration. *Anthropological Theory*, 2: 469 – 487.

Boswijk, A., Peelen, E. & Olthof, S. (2012). *Economy of Experiences*, 3rd edition. Amsterdam: European Centre for the Experience and Transformation Economy.

Buhalis, D. & Darcy, S. (2011). *Accessible Tourism: Concepts and Issues.* Channel View Publications.

Crouch, D., Lubbren, N. (Ed.). (2003). *Visual Culture and Tourism.* Oxford, BERG.

Grenier, A. A. & Müller, D. K. (Ed.). (2011). *Polar Tourism: A Tool for Regional Development.* Quebec, QC, Canada: Presses de l'Université du Québec.

Grimwood, B. S. R. (2015). Advancing tourism's moral morphology: Relational metaphors for just and sustainable arctic tourism. *Tourist Studies*, 15 (1): 3 – 26.

Gyimóthy, S. & Mykletun, R. J. (2004). Play in adventure tourism: the case of Arctic trekking. *Annals of Tourism Research*, 31 (4): 855 – 878.

Jacobsen, J. K. S. (1997). The making of an attraction. The case of North Cape. *Annals of Tourism Research*, 24 (2): 341 – 356.

Kim, J. H. & Ritchie J R B. (2013). Cross – Cultural Validation of a Memorable Tourism Experience Scale (MTES). *Journal of Travel Research*: 1 – 13.

Laaksonen, A. (2010). *Making culture accessible: Access, participation and cultural provision in the context of cultural rights in Europe.* Council of Europe Publishing.

Lee, Y – S., Weaver, D. & Prebensen, N. K. (Ed.). (2017). *Arctic Tourism Experiences: Production, Consumption and Sustainability.* CABI.

Lemelin, R. H. J., Dawson, E. J., Stewart, et al. (2010). Last Chance Tourism: The Doom, the Gloom, and the Boom of Visiting Vanishing Destinations. *Current Issues in Tourism*, 13 (5): 477 – 93.

Lian, S – M. (2012). 马王堆帛书《二三子问》考述 (an investigation of the silk book " Er San Zi Wen"). 西部考古 (*the journal of archaeology in Western China*).

Liu, K., Chen, J., Zhou, L – S. & Bao, S – M. (Translation). (1984). 地理学辞典. The Commercial Press // Moore, W. G. A. (1976). *Dictionary of Geography.* A & C Black Publishers Ltd, Revised edition.

Loomis, C. (1977). The Arctic Sublime. *Nature and Victorian Imagination*, Berkeley: University of California Press.

Lynch, K. (1960). *The Image of the City.* Harvard – MIT Joint Center for Urban Studies, Mit Press.

Navet, E. (1992). De la quête de l'ailleurs ά la vision de l'autre: vers la découverte de l'Amérique//Unesco, Destins croisée, . Cinq siècles de rencontre avec les Amérindiens, Paris: Albin Michel.

Ooi, C. S. (2002). *Cultural Tourism & Tourism Cultures – The business of Mediating Experiences in Copenhagen and Singapore*, 1st edition. Copenhagen Business School Press, Denmark.

Osherenko, G & Young, O. (1989). *The Age of the Arctic: Hot Conflicts and Cold Realities.* Cambridge：Cambridge University Press，1989.

Pine II，B. J.，Gilmore，J. H.（1999）. *The experience economy：Work is theatre & every business a stage.* Boston：Harvard Business School Press.

Shitoubu.（2015）.“龙玉崇拜的起源与华夏北来说（the origin of the loong and jade worship and the theory of Chinese nation came from the north）”. Zhihu Column，accessed on 01 July 2016 via https：//zhuanlan. zhihu. com/p/20363473.

Smith，M. K.（2009）. *Issues in Cultural Tourism Studies*，2nd edition. Abingdon，UK.；New York：Routledge.

Snel，J. M. C.（2011）. *For the love of experience：Changing the experience economy discourse.* PhD dissertation，Universiteit van Amsterdam.

Snyder，J. & Stonehouse，B.（2007）. *Prospects for polar tourism*，CABI Publishing.

Sugden，D.（1982）. Arctic and Antarctic. *A modern geographical synthesis*，Oxford，Blackwell.

Sugden，D.（1989）. The Polar Environment：Illusion and Reality. *Ambio*，18（1）：2 - 5.

Tommasini，D.（2011）. Tourism Experiences in the Peripheral North，Case Studies from Greenland.，Inussuk，Government of Greenland，Ministry of Education and Research，Nuuk.

Tommasini，D.（2014，2015）. Preliminary Report to the Ministry of Research，Culture and Education，Nuuk.

Urry，J.（1995）. *Consuming Places.* London：Routledge.

Viken，A.（1995）. Tourism Experiences in the Arctic - the Svalbard Case. *Polar Tourism：Tourism in the Arctic and Antarctic Regions*，John Wiley and Sons.

Weber，K.（2001）. Outdoor adventure tourism：a review of research approaches. *Annals of Tourism Research*，28（2）：360 - 377.

Wang，S - G.，Liu，Z - X.（Ed.）.（2003）. 20世纪中国学术大典：天文学，空间科学（*20th Century Chinese academic collections：astronomy and space science*）. Fujian Education Press.

Zhang，M - H.（1986）. 烛龙和北极光（Zhulong and the Northern Lights）. 山海经新探（*the new exploration of the " Shanhaijing"（Classic of the*

Mountains and Seas")), Chengdu: the Sichuan Academy of Social Sciences.

Zhang, M. & Yu, J – Y. (2013). 中国科学史 (*The History of Chinese Science*). Greenapple Data Center.

体验北极：中、欧游客的格陵兰岛之旅

〔意〕丹妮拉·托马西尼

周圣涵

摘要： 北极，由于其神妙迷人的自然风貌，独具魅力的动植物，以及相对未知的人文风情，在东西方文化中一直被认为是一个神话般的所在。本文以在格陵兰岛进行的实地考察为数据基础，对比了两种不同文化的游客群体：欧洲人和中国人。目的是通过对东西方游客的旅行体验进行比较，找出他们在文化体现和对北极之行不同寻常之处的解读上的异同。文中所用数据分别来自2014年针对欧洲游客的调研以及2016年针对中国游客的调研。这里展示的研究成果主要着眼于游客体验、北极文化符号的持久性及其新的表示形式。一般来说，人们对能带来深刻记忆的新兴旅游目的地越来越感兴趣；这些新目的地让游客远离日常生活的地方和日复一日平淡无奇的生活方式。同时，也基于公众对保护北极脆弱环境的意识的觉醒，越来越多的游客前往北极旅游。这种去实地感受“消失的领土”的感觉更加重了去脆弱的、受到威胁的北极旅行的迫切心情。也许由于文化差异，中国游客在旅游时更倾向于有一个预先确定的目的并更注重于他们在旅途中的个人收获。对于欧洲人而言，旅行体验的核心则是实现个人梦想，见证另一种文化，以及亲身体验北极的经历。

关键词： 北极旅游　中国游客　欧洲游客　旅行体验　格陵兰

人口较少民族如何发展

——以鄂伦春自治旗为例

刘晓春

摘要： 鄂伦春族是中国28个人口较少民族之一，据2010年统计有8659人。鄂伦春自治旗成立于1951年，是新中国最早成立的少数民族自治旗。鄂伦春族人口不足1万人，但是，他们在发展中所遇到的问题具有典型性。中华人民共和国成立70年，改革开放40年，历经定居、转产、禁猎、务农的转变，鄂伦春族狩猎文化和生存环境发生了巨大变化。民族文化传承需要完备的物质基础和完善的制度基础，建立可持续的森林管理方式是实现可持续发展的关键。保护传统文化，维护人类文化多样性，无论从宏观的人类社会，还是微观的某一具体国家，都是保证其可持续发展的一个重要内容。

关键词： 鄂伦春族　狩猎文化　可持续发展　人口较少民族

作者简介： 刘晓春，中国社会科学院民族学与人类学研究所研究员。

一　鄂伦春自治旗现状与问题

（一）鄂伦春自治旗行政区划与人口分布特点

鄂伦春自治旗位于内蒙古呼伦贝尔市东北部，成立于1951年，是我国最早成立的少数民族自治旗，全旗总面积59880平方公里，是呼伦贝尔市面积最大的旗市。鄂伦春自治旗下辖 8 镇 2 乡，82 个行政村，其中 5 个猎区乡镇，7 个鄂伦春族猎民村。境内驻有内蒙古大兴安岭重点国有林管理局所属的 6 个林业局、大兴安岭农场局及所属 4 个国有农场和黑龙江省大兴安岭农工商联合公司；设有黑龙江省大兴安岭地委、行署、林管局及所辖的加格达奇、松岭两区，加松两区面积为 18910 平方公里。2016 年，自治旗总人口 28 万人（不含黑龙江省加松两区人口 18 万人），现有鄂伦春、汉、蒙古、达斡尔、鄂温克等 23 个民族，其中鄂伦春族 2537 人、鄂伦春族猎民 1072 人。

自治旗已被列入国家重点生态功能区、优质粮生产基地、绿色农业示范区及自治区粮食安全生产先进旗县、杂豆生产基地、旅游重点旗县。被评为“全国民族团结进步模范自治旗”“全区民族团结进步先进集体”。

（二）鄂伦春族整体概况

据人口普查统计，1990 年全国有鄂伦春族 6965 人，2000 年为 8196 人，2010 年为 8659 人。鄂伦春族主要分布在内蒙古自治区呼伦贝尔市鄂伦春自治旗、扎兰屯市、莫力达瓦达斡尔族自治旗和黑龙江省的黑河市、逊克县、呼玛县、嘉荫县等地。1949 年中华人民共和国成立时，整个鄂伦春族仍生活在大小兴安岭的密林深处，以狩猎为生。自 1951 年起，政府在鄂伦春族聚居地区建立自治旗和猎民乡镇，逐步推行定居—转产—禁猎政策，直至目前的以农为主和多种经营。1996 年，鄂伦春自治旗政府做出了禁猎决定，鄂伦春人从此告别了狩猎业。到 20 世纪末，整个民族全部“禁猎转产”（黑龙江省个别民族村除外）。在这 67 年的时间里，鄂伦春族地区发生了巨大的变化，其生存的自然环境和人文环境日见变迁。定居、转产、禁猎、务农使鄂伦春族游猎生活的基础不复存在，其游猎文化的自然演进进程也在此戛然而止。鄂伦春族定居的 67 年，是发展的 67 年，辉煌的 67 年，同时也是充满挑战的 67 年。如果不了解中国鄂伦春族的整体状况，对鄂伦春自治旗的认识就不可能系统全面。

（三）研究鄂伦春族的价值和意义

首先，鄂伦春族狩猎文化有着十分珍贵的历史价值、社会价值、文化价值、伦理道德价值、审美价值、宗教价值、文学价值、生态价值和经济价值，它是人类精神文化和物质文化中不可缺少的重要组成部分，是世界文化遗产的重要内容之一，是北半球渔猎民族的活化石，是中国认识和了解北极文化的重要窗口。中国的鄂伦春族人口不足 1 万，但是他们所遇到的问题、发展模式、民族诉求均具有世界性的典型意义，尤其是他们的生态理念具有借鉴价值。其次，作为中俄跨界民族，鄂伦春族语言属阿尔泰语系满 - 通古斯语支，没有文字，一般通用汉语。1949 年以前，部分鄂伦春族人还学过满文、日文和俄文。由于没有本民族文字以及汉语的普及，现在很多鄂伦春族青少年已经不会讲本民族语言。如果不采取措施，鄂伦春语将会随着时间的推移而消失。因此，研究和传承东北亚满 - 通古斯诸民族的语言与文化具有重要意义，主要体现在以下几方面。

（1）满 - 通古斯语族诸语言，是我国北方重要的民族语言，这些语言均已进入或即将进入严重濒危状态。研究东北亚地区满 - 通古斯语族诸语言及文化，有助于弥补中国阿尔泰语系语言研究领域一直以来存在的某些不足。加强国际满 - 通古斯语族诸语言文化研究，对我国满 - 通古斯诸民族语言文化安全，强化我国在此学术领域的影响力和话语权，均有积极作用。

（2）加强满 - 通古斯语族与阿尔泰语系其他语言以及东北亚诸民族语言的比较研究，对我国满 - 通古斯语族语言研究体系的建立具有十分重要的学术价值和现实意义。

（3）我国大小兴安岭地区以及俄罗斯远东地区是传承森林文化的主要母体。森林文化与森林地带构成共生共存的关系，森林是产生森林文化的母体，森林文化是我国生态文明建设的重要组成部分，是民族文化产业的物质母体，是繁荣发展民族文化产业的基石，是满 - 通古斯森林民族深刻的历史记忆，是森林民族知识和智慧的结晶。

（4）满 - 通古斯人信奉萨满教，萨满教倡导的人与自然的和谐理念具有重要的研究价值和存在价值。萨满文化的价值在理论上不断被认可，但在现实中，其文化功能依然停留在社会的边缘，萨满教的社会功能尚未得到很好发挥。[①]

（四）鄂伦春自治旗面临的困难与问题

当鄂伦春人走出森林、放下猎枪、住进宽敞明亮的砖瓦房时，其生存环

① 刘晓春：《满通古斯语言文化研究的学术价值与政策建议》，《沈阳师范大学学报》2015 年第 3 期，第 28 页。

境和生产方式发生了巨大变化，鄂伦春传统文化受到冲击。党和人民政府对鄂伦春族进行了大力的帮扶，但在信息社会和市场经济的大潮中，一部分鄂伦春人难以适应，其中一部分猎民靠政府的补贴生活。

近年来，为了保护生态环境，国家对森林资源的开发和利用出台了一系列的保护政策，曾经以林业产品为支柱的国有森工企业和鄂伦春地方经济面临挑战。农业机械化的发展和林业工人的大量转岗，使得这一地区剩余劳动力激增。国有林业、农业和地方部门合并以后，机构庞大臃肿，办公效率不高，同时也引发人才大量外流。另外，由于地理、气候和封闭保守等方面的原因，鄂伦春自治旗市场经济发展滞后，财政支出压力较大。2014 年公共财政支出（一般预算支出）高达 22.37 亿元，主要用于民生保障、生态保护、政府运转等必要的经费支出，而地方财政总收入仅为 4.44 亿元，其中公共财政收入仅为 1.66 亿元，财政转移支付 20.71 亿元，公共财政支出自给率仅为 7.4%。自治旗长期作为国家级贫困县，依靠政府的财政转移支付维持运转。

鄂伦春自治旗作为边疆少数民族地区，经济欠发达，贫困问题依然是发展中亟须补齐的最大短板。由于历史、地理等方面的原因，自治旗发展相对滞后，经济总量小、人均水平低、贫困人口多；基础设施落后，群众生产生活条件较差，生态脆弱，教育、文化、卫生等社会事业发展滞后，上学难、看病难等问题还比较突出；财力薄弱，发展投入不足，受农畜产品价格波动影响，农猎民增收困难。具体来说，以下几大问题亟待解决。

一是自治旗支柱产业尚待培育。自治旗的发展优势在于拥有独特的自然资源和社会资源，以及由这些资源带来的独特产业。发展特色优势产业，加快资源的开发利用，是自治旗跨越发展的动力源泉和增强自我发展能力的重要途径。目前，自治旗亟须加大对地方产业发展的支持力度，在重大项目上，应优先考虑自治旗文化旅游产业、多金属矿产开发、农副产品深加工等产业，重点建设布苏里军事文化旅游区、兴阿铜钼矿、八岔沟西铅锌银矿等项目，通过培育支柱性产业发展，增强自治旗自我造血能力。

二是民族传统文化濒危。作为狩猎民族，鄂伦春族被誉为“北半球渔猎民族的活化石”，在长期的游猎生活中形成了独具森林特色的民族文化。1996 年全面禁猎转产以来，随着生产生活方式的演变，为数不多的非物质文化遗产传承人和民间艺人年事已高，许多年轻人对民族文化的认识淡漠，许多口耳相传的鄂伦春民族文化濒临消亡，民族传统技艺亟待挖掘抢救。

三是文化旅游融合载体建设资金不足。自治旗正在大力实施“文化旅游兴旗”战略，努力打造“全域旅游”“四季旅游”，但文化旅游融合载体还需继续打造。拓跋鲜卑历史文化园二期工程作为自治区落实中央民族工作会议精神的十大工程之一，目前正在建设，规划投资 1.78 亿元，目前仅到位资金 5987 万元；鄂伦春族乌力楞项目作为自治旗下一步重点打造的民族部落，用于发展民俗旅游，目前缺乏项目资金；鄂伦春族文化生态保护区已获得自治区人民政府批复，亟须立项建设。

四是医疗卫生和健康问题。鄂伦春族村民在 40～49 岁年龄段死亡人数最多，29～30 岁死亡人数其次，其他年龄段死亡人数较少。中青年是死亡高发人群。心脑血管疾病和肺病是引起死亡的主要原因。从平均死亡年龄来看，据 2008 年统计，鄂伦春自治旗乌鲁布铁、讷尔克气、多布库尔 3 个村，鄂伦春族猎民平均死亡年龄为 39.7 岁；2011 年统计，鄂伦春自治旗托扎敏乡鄂伦春族村民平均死亡年龄为 43.15 岁；2011 年统计，黑龙江省塔河县十八站鄂伦春族乡和呼玛县白银纳鄂伦春族乡村民平均死亡年龄为 51.19 岁。根据 2008 年的相关材料统计：内蒙古呼伦贝尔市辖区居民平均死亡年龄为 64.39 岁，汉族平均死亡年龄为 65.08 岁，蒙古族平均死亡年龄为 59.62 岁，达斡尔族平均死亡年龄为 54.72 岁，鄂温克族平均死亡年龄 52.12 岁，鄂伦春族平均死亡年龄 50.47 岁。2004、2005 和 2006 年，呼伦贝尔市鄂伦春族人口的平均寿命为 48.3 岁，男性平均寿命为 44.5 岁，女性平均寿命为 58.4 岁。①

（五）民族村“空心村”问题

相对过去而言，鄂伦春族乡村开始衰败，“空心村”已成为不争的事实。乡村中的优秀分子，纷纷通过调转工作和高考永久地离开了家乡。虽然生活富裕了，但鄂伦春族乡村也开始衰败。乡长、书记都由上级选派，鄂伦春族乡村猎村基本成为“空心村”。建设新农村，必须有高素质的农民，但这恰好是鄂伦春族乡村猎村的“软肋”。现在，能人纷纷离村，新农村建设明显缺乏“动力”。村民的生计主要依靠本地资源和国家扶持。外出打工的越来越多，年轻人结束学习后回乡生活的比例很低。特别是乡村小学撤销以后，很多家长搬到镇上陪读，村里冷冷清清。

① 方征：《鄂伦春族村民人口结构与死亡情况调查》（研究报告）第 14 页，2013 年 1 月。

（六）生态环境危机

进入现代工业化时代，狩猎业与林业、农业、工业相比弱到了可以忽略不计的程度。伴随着林业、农业、工业的发展，生态环境问题越来越需要加以关注。

由于国家开发大兴安岭，鄂伦春自治旗里下设的八个县级林业局几乎同时开始林木采伐，成为国家重要木材生产基地，野生动物显著减少，一度出现明显生态危机。为缓解生态危机，目前已采取全面禁伐措施。由于森林破坏严重野生动物明显减少，加上偷猎盗猎猖狂，鄂伦春人传统狩猎生产生活方式难以为继。20 世纪 90 年代，滥砍滥伐达到高潮，偷猎盗猎成灾，到了几乎无猎物可打的地步，社会文化环境亦出现了危机。1996 年鄂伦春自治旗政府出台了禁猎措施，禁止狩猎，鼓励猎民开荒种地，开展多种经营。1998 年启动天保工程，21 世纪开始封山育林，居民扶贫建房木材都是旗外或区外采购，猎民种植木耳缺乏木料，桦树皮工艺传承亦缺乏桦树皮。

政府建房并发放低保，鼓励开荒种地，但鄂伦春猎民们并没有成功转化为农民。山边土地不仅破坏了森林生态，干冷缺水难以灌溉；河边土地易涝容易被冲毁，猎民们收入很不稳定。尽管政府为猎民建了安居房，但多数猎民无事可干，只能靠低保或救济生存。

二　鄂伦春自治旗可持续发展的对策建议

第一，建立可持续的森林管理是实现可持续发展的根本保证。可持续发展的理念和相关法律规范框架的现实功用都取决于实施的过程。在具体实施“可持续的森林资源管理”时，鄂伦春自治旗各林业局或森工企业，应建立和完善正当具体的法律程序，确认作为世居民族的鄂伦春人是森林资源管理不可或缺的利益方、权利方和贡献方，保证他们有权参与影响到其利益的立法、决策和项目实施过程，提高他们维护其正当利益、协商利用森林资源发展地方经济的能力，同时贡献他们的传统知识，并分享可持续的森林管理成果。

第二，建议授予鄂伦春自治旗为国家级森林知识和防灾减灾教育示范基地。由于生态的失衡，森林抗灾能力降低，火灾成为威胁森林安全的主要原因，大兴安岭森林平均每年发生大小火灾50次左右。通过建立基地，可以宣传森林知识，提高人们认识灾害、预防灾害的能力，教育人们爱护自然、爱护环境。作为森林民族，鄂伦春人在生态环境和森林保护方面的作用无法替代。鄂伦春猎民具有丰富的地方性知识和技能，可以在护林防火方面发挥其重要的作用。森林资源管理机构应当充分发挥他们的优势，保护森林和各种野生动物资源。

第三，建议授予鄂伦春自治旗为国家级狩猎文化传习保护基地。作为人类学三大经济文化类型中“采集游猎文化”的典型代表，鄂伦春族顽强地保存了其文化传统，这不仅是鄂伦春族的宝贵财富，也是人类共同的文化财富。鄂伦春族传统文化可以分为萨满文化、狩猎文化、兽皮文化、桦皮文化、民俗文化、饮食文化、医药文化、森林知识、歌舞文化等九大体系，通过基地建设可以使人们体验到狩猎文化的精华。

第四，关于传统文化保护方面的具体建议。

（1）建立系统的保护机制、传承机制和研究机制，这是民族文化保护的重要保障。目前，对鄂伦春民族文化的研究和开发，还局限于零碎挖掘，没有形成一个系统、完整的挖掘、整理规划，更没有专门的保护机构。

（2）建立民族文化发展项目和文化产业项目。人口较少民族地区文化事业的发展，项目拉动是关键。以项目促进文化保护和发展具有系统性强、专业程度高、投入保障多等优势。比如，把民族传统文化挖掘、保护列入研究机构的重点科研项目和政府投资的主要社会服务项目中，建立专项基金，培养专业技术人才。同时要培育民族文化产业，比如，文化旅游业、影视业、演出业、艺术品经营业，如果涉及网络游戏业，可以利用现代科学技术进行文化保护和传播。

（3）建立民族文化保护和传承的平台。重视传承人的命名，并建立制度保障传承人的传承活动和传承人的健康问题。同时，在保护民族文化民间人才的基础上，提高少数民族地区文化工作者素质，培养高精人才支持民族文化事业。重视广场文化、博物馆文化、声音和动态表演的影像文化。

（4）建设文化数据库。桦皮文化和兽皮文化是鄂伦春民族物质文化的重要组成部分，宗教文化、传统艺术、民间文学和民族语言是鄂伦春民族精神文化的重要组成部分。搜集、整理、研究鄂伦春老人、老艺人的各类原声歌曲、口口相传的民间文学作品、手工艺制作技艺；科学抢救、挖掘鄂伦春民族的狩猎、饮食起居文化及环保意识；挖掘、整理鄂伦春传统的民族体育项目。建立完整、科学的民族文化数据库。①

第五，关于鄂伦春族、鄂伦春自治旗脱贫致富的具体建议。

（1）鄂伦春自治旗被列入国家主体功能区，曾在计划经济体制下为国家经济建设做出了重要贡献，但当下由于国家限制及禁止开发，地方在保护生态与发展经济间面临两难选择，一定程度上制约了经济社会发展。建议中央计算国家重点生态功能区转移支付时，考虑对森林等自然资源的保护贡献度，继续提高国家重点生态功能区转移支付。

（2）建议提高艰苦边远地区津贴类别及标准的政策支持。鄂伦春自治旗地处高寒高纬地区，自然条件十分恶劣，常年气温较低，冬季漫长。建议中央出台针对高寒高纬地区的高寒补贴政策，并相应提高艰苦边远地区类别，加大对艰苦边远地区补助标准的支持力度。

（3）精准扶贫。过去的扶贫模式已经不能适应新时代的步伐，扶贫的政策需要与时俱进，需要了解老百姓的所想所急，需要进行民族学与人类学调研。过去的扶贫规划大多是经济规划，文化方面的规划和传承教育方面的规划少，今后应把整体规划纳入家庭教育规划之中。

（4）建议各级政府，通过顶层设计和优惠政策，鼓励人才向少数民族自治旗流动。近年来，少数民族干部数量虽然不断提升，但熟悉经济管理、金融、资本运作、城建规划、生态环保等专业的干部仍很缺乏，今后应加大技术人才和稀缺人才的引进力度。

第六，提高鄂伦春族平均寿命的建议。建议当地政府部门和科研机构，运用社会学、体质人类学和医学人类学的研究方法，详细调查分析鄂伦春族平均寿命偏低的深层原因，并长期跟踪调研。根据实地调查数据，提出相应方案，结合卫生保健宣传，以逐步提高鄂伦春族的平均寿命。

总而言之，鄂伦春自治旗建立狩猎文化传承保护区和国际狩猎生态旅游区天时地利人和。狩猎文化是鄂伦春民族之魂，只有继承狩猎传统，又融入现代社会，鄂伦春族地区才有希望进入生态文明新时代。

① 刘晓春：《中国民族地区经济社会调查报告—鄂伦春自治旗卷》（研究报告）第302页，2017年11月。

How shall a small ethnic minority develop?

—*The example of the Oroqen Autonomous Unity*

Liu Xiaochun

Abstract: The Oroqen nationality is one of the 28 ethnic minorities with small populations in China. Its population in 2010 was 8. 659 members. Oroqen Autonomous Unity was founded in 1951. It was one of the first ethnic minorities to be recognized by the People's Republic of China. Although its population is smaller than 10. 000, it has encountered many of the typical problems of development during the last 70 years faced by small communities, such has settlement development and management, changing mode of production, the banning of hunting and adapting of a new agricultural lifestyle. for this community the traditional hunting culture and lifestyle has drastically changed. The confirmation and respect of the corresponding ownership of the Oroqen nationality as well as establishing a sustainable forest management approach are key points for a for sustainable development. The protection of traditional cultures and maintaining of human cultural diversity are important for the sustainable development of human societies from the macroscopic view or for a country from the microscopic view.

Keywords: Oroqen nationality; hunting culture; sustainable development; countermeasures and suggestions.

学术动态

美国斯密森学会北冰洋研究中心走过的风雨30年：1988～2018年

［美］威廉·费茨休[*]

美国斯密森学会北冰洋研究中心（ASC）去年已迎来了30岁生日。有句老话说得好："开心的时候，时间过得真快！"成立的1988年恍如昨日，距今似乎并不遥远。30年已过，这是一个很好的时刻，反思过去并展望未来。

我们最大的成就当然是生存！ASC虽然受到斯密森学会（Smithsonian）母亲般的庇护，且作为美国政府的一个部门，但我们的生存与发展无论如何都不是轻而易举的。ASC是在参议员泰德·史蒂文斯（Ted Stevens）的帮助下，作为1998年美国国家自然历史博物馆（NMNH）的一个特别项目成立（不久之后通过了1984年的美国北极政策法案）的。斯密森学会从国会得到一笔拨款，专门用于北极人类学和生物学项目研究。由于缺乏资金，项目中的生物学部分未实现。预算中的25万美元在第一年获得批准，1989年增至35万美元，这使我们能够雇用一些员工，余下资金使我们得以开展研究。老虎基金（Tiger Burch）的收益在2012年部分代替了日益消耗的剩余资金。

在1988年之后的几年里，斯蒂芬·洛林（Stephen Loring）、伊戈尔·克鲁普尼克（Igor Krupnik）和项目助理金姆·威尔斯（Jim Wells）相继加入ASC。当时的我们大部分精力都放在研究"欧洲大陆的十字路口：西伯利亚和阿拉斯加的文化"（Crossroads of Continents：Cultures of Siberia and Alaska）项目。这为在阿拉斯加建立区域的北冰洋研究中心分支机构打下基

---

* 威廉·费茨休（William Fitzhugh）：考古学家，美国斯密森学会北冰洋研究中心主任。研究领域为加拿大和美国极地地区的考古学和民族学。

础。北冰洋研究中心在20世纪80年代举办的“北极冒险和欧洲大陆十字路口”展览中受到了极大的欢迎，这表明很有必要在阿拉斯加建立斯密森式的机构来展览收藏品、引进研究人员和建立教育项目。安克雷奇市（Anchorage）战胜了费尔班克斯（Fairbank）赢得了我们的场地竞标。1993年，我们与安克雷奇市签署了一份学术合作备忘录，与帕特里夏·沃尔夫（Patricia Wolf）领导的安克雷奇博物馆（Anchorage Museum）合作。艾伦·克罗威尔（Aron Crowell）曾是“北极冒险和欧洲十字路口”的联合策展人，在1994年被任命为ASC阿拉斯加办事处主任。克罗威尔启动了阿拉斯加海湾考古研究项目，并与科迪亚克（Kodiak）新成立的阿鲁提克博物馆（Alutiiq Museum）合作举办北冰洋研究中心第一个合作展览——“阿鲁提克人的遗产和身份的双重性”（Looking Both Ways：Heritage and Identity）。该展览于2001年开放，在2003年巡回展出。早期与阿鲁提克人长老和学者的广泛合作证明了北冰洋研究中心阿拉斯加办事处的优势。ASC继续培养一个更广泛的州际网络，其中包括阿拉斯加本土、机构和大学合作伙伴。

1998年，克罗威尔开始与安克雷奇博物馆合作，目的是为斯密森博物馆举办一场大型展览。展品是早期阿拉斯加自然历史和人类学鼎盛时期的藏品。展览由斯派塞·贝尔德（Spemcer Baird）以及威廉·希利·达尔（William Healy Dall）、罗伯特·肯尼科特（Robert Kennicott）、卢西恩·特纳（Lucien Turner）、爱德华·纳尔逊（Edward Nelson）和约翰·默多克（John Mardoch）等阿拉斯加博物学家主持。安克雷奇博物馆的斯密森展览（Smithsonian gallery）被放置于博物馆侧楼中。我们花了10多年时间来规划和构建这一侧楼和展览。博物馆扩建的资金来自联邦政府、州政府和基金会，其中包括已故阿拉斯加国家银行行长老埃尔默·拉斯穆森（Elmer Rasmuson Sr.）捐赠的5000万美元。克罗威尔带领阿拉斯加当地学者进行了一系列前往华盛顿的“反向考察”，研究并挑选了超过600件来自美国国家自然历史博物馆和美国印第安人博物馆（NMAI）的展品，并在与阿拉斯加当地文化领袖和教育家的商讨下，主持了这个项目。道恩·比迪森（Dawn Biddison）是阿拉斯加展览联合策展人和项目经理，于2003年加入中心，在各个领域做出了重要贡献。他完成的展览“活态文化与传统共享：阿拉斯加的第一批居民”（Living Our Cultures，Sharing Our Heritage：The First People of Alaska），在2010年开放，为成千上万的来到阿拉斯加的世界各地的游客提供了艺术熏陶和文化陶冶。“活态文化”的设计，是便于移动展品用于艺术、语言和遗产保护方面的合作研究。这是北冰洋研究中心阿拉斯加办事处与当地的原住民合作组织策划的一个展览。

北冰洋研究中心阿拉斯加办事处的研究项目、藏品展览和教育项目得到了高度评价。作为一个创新型人类学博物馆和社群外展的典范，证明了文化遗产是一种具有无限潜力的可再生资源。在 2022 年双方租赁协议将到期，克罗威尔会申请举办一个新的斯密森学会展览。该展览主要探讨环极地本土知识（Circumpolar Indigenous Knowledge）的相关主题，这些主题涉及从技术和设计到生态理解和口述传统的各方面。这个新展览将会增进阿拉斯加办事处和斯密森学会之间的合作。这个合作正是北冰洋研究中心 30 年来的研究重点。

除了阿拉斯加办事处的研究，1998 ~ 2008 年，ASC 开展了许多其他项目。2008 年第 16 期通讯杂志（*Newsletter*）充分阐述了这些项目情况，其中包括一些重要的展览，如斯密森学会关于北极气候变化的开创性展览“北极：一个行为怪异的朋友”（Arctic：A Friend Acting Strangely）（2007 ~ 2008），与日本人和阿伊努人合作的“阿伊努人：北方人的精神”（Ainu：Spirit of a Northern People）（1999），与斯堪的纳维亚学者一起合作的电影展“维京人：北大西洋传奇”（Viking：the North Atlantic Saga）（2000）。此外，我们开始蒙古地区的青铜时代、拉布拉多省的考古学、阿拉斯加东南部的环境考古学的研究，对圣劳伦斯岛的本土知识及其气候和海冰变化进行了观察记录，还对早期魁北克下北岸（the Quebec Lower North Shore）的因纽特欧洲人对人类学的接触进行了研究。这一系列相关研究论文和论著都已发表和出版。

在过去的十年中，随着我们的项目（像我们自己）的成熟，许多这样的活动一直在继续。克罗威尔和比迪森开展了以博物馆为基础的教育项目，克罗威尔和特林吉特人（Tlingit communities）合作研究了口述史、气候和考古之间的联系。斯蒂芬·洛林继续和拉布拉多因纽特人一起考古合作，成为关于斯密森学会的北极收藏、摄影和摄像等相关领域的专家。魁北克的考古工作最先成功地证明了因纽特人居住在圣劳伦斯的东北海湾这一事实。

伊戈尔·克鲁普尼克成为 2007 ~ 2008 国际极地年（International Polar Year 2007 – 08）在社会科学领域的组织者。2012 年，北冰洋研究中心主办了有史以来最大的因纽特研究会议（Inuit Studies Conference），举办了一系列的展览，如“成吉思汗和蒙古帝国”（Genghis Khan and the Mongol

Empire），与普林斯顿艺术博物馆（Princeton Art Museum）合作的“祖先的礼物：来自白令海峡的古象牙”（Gifts from the Ancestors: Ancient Ivories from the Bering Strait），与美国印第安人博物馆合作的“北极旅行——远古的记忆”（Arctic Journeys-Ancient Memories）和“独角鲸：北极传奇”（Narwhal: Revealing an Arctic Legend）。获奖作品如《早期因纽特研究》（Early Inuit Studies）（2016），《缅因州到格陵兰》（Maine to Greenland）（2013）和《尤皮克变迁》（Yupik Transitions）（2013）都得以出版。并且完成了“北极崩溃：在改变中的人和动物”（The Arctic Crashes: People and Animals in the Changing North）这一研究项目，它的相关书籍也正在出版中。

我们开创了一年一度的欧内斯特·伯奇讲座（Ernest S. Burch Lecture），并在国家自然历史博物馆中举办格陵兰和阿拉斯加的节庆活动，建立了大型的北冰洋研究中心网站和北冰洋研究中心的博客“磁性北方”（nmnh. typepad. com）。当前的独角鲸展览将会被持续展出几年，并且北冰洋研究中心和网站正在发展一个关于北方森林（至今鲜为人知的世界上最大的森林）的展览，以此来增进人们的了解。这期通讯为了解我们过去一年的各项活动提供了窗口。

通过这些标题，我们看到过去的三十年中北冰洋研究中心是如何发展的。我们要把成就归功于同事。要是没有来自美国国家自然历史博物馆、美国国家博物馆和世界各地朋友们的合作，这些活动将无法进行。我们的合作者、合伙人员工（南茜·肖丽、道恩·比迪森和其他人类学及博物馆学方面的助手），以及一批学生和实习生，对此倾注大量心血，为中心带来美好前景。

展望未来，毋庸置疑的是我们下一个十年将会做出诸多改变。这些改变主要是在管理机构、新研究领域和研究人员上。伊戈尔·克鲁普尼克成为博物馆人类学部的主任，来自伦敦自然历史博物馆的伊恩·欧文斯（Ian Owens）成为博物学的副馆长，并将协助馆长柯克·约翰森（Kirk Johnson）对博物馆进行管理。来自斯密斯学院（Smith College）的艺术史学家约翰·戴维斯（John Davis）成为斯密森学会的教务主任。现任秘书戴维·斯科顿（David Skorton）将会在6月退休。

与此同时，北冰洋研究中心有了一些新项目，如关于科努德·拉斯姆森（Knud Rasmussen）的1921～1924的第五次土勒考察（1921–24 Fifth Thule Expedition, FTE）的百年庆典。这项丹麦的探险项目始于格陵兰，终于楚克奇，建立了专门研究因纽特领域的爱斯基摩学（Eskimology）。2019年，在阿拉斯加的诺姆（Nome）举办的阿拉斯加人类学会会议上，我们启动了一个新的“土勒考察”项目。与“洲际路口”项目类似，我们期待着能与同事、本土合作者一道为研究、展览、馆藏评估提供一个新的领域。用拉斯姆斯的名句来说，“跨越美洲北极”。敬请期待！

（魏一珍　范文静　译）

聊城大学北冰洋研究中心（ASC）

2018 年 11 月，中国山东省聊城大学北冰洋研究中心（ASC）正式开始运作。研究中心的工作重心一方面是研究极地地区的国际关系，另一方面整体上考察专门的研究对象，如不同地域或群体，探讨民族学、历史学、语言学、考古学问题。研究范围聚焦于中国北部、西伯利亚东北部、阿拉斯加与北大西洋。2018 年 12 月 1 日官方开幕仪式后，研究中心的工作正式展开。工作计划的第一步已经随着国外专家的到来而完成，未来几年专家们将在研究中心工作。

北冰洋研究中心主任曲枫教授来自阿拉斯加大学费尔班克斯校区。曲枫教授认为，在中国建立一个这样的研究中心，具有开拓性的重大意义。聊城大学拥有悠久的办学记录，享有良好的声誉，而且成功地组建了太平洋岛国研究中心（RCPIC），引发亚太地区高度关注，是理想的中心地点。2017 年春，曲枫教授着手组建北冰洋研究中心，并开始联系一些中国大学，广泛吸纳人才，并探索招募各领域的外国专家的可能性。2017 年 8 月底，曲枫教授向大学提出一项发展计划，开始从海外招募人才。2018 年 1 月 26 日，中国政府在北极地区政策的“白皮书”问世。2018 年 3 月，聊城大学宣布成立北冰洋研究中心（ASC）。

现有的中国关注北冰洋的研究机构并不以人文或社会科学为导向，而偏重研究生态问题（气候或环境变化等）或经济关系（例如渔业、运输路线、自然资源开发等）。而本中心的研究重点大致可分为两类。一方面关注政治、国际关系、国际合作等问题，另一方面研究社会学、人类学、语言学、文化史和考古学的相关问题。中心的一个主要目标即引领中国在这些领域的发展。同时，中心着力培养新一代的民族学家、社会学家、历史学家、语言学家和考古学家。

曲枫教授的国际专家团队，由教授丹妮拉·托马西尼（Daniela Tommasini）、助理教授保罗·蒙哥马利（Paul Montgomery）、副教授奥莱格·琶鲎蘑夫（Oleg Pachomov）和本文作者（迈克尔·克努佩尔）组成。丹妮拉·托马西尼是一位地理学家，专门研究北极周边地区的旅游和地方发展问题。她毕业于格勒诺布尔－阿尔卑斯大学，获得地理博士学位，在芬兰罗瓦涅米的拉普兰大学的北极中心工作。本报告的作者研究突厥语、通古斯语和阿尔泰语（另外研究政治学、人类学、艺术史以及史前史），1998年毕业于汉堡大学，2007年毕业于哥廷根大学，于2016年晋升副教授。保罗·蒙哥马利毕业于乌德勒支大学（UCU），先后获得乌德勒支大学历史学学士和硕士学位、古代文化硕士学位、南达纳马克大学的水下考古学硕士学位。随后，他在英国阿尔斯特大学接受了野外考古培训，并获得考古学博士学位。奥列格·帕格霍莫夫毕业于京都大学，学习社会人类学，重点是东北亚研究。他的研究领域是东北亚的国际关系和地缘政治，包括俄罗斯、中国、日本和韩国在北极地区、西伯利亚地区和俄罗斯远东地区的合作。

以上几位学者除了例行教学任务外，还负责一些研究项目。初期（2019年）将开展一些“个体”的研究项目，随后将组织更广泛的团队项目。因此，一个较为可行的方法是选择一个共同的主题。通过对比审视阿留申群岛的弗拉德米尔·伊切尔森（Vladimir Iochel'son）的考古和语言研究（包括一些历史发掘工作）可能是一个可操作的项目，可以从今天的视角重新评估伊切尔森的时代和成果。

（迈克尔·克努佩尔　撰　孙厌舒　译）

征稿启事

《北冰洋研究》（*Arctic Studies*）是中国聊城大学主办的学术集刊，每年两期，由社会科学文献出版社出版，主要刊登北极地区政治、经济、社会、教育、文化、文学、考古、历史、艺术等各个领域的学术文章。倡导跨学科研究，展示中国学术界的北冰洋研究最新成果，打造中国北冰洋研究的权威平台。

《北冰洋研究》每期设置不同的研究主题，设有“环境史”“考古学者对话”“中国近北极研究”“书评”和“学术动态”等栏目。读者对象为国内外北冰洋研究学者及高校人文学科师生等。

《北冰洋研究》编辑部设在聊城大学北冰洋研究中心，主编曲枫，副主编迈克尔·克努佩尔，编委会由国内外资深北冰洋研究专家组成，欢迎海内外学者赐稿。

来稿要求：

一、来稿需署作者真实姓名，并提供作者简介（100 字左右）、工作单位、通信地址、邮编、电话号码、电子邮件地址等详细信息。

二、研究性专题论文每篇字数一般不超过 1 万字，以 8000 字左右为宜，请附 200 字左右中英文摘要和 4 ~6 个关键词；书评及学术动态一般在 2000 字以内。

三、研究性专题论文必须是未曾出版的原创文章，不存在版权问题。

四、接受中英文稿件，一般不接受英语为非母语作者的英文论文。

五、外国人名、地名请参照商务印书馆出版的《英语姓名译名手册》（新华通讯社译名室编）和《外国地名译名手册》（中国地名委员会编），并注原文。上述译名手册中没有的词可自行译出后注原文，并务请全稿统一。涉及其他专有名词时，请采用国内通译，并注原文。

六、来稿注释一律采用页下注（脚注编码制）。具体注释格式请参阅社会科学文献出版社的《学术集刊手册》（试行本 2015 版）。

七、来稿请用 word 文档电子稿发至编辑部邮箱：1542888360@ qq. com

Call for Submissions

The *Arctic Studies* is the journal of the Chinese Arctic Studies Center at Liaocheng University. It is a refereed biannual journal which publishes scholarly articles and reviews on Arctic politics, economy, societies, education, cultures, literature, archeology, history and art. The editorial board consists of scholars of Arctic studies from across the world. The *Arctic Studies* welcomes multi-and interdisciplinary work.

The *Arctic Studies* is managed by the Arctic Studies Centre at Liaocheng University. The editor-in-chief is Professor Qu Feng at Liaocheng University and the associate editor-in-chief is Michael Knuppel at Liaocheng University.

The *Arctic Studies* is published by the Social Sciences Academic Press (China).

SUBMISSION

1. Manuscripts are accepted in both English and Chinese.

2. All authors of a manuscript should include their full names, affiliations, postal addresses, telephone numbers and email addresses on the cover page of the manuscript. Please supply a short biographical note (50 - 100 words) for each author.

3. A typical manuscript should not exceed 20, 000 words (the preferred length is 6, 000 - 10, 000 words including footnotes). Abstracts of 200 words and 4 to 6 keywords are required for all manuscripts submitted. Book reviews in English should be between 800 - 1, 000 words.

4. All manuscripts should be original work, not previously published nor currently being considered elsewhere for publication.

5. All manuscripts should use footnotes. Book reviews should not contain footnotes.

6. Send your manuscripts to 1542888360@ qq. com.

图书在版编目(CIP)数据

北冰洋研究．第1辑／曲枫主编．--北京：社会科学文献出版社，2019.12
ISBN 978-7-5201-5638-7

Ⅰ．①北…　Ⅱ．①曲…　Ⅲ．①北冰洋-区域-丛刊
Ⅳ．①D5-55

中国版本图书馆CIP数据核字（2019）第218984号

北冰洋研究（第一辑）

主　　编／曲　枫
副 主 编／［德］迈克尔·克努佩尔（Michael Knüppel）

出 版 人／谢寿光
责任编辑／邓　翃

出　　版／社会科学文献出版社·国别区域分社（010）59367078
地址：北京市北三环中路甲29号院华龙大厦　邮编：100029
网址：www.ssap.com.cn
发　　行／市场营销中心（010）59367081　59367083
印　　装／三河市龙林印务有限公司

规　　格／开　本：787mm×1092mm　1/16
印　张：13.5　字　数：228千字
版　　次／2019年12月第1版　2019年12月第1次印刷
书　　号／ISBN 978-7-5201-5638-7
定　　价／89.00元

本书如有印装质量问题，请与读者服务中心（010-59367028）联系